U0069435

長島的故事

The Story of Long Island

林錫智／著

謹以此書
獻給1971年在紐約長島麗都灘渡假大飯店的五位勇士們

四歲時和母親合照

1967年臺北工專中上運動會代表團，領隊是亞洲鐵人吳阿民

1965年春節和祖母、爸媽，妹妹，小弟，合照，少了一弟

1967年臺北工專舞臺劇《等待果陀》劇照

1965年金門戰鬥營在擎
天廳的勞軍表演

1968年十二月三十一日臺北工專5255班級的合歡山畢
業旅行

在合歡山認識的好朋友凱倫諾以斯和比爾

在金門從軍的日子

林少尉和父親合照　　　　1968年金門一起作戰的伙伴

1970年一月二十三日（自由日）離臺前在松山機場和哥們合照

1970年紐約長島麗都灘渡假大飯店

麗都灘大飯店的好友約翰和比爾

我的貴人麗都灘大飯店警衛長鮑勃 我的1965年百經滄桑的老別克
愛德華茲

我在堪薩斯州立大學住得最久的公寓（二樓）在17街上

1973年一月二十七日和潘忠慧小姐在堪薩斯州曼哈頓結婚

1978年在堪薩斯市執導的舞臺劇《風雨故人來》劇照

1983年環遊世界在義大利佛羅倫斯烏菲齊博物館的〈維娜斯的誕生〉畫像前

1983年希臘索尼安海角的海神廟

1983年只有我一個人爬上比薩斜塔

1980年代布克威理斯工程公司的
領導階層

1990年代我的部分經營團隊

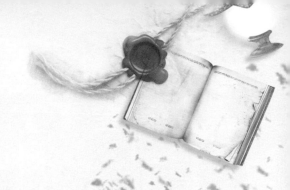

1991年第一屆北京多國交通研討會主席段里仁局長和我在布克威里斯公司展覽攤位前合影

1995年考察新疆和吉爾吉斯坦邊界的吐爾朵特口岸

我的摯友——前新疆自治區交通廳長阿曼哈吉

新疆喀什的前俄羅斯沙皇領事館內的晚宴和歌舞表演

2001年在北京由中國交通部主辦的智能交通研討會

1985-1993年黎霧市市議
員林錫智

林議員聽取消防隊簡報

1988年十月七日黎霧市和宜蘭市在宜蘭正式締結姊妹市前的遊行

1989年宜蘭市代表團第一次訪問黎霧市

1989年宜蘭市長吳攀龍帶團訪問黎霧市，和市長瑪莎萊恩哈特及我合影

宜蘭市代表團訪問堪薩斯州長和州議長

1989年和堪薩斯州議長夫婦、泰國正大集團董事長謝國民夫婦攝於曼谷東方大酒店

2013年我和孫女在黎霧市宜蘭公園大門口合影

2015年黎霧市代表團訪問宜蘭黎霧大橋

2017年南加州企業論壇的演說

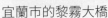
宜蘭市的黎霧大橋

2018年宜蘭市長江聰淵、黎霧市長佩姬旦恩和我替堪薩斯市皇家職棒開球

2015年鑽石吧市全體市議員合照

2017年林市長主持鑽石吧市選美大會
和決勝者合影

2018年和CTC台灣員工在柬埔寨安哥窟
旅遊

2017年林市長替鑽石吧全新的有機食品超市開幕剪綵

2017年鑽石吧市林市長的市政咨情演說

2018年洛杉磯美西華人學會年會記者招待會

2009年林家親人、兒子、媳婦、孫女及親家們共聚一堂

和母親、小弟、外甥女、日本朋友黑川、星雲大師及慈莊師父在佛光山合影

1983年母親劉家的第三代和第四代合影

序言

　　把一個人的生命全部呈現在一本自傳裡面是很龐大的使命，尤其是當作者能夠走過非常豐碩飽滿的人生旅途。雖然我沒有在林錫智生命的開端時就認識他，但我很高興能夠在1993和他結識至今。那一年我首次參選並當選爲黎霧市市議員。從1985年到1993年錫智擔任了四任，兩年一任的市議員之後，在同一年從議會退休。1988年林議員提議由堪薩斯州黎霧市和臺灣的宜蘭市締結爲姊妹市，錫智出生並成長於宜蘭，至今仍有家人住在那兒，他在臺灣也有事業。三十餘年的姊妹市情誼和所結交的許多朋友讓黎霧市居民有完美的機會來擴展我們的視野，和充實我們的生命。

　　1997年我當選爲黎霧市市長之後，很榮幸地於1998年率領代表團到宜蘭慶祝締結姊妹市十周年紀念。錫智和他的愛妻忠慧也是訪問團的成員，在那第一次的交換訪問當中，我深刻感受到他是一位卓越的發言人，非常具有外交辭令。他對和每一位見面的人之間的溝通能力，與他和對方搭橋的專長是最好的見證。他很平易近人、有愛國心、開朗，對自己的時間和財富的施捨也非常慷慨。他對美國和臺灣兩方政府的架構瞭若指掌，指

導我們兩國之間的歷史、食物、習慣和傳統。也因為他具有流利的中文溝通能力，也就順便充當我的中文翻譯。

在我擔任市長任期至今，很榮幸有機會訪問臺灣三次。我們也經常有宜蘭市的訪問團來到黎霧市訪問。在多次成功的互訪中，錫智總是義不容辭的扮演重要的角色。他居住在黎霧市二十六年，舉家遷往加州鑽石吧市之後，也沒有停止繼續支持和參與代表團的參訪活動。他總能夠調整行程遠道前來參與，並提供指導和協助。

隨著時間增長，黎霧和宜蘭之間也締結了姐妹學校，我們的北藍谷高中和宜蘭的蘭陽女中對交換學生互訪也很積極，不但享受寄宿家庭的溫暖招待，也能參與學校和學生的各種活動。這不但對學生們是很有意義而充實的活動，對家長而言，他們更有機會敞開大門迎接千里迢迢前來的學生和他們的家庭一齊居住、共處。在不同情況下，許多家長都爭先恐後地要求擔任從宜蘭來訪學生的寄宿家庭。

新冠肺炎病毒開始入侵美國和黎霧市之時，我們非常溫暖地收到從宜蘭市江聰淵市長和中華民國外交部送來的千千萬萬的防疫口罩。臺灣對於防疫的成就比我們成功許多，我們被他們誠摯的關懷深深地打動。我們也把這些防疫口罩分享給地區內的學生們，讓他們瞭解這是遠從宜蘭的朋友送來的溫馨禮物。

因為服務大眾是錫智生命中很重要的一環，在聽到

他成爲加州鑽石吧市長之後我並不覺得驚奇。錫智對領導公共服務的強烈而執著的慾望是我們的福氣。他是一位非常成功的企業家，忠心耿耿的丈夫和父親，也是我們這些幸運地能夠認識他的人的忠實朋友。他有獨特建立長久、永續友情的能力。我還沒有見過任何人在這方面超越他的成就。我很坦誠的告白，每一次和他共處之後我的生命就變得更爲豐碩。我十分珍惜錫智和忠慧的友誼，也希望能持續得長久。無可置疑，因爲錫智的影響力和無私的饋贈，黎霧市會永遠變得更好。

佩姬旦恩
美國堪薩斯州黎霧市市長（1997年至今）

Prologue by Peggy Dunn

Encompassing one's life in an autobiography is a monumental undertaking, especially when one's life has been lived to the absolute fullest! While I have not known Jimmy Lin his entire life, I have had the pleasure of knowing him since 1993. That was the year that I first ran for and was elected to the Leawood City Council. Jimmy actually retired from the City Council in 1993 after serving four, two-year terms from 1985 to 1993. It was in 1988 that Council Member Jimmy Lin proposed a sister-city relationship between I-Lan, Taiwan, and Leawood, Kansas. Jimmy was born and raised in I-Lan and still had family and a business in Taiwan. It has been the perfect opportunity for Leawood residents to broaden our horizons and enrich our lives with the many friends we've made in our 30+ year relationship.

Being elected as Leawood mayor in 1997, I had the honor of leading a delegation in 1998 to I-Lan to celebrate the 10th anniversary of our sister-city relationship. Jimmy and his lovely wife, Sophia, were part of that delegation visit. It was during that first exchange trip that I realized Jimmy was a truly remarkable statesman and a well-spoken diplomat. His ability to engage with each and every one he met was an illustration of his bridge-building expertise. Jimmy was jovial, patriotic, brilliant and extremely generous with his time and treasures. He understood both forms of government and could educate all on the history, food, customs and traditions of our two countries. He also speaks fluent Mandarin and was, therefore, my personal translator.

During my tenure as Leawood mayor, I have had the pleasure of traveling to Taiwan on three separate occasions. We have also had the opportunity to periodically host delegations from I-Lan to Leawood. Needless-to-say, Jimmy has always played a huge part in the success of those exchanges. Even though he moved to Diamond Bar, California, after living in Leawood for 26 years, that has not stopped his support and involvement with delegation visits. Jimmy always rearranges his schedule to join the groups and provide guidance and service wherever he can be of assistance.

Over the course of time, a sister-school relationship has also been established. Our Blue Valley North High School and the Lan Yang Girls Senior High School in I-Lan are actively involved sending student delegations that enjoy home hospitality, and are welcomed into the schools to participate with the other students. This has been most fulfilling, not only for the students, but also for the parents who open their homes and welcome the students to stay with them. This is evident by the fact that most parents have offered to do so on multiple occasions.

When the Covid-19 pandemic arrived in America and in Leawood, it was heartwarming to receive thousands of personal protection face masks from I-Lan's Mayor Chiang and the Ministry of Foreign Affairs. Taiwan was handling the pandemic more successfully than we were at the time, and their genuine show of concern for us touched all of our hearts. We were even able to share the masks with all students in our area schools letting them know that the kind gift was from our friends in I-Lan.

Since public service has been such a big part of Jimmy's life, I was not surprised when he was elected as the mayor of Diamond Bar, California. Jimmy's relentless desire to provide public service leadership wherever he resides has been a gift to all of us. He's been a successful entrepreneur and businessman, a devoted husband and father, and a loyal friend to all fortunate enough to know him. He has a unique capability of making lasting, lifetime friendships. He accomplishes this better than anyone I've ever known. I can truly say that my life has been greatly enriched with every encounter. I treasure Jimmy and Sophia's friendship and hope that it will continue long into the future. There is no doubt that the City of Leawood will forever be better due to Jimmy's meaningful and impactful legacy.

Peggy Dunn

Mayor of Leawood, Kansas since 1997

作者簡介

　　林錫智於西元1948年出生在臺灣宜蘭市一個中上階級快樂的大家庭，中山國小和宜蘭中學初中畢業之後考進臺北工專土木科五年制就讀。1968年工專畢業後在金門砲指部和中共解放軍的「單打雙不打」準戰爭環境下服完一整年預官役，官拜少尉。1969年六月回臺之後即於1970年一月前往美國華府附近郊區的馬里蘭大學深造。1972年林錫智在堪薩斯州立大學獲得土木工程碩士學位，主修交通運輸工程，副修都市計畫。次年一月在堪薩斯州曼哈頓城和同是來自臺灣的留學生潘忠慧小姐結婚，之後遷往堪薩斯市開始從事運輸工程設計職業生涯，任職於布克威里斯公司。在長達三十年的專業生涯，從一位小工程師開始，最終被推舉成為公司的總裁和董事長，除了在美國設有超過十四個據點之外，也於1990年在臺灣成立分公司，協助臺灣改善公路和交通建設至今。而且也在1991年進軍中國大陸，協助中國各級政府完成從世界銀行貸款來執行的交通運輸工程基礎建設。1988年林錫智被選為美國堪薩斯州工程顧問協會會長，一年之後更上一層代表堪薩斯州擔任全國工程顧問協會理事。

2002年林錫智從布克威里斯公司退休，和妻子遷往加州洛杉磯，並在2004年加入當地一家交通工程設計公司KOA Corporation，成爲最大的股東，擔任公司的總裁和董事長。從2004年到2019年的十五年間，在他的領導下將公司營業額提升三倍，也讓KOA Corporation成爲南加州交通工程設計的先驅。

　　林錫智因爲一個偶然的機會在堪薩斯州的黎霧市決定參政，1985年參加市議員選舉，在一個幾乎全是白人居住的城市獲勝，並且連任了四屆。期間除了全力貢獻所長服務市民之外，他也促成黎霧市和他的故鄉宜蘭市在1988年締結爲姊妹市，並且在黎霧市內新關一個公園，命名爲「宜蘭公園」。宜蘭市隨後也命名一座新建的天藍色鋼拱橋爲「黎霧橋」，以銘記這個跨國的姊妹情誼。

　　遷往南加州之後，林錫智定居在鑽石吧市，在2015年一個偶然的機會他被推舉任命成爲五位市議員之中的一員，成爲少數在美國參政過兩個不同城市的人士。同時他也在2017年被同僚推選爲市長，並執行了整年的市長任務。因爲積極參政，作者在共和黨黨內也十分活躍。

　　作者的傳記題名爲「長島的故事」，原因是1971年暑假作者在紐約長島長堤市的麗都灘渡假大飯店打工時親眼目睹到讓他一生無法忘懷的事件。這個事件讓他很深刻地瞭解到人性的善良和醜陋，無助的留學生在生存

和正義之間的掙扎，也塑造出他日後的人格和對人處事的原則、態度。作者希望把這本傳記獻給1971年在麗都灘渡假大飯店打工的五位勇士們。

目錄CONTENTS

序言 ……17

Prologue by Peggy Dunn ……20

作者簡介……24

第一章　錦繡的蘭陽 ……28

第二章　過渡的臺北 ……73

第三章　金門，金門 ……135

第四章　123自由日—華府—密蘇里—紐約 ……169

第五章　堪薩斯，我的第二故鄉 ……238

第六章　長島的故事 ……265

第七章　小蘋果的愛情 ……289

第八章　Kansas City Here I Come!（堪薩斯市我來了）…308

第九章　環遊世界三十五天 ……331

第十章　中國崛起的見證和香港回歸 ……353

第十一章　加州的陽光 ……373

第十二章　林市長，你好 ……380

後記 ……397

感謝鄭向元夫人——鄭啟恭拍攝、提供的封面照片（紐約長島長堤市大西洋岸邊木板漫步橋）。

第一章

錦繡的蘭陽

我西元1948年（民國37年）出生於宜蘭市，之後的七年之間家裡又添了一個妹妹和兩個弟弟。根據祖譜記載，我的家族從福建龍溪縣二十九都白石堡莆山社移民到臺灣，現在已經是第八代了。祖譜上記載的第一位在龍溪縣家廟的祖先名字叫作林大魚。聽內祖母說，我們祖先是在1787年跟吳沙從臺灣北部闖入蘭陽平原，霸占噶瑪蘭原住民土地後安頓下來的。這個理論可以從我父系親戚中有大部分姓吳，而且都住在礁溪二結的吳家村落隱約得到證實。我生長在一個經濟條件還算不錯的家庭。我沒見過內祖父，他過世得很早。他生前是一位代書，聽說在當時這是一個很受人尊敬的行業。他寫得一手好書法，而且喜歡到廟口和三朋四友拉胡琴吟詩作詞，以歌譁眾，他當時在宜蘭是一位滿有名氣的雅士。祖父母只生下我父親一個兒子，後來又領養了三個女兒，家裡十分熱鬧。內祖父在我父親十七歲時就過世了。於是我祖母開了一家雜貨店兼賣煙酒以養活全家人。

祖母名字叫作郭環，是個很堅強的女性。她是家裡的長女，下有一個弟弟，兩個妹妹，因為她的父母早逝，弟妹都是由她一手扶養長大的。她有一位堂弟叫作郭雨新，是臺灣民主運動的先驅。就宜蘭而言，他開創了宜蘭民主運動的思潮，其後宜蘭民主運動承續郭雨新的脈絡而日益成長、茁壯，宜蘭因而成為民主的聖地，宜蘭價值、宜蘭人的光榮感由此而生。以此可見，郭家流的大概都是那種不屈不撓的血液吧。

我父親名叫林松年，宜蘭農林學校畢業之後便在宜蘭第一銀行上了一陣子班。後來因為日本政府開始徵召臺灣人當兵，到南洋替日本人打仗，我祖母透過一點關係讓父親免除兵役，轉而前往當時位於香港的日本總督府上班。我父親是1942年初到達香港的，在那裡呆了將近四年，直到日本投降之後才被英國軍隊遣返回臺灣。他在香港四年期間除了見證到戰爭的殘酷和跟臺灣截然不同的經濟繁榮之外，很直接地也讓他開竅了。他在東亞書院（聽說是新亞書院的前身）拿到一個經濟學的學位之後，便開始跟幾個臺灣同胞合夥作些買賣，也賺了一點黃金。聽說還在中環購置了一個房產。可惜1945年日本投降後英軍立刻登陸香港以免讓中國軍隊進駐，進而奪回香港。據說我父親曾經被送往英軍九龍的集中營住了一個多月，直到被遣送回臺。臨行之前他把家當變賣，換成一條金皮帶。帶不回來的聽說都送給香港的一位徐小姐。多年後在我讀初中時徐小姐曾經來訪臺灣，

並且在我們家住了一陣時候。我母親當然也很歡迎，畢竟徐小姐是母親結婚之前的故事，也沒什麼好計較的。只是當我父親和徐小姐用廣東話吱吱喳喳交談時，我們聽不懂他們談話的內容，心裡很不是滋味。我父親很少和我提到他在香港的往事，不過我多多少少可以感受到他作事的風格，和他擁有廣闊的眼界和國際觀很明顯是受到香港經驗的影響。他也喜歡吃起士（cheese），對於50年代時期連牛奶都不敢碰的宜蘭鄉親父老，真是一個不可思議的怪習慣。

我母親出生在羅東一個富裕的家庭。外祖父開了一家鐵工廠，雇用很多工人。我對他最深刻的印象是在我四、五歲的時候，他曾經請鐵工廠的工人打造了一部滑板車（scooter）送我。那個滑板車雖然是1950年代的產物，但是造型幾乎跟2020年代的產品不相上下。據說我的外祖父在日據時代曾經當過臺北州州議員。光復之後國民政府的陳誠先生曾經拜訪過他，請他再度出馬從政，但是被他謝絕了。我外祖父是個很嚴肅的人，我幾乎沒有見過他臉上的笑容，可是嚴肅的外表後面他基本上是一位慈祥的老人。我父母的婚姻完全是透過外祖父好友的媒妁之言決定的。在當時的臺灣，媒妁促成的婚姻是一種很傳統的結婚方式，母親常常告訴我，她和父親兩個人的愛情是在婚後才開始培養的，而且培養得很成功。外祖父家很大，是典型的四方型日式木造建築物，屋內只有木地板的走道和榻榻米房間。屋子後院有

花園和各種果樹，芒果、芭樂等等。後院有一座八尺高的圍牆，圍牆後面有另外一棟房子是供姨太太和她的家庭住的。小時候我們去外公外婆家玩，外婆總是提醒我們要離那座牆遠一點。有時候看到外婆不太快樂，我們就知道外公到圍牆外面那棟房子去陪姨太太了。聽說姨太太以前是藝妓出身的，家世卑微。深受外婆灌輸的主觀影響，對她敬而遠之的觀念一直盤旋在我腦海中，直到我念小學五年級第一次見到姨太太，印象中是一位很美麗清秀的中年婦女，並沒有我外婆形容的那麼可憎。我母親有一個姐姐、三個弟弟。姨太太也替外公生了三個小孩。雖然大家分住在兩棟房子，家裡仍然十分熱鬧。

　　我的父母親是在1947年三月結婚的。因為正值228事件後不久，實施戒嚴，個人行動受到嚴重限制，所以婚禮也就沒有大事鋪張。婚後父親認為二戰結束後，因為受戰爭的摧殘，社會上最需要的是基礎建設的重建，所以他全身投入建築材料事業中。舉凡生材如五金、水泥批發，或是產品如稻草沙袋、煙囪、水泥瓦，甚至塑膠產品、工業化學催化劑他都插上一手。因為天時地利，他的投資在民國50、60年代的中小型企業而言大體上頗為成功。因為企業順利，他也把生意的版圖從宜蘭擴張到臺北和桃園，並且在臺北購置房產。對我和弟妹未來在臺北求學成為一大方便和助益。我們家除了爸爸媽媽、祖母、姨婆（祖母的妹妹，是一位未婚單身的

助產士，畢業於日本京都大學）、姑媽（祖母的養女）和她的一對兒女以外，陸陸續續的我們四個兄妹也出生了，而且都是姨婆親手在自家接生出世的。除了家庭成員之外，因為生意擴張，人工需求量劇增，除了雇用兩位廚房幫傭的小姑娘之外，也增加了許多店面、工廠和倉庫的幫手。記得在林家最鼎盛的時期，吃飯時都需要準備三個十人座的大圓桌，吃飯時間總是轟轟烈烈的像在「辦桌」一樣，其樂無窮。也因為每天要應付那麼多婦女壯丁的伙食，我們家在採購食品魚肉蔬果時都是把整隻豬、整簍蔬菜水果和整箱魚扛回來的。也因為如此，家裡的廚房幾乎永遠開著，不愁沒有東西吃。有一陣子祖母開始在後院養起豬、羊、雞、鴨、鵝來提供大伙的膳食。之後因為全家改信佛教，祖母決定放下屠刀不再殺生，家裡也變得清淨許多，可是相對的也寂寞了。兩位幫傭的小姑娘在我們家一呆就是十來年，有一位還是祖母作媒把她嫁出去的。

　　1953年可以說是林家精神信仰的轉捩點。我父親決定全家皈依佛法，開始信仰佛教。宜蘭市有一家很老的寺廟叫做雷音寺，住持是一位老尼師，法名為妙專法師，她有一位年輕的尼師助手，法號叫作妙觀。當時正值國軍撤退來臺不久，廟裡面還住著幾家軍眷，包括一位上校和他的家人。父親參與雷音寺的運作之後接過總務的工作，和另一位李決和居士開始物色接班的出家人。他們輾轉經人介紹到臺北善導寺去見一位慈航法

師，法師引薦了他九位從中國大陸撤到臺灣暫時住在寺裡的出家人。父親和李決和居士跟九位年輕和尚見面交流之後兩人取得共識，決定挑選一位二十六歲，年輕的外省和尚星雲法師，他不但會講道，人格也充滿魅力，容易吸引信眾。因此兩人親自返回臺北善導寺邀請他到宜蘭講道。終於在1953年春天把星雲法師請到宜蘭雷音寺講道二十天，甚至在講道最後一天結束之後替108位信徒皈依三寶，包含我們全家，正式成為佛教徒，法號都是以「覺」字號開頭，也是臺灣佛光山體系下的第一批信徒。星雲法師返回臺北之後，信徒們都很想念他，因為善男信女們都認為他不但長得年輕英俊而且很會講經。雖然大部分的信徒都沒有受過國語教育，更聽不懂他的揚州國語。起先是由父親替他當翻譯，後來邀請了一位在宜蘭稅捐處上班的張優理小姐（張小姐後來削髮為尼法號「慈惠」，並成為星雲法師的終身翻譯員）翻譯成臺語。雖然經過翻譯，善男信女們仍舊聽得津津樂道。信徒們一再慫恿我父親把他請回宜蘭雷音寺接過住持的位子。林松年先生因為生意忙碌，就委託兩位女士來承擔這個重任，第一位是我的助產士姨婆，郭愛女士（後來高雄佛光山建成後，裡頭有一個池塘叫作「愛姑池」就是為了紀念她而命名的），第二位是我的姑婆（我內祖父的妹妹）勉姑，林勉魚女士。她們兩位身負重任來回奔波于宜蘭和當時星雲法師的居所臺北善導寺，以三寸不爛之舌最後終於說服了星雲法師到宜蘭開

拓道場弘揚佛法。

　　星雲法師進駐宜蘭是當時地方一大盛事，他希望以非傳統的方式來傳播人間佛教，並且成立宜蘭念佛會，以比較活潑的稱號來取代「雷音寺」這個沉重嚴肅的地標。他積極的成立佛教青年團來號召青年信徒，也成立歌詠隊來吸引普羅大眾，並邀請我母親擔任歌詠隊隊長。星雲法師更在念佛會所在地開辦慈愛幼稚園吸引年輕夫妻和培養未來信徒，他甚至還邀請了幾位洋和尚到宜蘭念佛會講道，替佛教和念佛會造勢。洋和尚說經在民國50年代的宜蘭，甚至在當時的臺灣都是十分轟動的新聞。我父親是宜蘭念佛會的總務主任，統管一切財務和雜務，有時候財務吃緊只好自己墊上財務缺額，畢竟當時林家親戚是宜蘭念佛會最大的信徒群組，也是最堅強的護法者。民國80年間有一本記述星雲大師事蹟的書《傳燈》，裡面有一張早期宜蘭念佛會信徒的團體合照，大約有七、八十個人一齊排排坐和排排站在廟前合影留念。照片裡面大約有四分之一的群眾是林家的親友，包括本人和我弟妹在內。

　　星雲大師從宜蘭念佛會發展到佛光山以及拓廣到全世界的人間佛教歷經六十年，轟轟烈烈，有目共睹，我也就不必在此多加注解。我父親曾經說過宜蘭人才很多，可是財力不夠雄厚。發展宗教需要錢財，也許這是為什麼星雲大師後來決定把佛光山重心從宜蘭轉移到高雄的主因吧！雖然如此，但是因為佛光山的發源地是在

宜蘭，所以星雲大師第一批皈依出家的弟子幾乎清一色是宜蘭的子弟，其中包括後來隻身被大師派遣前往美國洛杉磯建立西來寺，終身奉獻給佛教的慈莊法師（她也是李決和居士的女兒）。星雲大師在宜蘭長駐十年之後，1963年在高雄壽山公園內成立一座別院「壽山寺」，以拓展臺灣南部的教務。落成時我們全家都出席了開光典禮。1967年當資金開始有點著落，可以興建佛光山之際，我父親和我的三舅劉明國先生，東京帝大畢業很出名的建築師和當時淡江文理學院建築系主任，曾和星雲大師到高雄大樹鄉現場勘察多次。詳細的佛光山設計和建築情形因不久之後我就出國留學，也就不很瞭解了。多年之後，1978年星雲大師在美國洛杉磯籌劃興建佛光山西來寺時，因為我身在堪薩斯州，就正好有緣分參與助他一臂之力。我最後一次和星雲大師見面是2007年，在美國洛杉磯地區的橙縣（Orange County）一個講道會上。大約有四、五百人參加，共襄盛舉。會後他邀請我和我太太到他的休息室共話家常，談了一些五十年前的往事，和共享為他準備的點心。

　　宜蘭是個風光明媚的小鎮，在我成長啟蒙的1950年代，整個宜蘭市大約只有六萬多人口，甚至於整個宜蘭縣當時也只有三十萬人左右。因為人口少，彼此都認識，很難在外頭作壞事。如果小孩在外作出大人看不爽的事，家裡的電話不久就會響，馬上就有人來報備。所以在宜蘭這個淳樸的地方成長，只要循規蹈矩不作大人

認爲不該作的事，基本上日子是非常寫意快樂的。我的家位於火車站前面的大道「光復路」，距離宜蘭最大的北南管市場只有幾分鐘路程。我們家基本上是一座長方形的平房，總面積大約有四百坪左右。前面的寬度大約爲二十公尺長的店面，兩旁是起居作息的空間，後面是個小工廠。建築物基本上像一棟四合院，中間是個花園跟果園，有葡萄籐、芭樂樹、各種花草。我父親還請人在花草之間蓋了一個池塘養了一些錦鯉，十分雅緻。每年葡萄盛產時我的姨婆總會摘下一些去釀葡萄酒，很可惜那時候年紀小沒有機會也不准喝，錯過品嘗林氏釀酒鄉產品的機會。

　　我們住家西邊隔了一個小巷子有一個很大的倉庫，是用來囤積草袋和草繩的地方。我父親每年兩次在稻米收割之後就開始向全宜蘭縣農民徵購稻草，然後雇用工人織成草繩或是草袋。有時候農民也會把織好的成品送來，可以賣到比較高的價錢。在農忙的時候每天會有三、四十部小卡車或「鐵牛」來叩門賣稻草給我們，讓林氏企業「松興公司」員工忙得不可開交。因爲這些大量的草袋和草繩主要的銷售對象是各級地方政府，在颱風來臨期間用來裝沙包防洪，所以平常就暫時囤積在松興公司的倉庫裡面，而這個倉庫也就成爲我長期的樂園。每星期我總會約幾個小朋友（男生居多），在倉庫集合。大家分工把粗壯的草繩套在各個不同角落的上梁，各人帶著用硬紙板剪成的刀劍，抓著草繩在空中飛

舞飄蕩，演出非洲泰山和土著的生死鬥。我永遠是扮演主角泰山的，因為倉庫是我家的。有時候有新朋友搶著要當泰山，經過解釋之後也就心服口服了。因為倉庫內堆積囤滿高達數公尺高的草袋，形成人工緩震的軟墊，在空中飄蕩廝殺，萬一失手墜落也無傷大雅，感覺上像是掉在彈簧床上似的爽快。在那種沒有電視、手機和電子遊戲的單純年代，泰山土著空中飛舞的時光無非是小孩子最珍惜也最享受的遊戲和生活的片段！六十幾年後偶爾回想起這段天真無邪的日子，心裡還會會心一笑地回顧那些小玩伴們，是否大家現在都還很健康快樂？

　　伴演泰山的日子隨著年齡成長也漸漸成為歷史。大概小學四年級左右，升學的壓力開始無形的往我身上撲來。我六歲的時候妹妹四歲，我們被父母送進那時候宜蘭水準比較好一點的基督教會設立的「愛育幼稚園」。那時候年紀小，懵懵懂懂，不知不覺也受到了一點基督耶穌的薰陶。我妹妹從小個性就很固執倔強，在幼稚園時讓我印象最深刻的一件事是有一次園內同樂會，邀請所有家長親戚朋友一起來同樂。我妹妹和我被分配到臺上敘述兔子跟烏龜賽跑的故事。我妹妹原先就對這份任務不很熱衷，雖然之前我們演練多次，胸有成竹，節目開始輪到我倆上臺之後在眾目睽睽之下，她就是不張口。整個表演過程就在我的獨腳戲下完美結束。結束之後當時覺得好像她得到的掌聲比我還多，大概她長得比我可愛吧！一年的幼稚園很快就告了一段落，期間認識

的小玩伴們也已印象模糊，不知去向了。

　　在宜蘭縣蘭陽溪以南有一個地方叫作五結鄉，基本上是個小農村，以種稻米為主。因為五結鄉靠近蘭陽溪，所以有一大片不適合耕種的沼澤地，農民們利用這些沼澤地做成魚塭養魚。每年春天大約有一個星期左右成千上萬的白鷺鷥候鳥要從澳洲飛回西伯利亞老家時，總會在五結鄉的沼澤地稍歇一會兒，填飽肚子再繼續上路飛行。我們有一個親戚是住在五結鄉的農民，他的家是一棟磚瓦蓋起來的平房，位於農田的正中央，四周種植高碩的竹圍把住宅團團圍住，有兼顧隱私和擋風的效果。每年春天我們都會舉家出行到五結鄉的親戚家作客，一方面去欣賞白鷺鷥的大自然景象，另一方面也可以品嘗新鮮的農村佳餚，不亦樂乎。現在回想起來，能夠親眼目睹成千上萬的白鷺鷥聚集在一處，與世無爭的享受魚塭佳餚，和人類和平共存，也未嘗不是我的幸運。

　　1954年我正式註冊開始我的國民小學生涯。宜蘭市有兩所很特殊的小學，中山國小和女子國小。中山國小成立於民國前14年，至今已有一百二十餘年的歷史了。因為中山國小傳統上只接受男生，所以校園內陽剛氣瀰漫。女子國小也有百年歷史而且就位於中山國小隔壁，顧名思義只收女生。1996年宜蘭縣政府鑑於「中山」和「女子」兩校在同一個學區內分別招收男生和女生，成為男生學校和女生學校，不合乎學童的兩性成長教育需

求，倡議要將兩校合併招生，打破男女生分別設校的傳統，終於正式核定兩校從一年級新生開始合併招生，女子國小亦改名爲「宜蘭國民小學」。我在中山國小的六年生涯，除了部分老師和教職員之外，在清一色的陽剛氣下快樂學習成長，好像也沒有感受有學童兩性成長教育需求的壓力。國小的學童對異性仍然處於授受不親的階段，其實也談不上什麼成長教育的需求。我妹妹也順理成章的在隔壁的女子國小就讀。妹妹剛開始就學後我偶而會去隔壁學校接她一起回家，徘徊周旋在一大群小女生之間，當時心裡還是十分忐忑不安。

　　我國小六年生涯的前四年大體上說來是很快樂的。尤其因爲我的班導師吳錦雲女士碰巧是我母親以前在蘭陽女中就讀時的同學，所以對我也格外照顧。可是相對的，我也不太有機會在校園裡淘氣和搗蛋，因爲吳老師和我母親的通訊十分頻繁，一點風吹草動立刻廣爲人知。基本上我天生是一個精力充沛，想像力很豐富也很好動的人。這種個性通常在群體裡面往往不是領導者就是麻煩製造者，或者兩者皆是。所以要我克制浮躁的個性和思維，讓它不超越在品行的行動前端是一樁非常挑戰的任務。所幸在三年級，我被吳老師指派爲班長，掌管全班四十幾個同學的大小雜務，也開始有機會展現我的領導慾。我的國小六年教育期間，教育重點之一是推行講國語運動，因爲我們父母親那一輩都是接受日本教育成長的，我們這一代的臺灣小孩成長過程中在家裡和

鄰居小朋友的互動也是以臺語為主，日語為輔，幾乎沒有說中文的機會。所以「說國語」就成了1950年代基礎教育的重點之一。尤其國小六年幾乎沒有一個外省籍的同學，說國語並不是一件確切必要的行為。被任命為班長之後，除了當導師的跑腿和維持班上一般的秩序之外，另外還有一個偉大的任務就是每天到校之後口袋裡要裝滿一疊長方型的小木板，上面寫著四個字「請說國語」。我的任務是，每天在教室裡外要是有同學在操著臺語交談，我就義不容辭地發一張小木牌給那位違規者。每天下課之前導師就要求持牌的小朋友們在臺前一排站定，用藤鞭象徵性的抽一下手心。違規者各人反應不一，有同學認為是羞辱，有人則手持一疊小木牌像是抓著戰利品，被抽手心時還面帶微笑。我的這個特殊任務讓我在同學間失去不少人緣和聲望，每個人都巴不得敬我而遠之。這個消極的懲罰制度持續了幾個月後大概校方認為效力不張，驟然就停辦了。沒有小木牌之後我彷彿感覺到我在同學間的人緣好像回升了一些。

我從小就是一個很務實和實事求是的人。成長之後學習工程，成為一名循規蹈矩的工程師。我從小就不迷信，也不太相信這個世界上會有所謂的奇蹟，除非我們能夠用科學的原理來解釋它的現象。雖然如此，我這一輩子倒是親身經歷到兩件不可思議的事件，而且都發生在宜蘭，都發生在我年齡還小的青少年時代。事後回

想，會不會是當時年紀輕，判斷能力不成熟，導致個人感官的錯覺。可是兩套事件發生的時候都有許多旁觀者在場目睹過程，大家都同意是奇蹟發生，是釋迦牟尼佛顯靈。身在虔誠的佛教家庭，把無法解釋的現象歸諸於至高無上的信仰精神寄託，也未嘗不是壞事。沒有宗教信仰的人碰到不可思議的現象內心的感受如何，是一件值得省思的事。

我所遭遇到的第一件無法解釋的現象，發生在宜蘭念佛會。農曆十二月八日是釋迦牟尼佛成道日，也是俗稱的臘八節。每年逢臘八節念佛會除了舉行熱烈慶祝活動，準備許多臘八粥讓信徒們攜帶回家享用之外，也一連串的舉行祭拜活動，設立道場打佛七，就是以七天為一周期做佛事。記得有一年的臘八節，大概在1959年，我小學五年級的時候吧，林家按照往例全家動員去參與這件盛會。那段時間因為在星雲法師帶領下辛苦的經營了六年，宜蘭念佛會的信徒成員規模已經十分龐大。每次聚會的信眾也不低於兩、三百人。熱烈參與的群眾裡邊也有一些外省籍的信徒，絕大多數是現役或退役的軍人和政府的公務員。其中最醒目的是一位身體殘障的退役軍人，他的一雙下肢都無法行動，可能是因為沒有錢購買輪椅，他的行動只能靠兩把竹子編製的矮板凳來支持。他的一舉一動必須要靠著他的雙手搬移竹板凳的位置，然後移動他的臀部從一個板凳轉到另一個板凳上，

行動非常緩慢，碰到地面有高差或是有階梯的時候，他的行動就更加困難了，有時候他必須請別人幫忙扶他一把才能繼續行動。沒有人知道他是如何受傷的，大家都在猜測也許是戰場上負傷的吧。可是從來沒有人好奇的問過他原因，他也從來不主動提起。他是一位很虔誠的佛教徒，四、五年來幾乎每個周末都會光臨念佛會，有時候是朋友送他去的，有時候是搭三輪車去的。他大概是個單身漢，因為我們從來沒有見過他的伴侶。

宜蘭念佛會新蓋好的道場規模不小，勉強可以同時容納下三百多人。1959年的釋迦牟尼佛成道日照往例我們要舉行七天的打佛七，每天晚上要花一個半鐘頭的時間在道場內由星雲法師帶頭主持念經、念佛和最後十分鐘靜靜的禪坐。我們全家人也是從星期一到星期日每天晚上很規律性的到道場報到，享受宗教信仰的滋潤。打佛七的最後一天通常是整個儀式的高潮。我們照例抵達道場坐定，開始參與禮佛的儀式。那位身殘的先生就坐在離我們不遠的前方，坐在他的板凳上。佛教的禮儀會依誦經內容不同，要求信眾擺出不同的身體姿態，有時候是坐著，禮佛的時候是跪著拜，有時候要緩緩的繞著道場經行，最後要禪坐的時候必須盤腿而坐。我最期望的就是禪坐，因為在整個大空間裡頭坐上三百人卻鴉雀無聲，那種感受是無以倫比的。感覺上好像有一股無形而強烈的能量隨時會昇華起來，何況有時候因為太安

靜，會不經意的打個盹。最後一天的佛七，我們照例念完佛經，星雲法師開始領導大家進入寧靜的禪坐。大約五分鐘之後正當大家已經完全進入狀況的時候，突然前面有一個人聲嘶力竭的大叫一聲，隨即那位身障的信徒就用力的用雙腿站了起來。在現場見證的每一個人對於這個突如其來的現象驚嚇得目瞪口呆，事後則都同意信仰的力量是無比偉大的。那位身障的先生也不清楚發生什麼事，他只記得在禪坐期間，忽然覺得雙腿發熱，十分難過，不自主的大叫一聲之後就站起來了。事件發生之後他再也不必利用任何支撐來走路，也能享受跟常人一樣的生活方式。從醫學的角度來研究，殘障的肢體突發性的復原也許是可能的，在全世界各地偶而也會聽說或讀到類似這種奇蹟的發生。可是就我目睹的現象所發生的時空，在眾目睽睽之下活生生的顯現出來，唯一可以解釋的也許是這樁讓群眾興奮欣喜的事件，是一件不能解釋的信仰昇華而成的力量，因之大家對宗教的信心更加狂熱。

事後，信眾們分別恭喜和祝福他的康復，他也欣然接受大家的祝福，也變得更加虔誠，經常到廟裡幫忙，當志工。幾年後大家也把這件不可思議的奇蹟給淡忘掉。事隔六十年，我很想知道那位先生後來身體和生活的情況，可惜一切已經人去樓空，也許他已離開人世了。

第二件不可思議的奇蹟竟然是發生在我自己身上，

也是發生在1959我上小學五年級的時候吧！宜蘭市一年一度的大盛事是在每年的農曆二月初八城隍爺聖誕。這一天在當地是個非常重大的日子。據我瞭解甚至於現在的每年這一天，為了慶祝城隍爺聖誕，宜蘭市政府仍然開席五百桌宴請父老鄉親兄弟姐妹大饗佳餚。六十年前二月初八城隍爺聖誕的慶祝方式可是大為不同。50年代末期的臺灣仍然處於農業社會的末期，人跟人之間的交流十分密切，沒有猜忌，沒有比較錯綜複雜的情感關係。對於陌生人的警戒心也比較鬆懈，畢竟當時社會上謀財害命的兇殘事件還很罕見，治安大體上還很良好。通常到了農曆二月初八的前幾天家家戶戶就開始光顧菜市場去購買足夠的食材以準備當天宴客之用。城隍爺聖誕節日當天家家戶戶大清早就起床開始準備牲禮菜餚，擺上一大桌子的食物祭拜城隍爺。祭禮結束後每戶人家就開始炒菜蒸肉，端上熱騰騰的各式美味雞鴨魚肉開始整天的饗宴。通常在這一個重要的節日每個家庭都會準備流水席招待朋友、訪客、商業伙伴和上下游廠家，甚至於不認識的路人只要肚子餓都歡迎進門吃飯。沒有人家會預先發請帖，反正家家戶戶都已經準備好足夠的食材，來多少客人就煮多少菜，直到所有的食物耗盡為止。以當前的社會道德水平角度來衡量，很難想像整個城市能夠伸出雙手開放和宴請陌生人。林家因為人口眾多，交友廣闊，加上因為父親的生意往來跟廣大的建築業界、農民有密切的關係，所以每年這一天來訪的賓客

特別踴躍。我們的流水席通常從中午十二點正式開席，雞鴨魚肉蔬菜甜點配紅露酒樣樣齊全，酒席通常會繼續到晚間九、十點鐘，依在場賓客出席的情況才會告一段落。我們家裡會擺出三個大圓桌以應付用餐高峰期的人潮，一般都發生在中午時段和晚間七、八點鐘晚餐時間。三個大圓餐桌通常是擺在房舍中間寬敞的院子裡，鄰接在花草樹叢和小池塘之中，離在房舍後面的大廚房約有十五公尺左右。當天的廚房由我祖母擔任總指揮，她的妹妹（我的姨婆）負責當總幹事，率領兩位幫傭從早到晚十幾個小時變出不同的美食來滿足不同賓客的口味。把已經非常忙錄的工程更複雜化的是因為我的姨婆奉行齋食，所以當天也陸陸續續會有佛寺裡的信徒朋友來訪。齋食需要用不同的食材和乾淨的鍋盆來準備，給廚房團隊帶來額外的負擔。雖然如此，大伙兒快快樂樂，熱熱鬧鬧的共度這一年一度的大慶典倒也不亦樂乎。

我們家西邊的巷子是個死巷，長度大約有五十公尺左右，兩旁除了林家的倉庫之外，很緊密的蓋著挨家挨戶的平房，總共有十來戶。這些平房所蓋的土地有大約一半是我們擁有的。當初是以土地租賃的方式讓租客在土地上蓋起他們的平房，地租非常菲薄而且是沒有期限的合約。巷子內的住家以藍領階級家庭為主。其中有一戶人家住著一個彪形大漢，身體看似十分健壯的壯年男子，大約四十歲左右。聽說這個人無所事事，沒有正當

職業，好像在幫派裡頭混流氓。平常大家偶爾碰面也都是相敬如賓，畢竟我們是他房子的地主，他對我們家人還算很客氣。我們家廚房的位置處於房舍的後面，緊貼著巷子，並且有一個雙扇門正對著巷子。事情就發生在1959年農曆二月初八城隍爺聖誕當天下午六點多鐘，林家的賓客正坐滿三個大圓桌，廚房的團隊正在大肆蒸炒燒煮準備一道一道菜餚的時候，那時候廚房裡一共有四個人，總指揮的祖母、兩位幫傭小姐和我。我從小喜歡看別人作菜，長大以後也偶而下廚顯藝。正在團隊忙得不可開交而我正在看得津津有味的當兒，忽然挨著廚房面對巷子的兩扇門砰通一大聲被人用力踢開了。當時兩位幫傭站著的位置是背對著門的，而祖母和我則平行的面對著兩扇門站著，門被用力踢開了之後，剎那間就衝進來一個彪形大漢，眼見就是住在巷子裡面傳說中的那位小流氓。他一眼看到我的祖母就往前衝上來。剎那間我忽然感覺到有一股很強烈的力量把我用力的往前面那位入侵者的方向猛推，我也不自主的被那股無形的能量被動的快速往前衝刺，並且在我祖母大聲尖叫的同一剎那間我不自覺的伸出雙手抱住他的臀部。當時我的身高大約只到他的腰部，體重也頂多只有他的一半不到。如果要抗衡，不用吹灰之力他就可以輕易的把我撇掉了。不可思議的是在我完全沒有自主，更談不上是潛意識的抱住他之後，入侵者立刻被我摔倒在地上。直到今天我仍然無法說服自己小流氓是被我摔倒的。聽到祖母的尖

叫，第一個衝進廚房的是我的姨婆和家裡的兩個工人，他們合力把我拉開，同時一起制伏小流氓。赫然間我看見小流氓右手上抓著一把六寸長的菜刀，工人們合力把菜刀奪下，我頓然一愣，怎麼剛剛我在往前衝鋒的時候並沒有看見他手裡緊握著一把大菜刀呢？

警察聞訊到了現場就立刻把小流氓帶走了。為了不掃慶祝節日和賓客的興致，林家稍微收驚讓大家情緒平穩之後，繼續宴客勸酒，佯裝沒有事情發生。可是現場每個人心裡都有一股莫名的疙瘩，流水席就如此草草的收場了。我父母親除了讚賞我勇敢的舉動之外也很憂慮我心裡受到震驚和衝擊。可是只有我自己清楚我這見義勇為的舉動後面冥冥之中有一個無形又有力的推手。

小流氓在警察局呆上一天之後因為我父親希望息事寧人，撤銷控訴，也就被釋放出來了。事後不久他帶著全家和伴手禮來向我祖母致歉，說那天酒喝多了，神志不清，才做出這般糊塗的事，以後保證再也不會重蹈覆轍。我想他當初的動機也許是不情願自家的房子偏偏要蓋在別人的土地上，每個月要定期繳租，黃湯下肚後開始衝動想發洩情緒吧。他萬萬沒想到竟然會栽在一個小孩子身上，而那個小孩的舉動卻也化險為夷，免了他的牢獄之災。

事後不久，林家廚房對著巷子的兩扇門就重新打造固堅，完成之後連大卡車也不見得能撞破它。

歡樂的國小四個年頭不知不覺的在一眨眼間就消逝了。1960年代臺灣義務教育只到小學六年，想進入水準較高的初中還得經過競爭激烈的入學考試。宜蘭縣最好的中學是省立宜蘭中學，包含初中部和高中部。為了能確保考上宜蘭中學初中部，我的父母從我國小五年級開始就替我安排了一系列的課外補習，將針對初中入學考試科目內容填鴨式地灌入我腦中。我記得那段時間我接觸最深最頻繁的是李錫樓數學老師，白天我要在教室上他的數學課，晚上要到他家讓他再加強灌輸數學的概念，每星期學習五天。李老師家住著他、師母和兩個小孩，家境也不算寬裕。他對我很有耐心，對數學的概念也十分清晰豐富。兩年下來我對他的家庭和家務也變得熟悉，跟他的小孩們也成為朋友。事實上我日後對數學概念比較超前和李老師的啟蒙有密切的關聯。小學畢業之後就沒有再和李老師聯繫過，幾年前回宜蘭時曾經打聽過他的消息，可惜沒有著落。

　　在我記憶中，林家飼養過豬、羊、火雞、雞、鴨、鵝，而且都是以當伙食為目的而飼養。可是林家從來沒有意願去領養狗、貓之類的家畜、寵物到這個大家族來湊熱鬧。也許因為有其他畜牲要服侍照顧，已經忙不過來了。說得奇怪，在我五年級那一年，家裡就來了兩隻不速之客，而且來了之後就不走了。

　　說來有趣，也是緣分。有一天下午我的姨婆從火車站的方向正在往西邊的家裡行走。她剛剛替一位產婦接

生了一個嬰兒，有點疲憊。她行經警察局對面的一條大排水溝旁邊時，看到一隻小野狗靜靜的坐在地上，神情似乎有點失落。這隻野狗身材很小，長得像隻吉娃娃狗（chihuahua），但是比吉娃娃稍微大一些。牠的身體是白色帶著一些淡褐色的大斑點。姨婆走過去跟牠打了個招呼，說了幾句甜蜜的話就轉身繼續往回家的路上行走。沒想到這隻小狗竟然動身緩緩的尾隨著姨婆回到家裡來了，而且一抵達之後就不走了。幾天之後當我們確定小狗已經堅持要成為林家的一分子之後，大家決定替牠取一個響亮的名字。我也不記得是誰出的主意，最後大家同意把小公狗命名為「西樂」（Shilo），一個還滿文雅的名字。沒想到混熟了之後才知道「西樂」是一隻一點都不文雅的小狗。

首先，「西樂」很兇，尤其是當牠在吃飯的時候任何人都不能接近，否則牠不但會咆哮，有時候還會咬人。當然只有我的姨婆除外，因為牠只買我姨婆的帳。也只有姨婆可以幫牠洗澡，別的人如果想嘗試對牠示好幫牠洗澡就可能會冒著被咬的風險。可是「西樂」也有很多可愛之處，家裡面除了林家族人、幫傭、工人之外，任何客人進入林家都會遭遇「西樂」的尾隨，如果客人的舉止稍微有點超越或「不當」，馬上會引起「西樂」不悅的反應，有時候牠的鼻子會發出哼哼的不悅之聲，有時候乾脆就開始吠叫甚至咬起客人。久而久之親朋好友到家裡拜訪都知道要行為檢點，以免被咬。有時

候大伙兒要出去辦事或遊玩，牠也會默默的跟在大家後面或者跳上車子，履行保護林家的責任。記得有一次新年期間我們全家打扮整裝上照相館拍照留念，「西樂」也尾隨在後跟到照相館。等到大家坐定，擺好姿勢跟笑容準備拍照的時候，牠也從容地晃到大家跟前，一起入鏡。已經是五十幾年前的事了，唯獨那一張照片我到現在還保留著。

「西樂」跟隨了林家有將近七、八年的光陰，一直盡著忠狗顧家的責任。牠最喜歡跟姨婆到宜蘭念佛會看熱鬧。通常姨婆要動身前往念佛會之前會對牠吆喝一聲，牠就瞭解了。回來的時候也是同樣的舉動。久而久之念佛會的信眾也都知道「西樂」這號小狗。說來也有趣，「西樂」到達林家之後，因為牠是自願上門的，我們從來沒有在牠脖子套上頸鏈或者用牽繩綁住來限制牠的行動。牠雖然來去自如，我們也不怕牠會走丟。偶而牠會消失一天，甚至兩天，我們懷疑是否到處去找伴了。回家後我們可以意識到牠的惶恐和不安，以及牠的狼吞虎嚥，顯然幾天沒有進食。

跟隨林家將近七、八年之後，該發生的終於發生了。雖然我們無法知道牠進家門的時候年齡已經有多大，七、八年以後的「西樂」已經顯得老態龍鐘，力不從心。有一天早上牠離家出走之後就再也沒有回來。

林家的第二位不速之客，說起來也有趣，是一隻母貓，而且是一隻波斯貓。有一天吃晚飯的時候一隻純白

色的貓不知從何處跳進院子內，轉眼就跑進飯廳裡了。牠顯然很饑餓，我們把牠餵飽之後，牠就躺下來了。這隻波斯貓除了全身長滿厚厚的白毛之外，最大的特徵是兩個眼睛的顏色不同，一顆是黃色的，另外一顆則是藍色的。牠在林家定居下來之後我們才發現牠是一隻懶貓，白天只會吃吃睡睡，什麼事都不做。有時候擺著一隻小老鼠在牠眼前也無法引起牠的興趣。到了晚上就精神抖擻，整晚可以聽見牠和不知何方跑來的哥兒們在院子裡喵來喵去的，整夜不得安寧。貓一向就不是一種有感情的動物。牠不懂規矩，更不懂得感激，可是牠對生活的要求也很簡單，每天三頓，少量的魚肉，一小杯水就能滿足。既然如此，我們就決定讓這位貓小姐長住下去。五、六十年前的臺灣好像沒有替寵貓命名的習慣，更何況叫牠名字通常也不可能有任何反應。所以林家的貓小姐就成了無名氏。

無名氏到了林家將近一年後，除了半夜三更的派對之外，倒也相安無事，直到有一天我們忽然發現牠的肚子大起來。祖母立刻替牠在廚房旁邊準備了一個很溫暖的窩，好迎接下一代貓咪的蒞臨。不久之後的一天早上果然聽見一小群微弱的喵聲，三隻小貓誕生了。有趣的是三隻小貓全身的毛也都是白色的，眼睛也是一隻黃的，一隻藍的，長得跟貓媽媽一樣。我們都在懷疑無名氏可能有一些波斯男朋友。三隻小貓在成長過程中十分討人喜愛，有時候我會把牠們裝在被窩裡跟我睡覺，早

上起床後被窩裡佈滿了小貓屎。小貓們也成為訪客的寵兒，牠們總是會圍繞在人們的腿邊，有時候會用身上乳白的細毛輕輕的搓揉著客人們的小腿，非常討喜可愛。出生不到三個月，就有親戚朋友要求領養。終於過了六個月之後我們忍痛割愛，分別送了兩隻小貓給親友領養，只留下一隻可愛的小公貓和牠的母親作伴。無名氏懷胎生了三隻小貓之後就再也沒有懷孕過。牠的小兒子後來有沒有後裔我們也無從查證。聽說貓的壽命可以長達十六年，我也不記得後來牠們母子的下落，只隱約記得小貓兒後來獨自在林家生活了滿長的一段時間。

這兩位不速之客，一隻狗和一隻貓，不請自來並且分別在林家畫下近十年的光陰和美好的回憶。有緣千里來相會。雖然是動物，可是都是有靈性的動物，因為我和牠們今生所結的緣甚至到五、六十年後的現在還偶而在我心中產生漣漪。

我的內祖母是一位十分迷信的人，她老人家時常很規律性的邀請乩童或是算命仙到家裡來徵詢一下生活的方針和調整全家命運的渠道。我小學六年級時，經過不同來源的先知們的指點昭示，說我必須呆在宜蘭求學念初中，如是按步就班則很快就會遠走高飛離開臺灣並且會在國外飛黃騰達。因為先知們的指點使我母親放棄讓我到臺北求學的機會，經過兩年課外補習教育的身心折磨，我果然不負眾望以高分考上宜蘭中學初中部。先知們對我妹妹的指示則截然不同，他們認為我妹妹必須

及早離開家門，長大之後才會順利，有成就。也因為如此，我妹妹在她小學四年級的時候就被父母親轉學到臺北的老松國校就讀，一個人和我姑媽住在臺北新買的房子裡生活和求學。離家之後我妹妹的人生倒是一帆風順，老松國校畢業之後她順利考上北市女中初中、北一女中高中、臺灣大學政治系，最終找到一個很好的歸宿，身家富裕，從來沒有為生活操心過，而且膝下兒孫成群。而對當初先知們替我指點出人生路途是對是錯，是禍是福，只有見仁見智了。我從來不是一個宿命主義者，我認為命運是自己創造的。因為每一個人會在不同時空環境裡創造自己的命運，因此我認為一個人的定力、耐力和先天的智慧跟他的命運有著極大的關聯。人生是絕不可能沒有挫折的。成功與否在於有沒有智慧去克服困境。雖然如此，有時候夜深人靜時回想過去生涯種種片段的同時，往往也偶而感受到命運的無奈。

1959年的林家非常熱鬧。我的內祖父有六個妹妹，除了兩位姑婆嫁到礁溪四結的吳家村以外，其他四位結婚後分散在宜蘭各地。平常我們也持續保持和諸位姑婆和她們子孫的互動。其中最小的姑婆，名字叫作王林勉魚，跟我們的互動特別密切。因為她早年喪偶，膝下沒有子女，所以長年和我的祖母（她的嫂嫂），和嫂嫂的妹妹（我的姨婆）廝混在一起。據說我父親在香港那段期間她們三個女人幾乎每天晚上都會聚在一起飲酒作樂。後來因為篤信佛教，改過自新，酒不喝了，也改吃

齋了。只有我的祖母仍然繼續吃葷，也偶而還小酌一點。後來我的這兩位姨婆跟姑婆成為佛教的大護法。我的小姑婆後來領養了她姊姊的一個兒子，我們稱他為阿彬叔。阿彬叔後來也成家立業，生了兩男兩女四個小孩。他們住在離我家不遠的康樂街，緊臨著北管市場，開了一家滿有名氣的布莊，布莊後面就是他們的住家。也因為兩家距離很近，所以來往得也特別勤快。再加上三位女長輩年輕時共度過快樂時光，所以我們大家的關係也非常密切。有時候我從別處回家途中路過布莊萬一被撞見，十之八九一定被姑婆堅持留下來吃晚飯，使我不得不後來儘量繞道而行，以避開尷尬的局面。我們全家穿著的布料都是阿彬叔的布莊打折買來的。他的布莊是一個木造的平房，跟康樂街上其他建築相連在一起。因為整條街都是互相扣住的木結構，所以萬一其中有一棟不幸著火，整排建築物都可能被牽連燃燒起來。很不幸地有一天半夜忽然鄰居的房子就真的著火了。火勢很快就開始往兩邊延燒。因為是平房，逃生比較容易，幸好在火勢沒有完全延燒到他們前門的走道時，全家都已經平安順利的逃出正在被無情的火燄吞噬的住家和生財的布莊。因為是布莊，裡面屯積滿了易燃的布料。等到消防車抵達時，他們家已經被祝融吞噬的差不多了。也因為匆忙逃命，全家人帶出來的只有身上所穿的衣褲。

　　驚嚇過後，他們全家六口（最小的弟弟還沒有出生）到林家略為休息後，祖母立刻義不容辭的要求他們

暫時在我家安頓下來，並指揮工人重整家居房間擺設，好容納六位新來的家庭成員。好在林家腹地廣大，房間也不少，勉強的拼湊後還能容納下六個人。我的臥房裝上一個上下舖的床舖，我睡在上舖，我的姑婆睡在下舖。就這樣子我的姑婆成為我將近六個月的房友。阿彬叔的房子被祝融摧毀之後，他決定在原址重新蓋上一棟鋼筋混凝土兩層的樓房，樓下成為整層的店面，將面積足足增加一倍，二樓成為住家。在他們的新居興建期間，他借用林家一小片店面繼續經營布莊，以維持生計。在這段期間，我們家總共住了十七個成員，還不包括幫傭和工人。家裡好熱鬧。在大家庭成長有很大的優勢，畢竟人多勢眾，辦起事來快速、方便。可是雖然家裡空間很大，人口眾多難免衝突的機率就跟著升高。幸好家裡長幼有序，在祖母的監督和安撫之下，大家大體上都能夠和諧相處。等到姑婆全家搬回落成的新居後，雖然人人心裡都心照不宣如釋重擔，可是相對的也有些失落。我的姑婆也因為跟我共處了一段在她心情最低落的時光，所以雖然我們年紀相差五十幾歲，她之後對我也產生了一股濃郁的親情。姑婆是一位很虔誠的佛教徒，她把下半生的身心和財力幾乎全部捐獻給佛教。幾年之後我在臺北上學時，有一天晚上她在家裡忽然停止呼吸，經過醫生診斷確認沒有生命跡象之後，聽說過了幾小時以後又恢復呼吸活過來了。清醒之後，她告訴家人她在世間的善事還沒有作完，所以要回來繼續努力。

1968年我在金門服預備軍官役的時候，接到父親寄來的快信，說姑婆幾天前告訴家人她在世間善事已作盡，可以離開這個世界了。第二天早上她也就沒有再清醒過來。後來家人依她生前的意願將她火葬之後，很神奇的在骨灰裡撿出許多舍利子，十分光滑，有一點像珍珠的光澤，可是形狀卻不規則，有大的像個小母指頭的，也有小的像藥丸子的。後來父親也拿回幾顆姑婆的舍利子在家裡虔誠的供養著。很驚奇也有趣的是舍利子好像有生命，在供養中它會緩慢的成長，有些也會自動的一分為二，而且不會失去光澤。也許這就是所謂的「精誠所至，金石為開」吧！

在我小學五年級那一年我們家開始大興土木，把靠著光復路前排的平房店面拆除改建成兩層樓的鋼筋混凝土建築。二樓設計成很新潮的大起居室和幾個臥室。三樓頂變成一個很大的陽臺。那時候整條街上並沒有幾棟樓房，所以我們的新家看起來特別顯眼。記得幾年之後在1962年宜蘭遭受到一個強烈的「歐珀（Opal）颱風」來襲，風速達到十七級。我們的鋼筋混凝土建築就發揮了它極強的抗災效果，還清晰的記得颱風來襲之前，我家旁邊巷子裡的十幾戶人家全部被我父親邀請到我們二樓避難。頓時四、五十個大人小孩在狂風暴雨的摧殘下度過一個熱鬧難忘的長夜。每戶人家各自攜帶食物飲料來避難。當晚在風雨交加下舉行聚餐派對（potluck），小孩們都不亦樂乎。現在回憶起來當年

的災難煎熬和恐懼倒是滿甘甜的。人是感性的動物，有時候在和群體互動的同時才能夠領悟到生命的眞諦。

我家的鋼筋混凝土建築完工之後不久，父親不知道從那裡去認識了一群美國人。1950年代後期和1960年代初期韓戰結束不久，美國在政策上開始戰略性的協防臺灣，並在全臺各個戰略地點佈署美軍顧問團。宜蘭大概因爲是通訊兵學校和金六結軍營所在地的原因，所以在礁溪也設置了一個美軍顧問團，派遣十來個美軍駐紮在當地。當時的團長名叫莫布魯上校（Colonel Moberly），個子很高大約有六尺一寸左右，留了一撇小鬍子，大約四十幾五十出頭的一位美國軍官。他有一個德國太太，據說是他在德國駐軍時認識而結婚的。他們有一個很可愛的小女兒，名叫凱瑟琳（Katherine），那時候在礁溪國小念三年級。不知何以我父親和莫布魯上校兩人從相識進而變成摯友，我想跟他在香港被薰陶了四年和他開朗的個性，英文溝通的能力有很大的關係。隨著他們兩人的友誼，我們兩家也開始頻繁互動起來。莫布魯太太微胖，爲人非常和藹可親，是一位很典型的德國婦女。家裡整理得有條有理，十分好客。凱瑟琳會說簡單的中文，她跟我的小弟玩得特別開心。偶而上校全家會邀請我們到臺北中山北路的美軍軍官俱樂部去吃飯。初次在一個幾乎只有美國人的環境裡品嘗西洋食物，內心自然興奮不已。

我父親喜愛跳交際舞，舉凡華爾滋、探戈、恰恰、

吉魯巴，樣樣都來。也因為如此，我母親也跟著學起舞來，成為他最佳的舞伴。認識莫布魯上校之後，我父母開始經常在我們家二樓開周末舞會。連續有一年，周末舞會成為林宅的慣例，舞友們除了莫布魯上校伉儷和其他美軍朋友之外，也有父母的舞友。偶而也會有從臺北來訪的達官顯貴，一小群黑頭車（當時轎車的統稱）停在家門口馬路上，十分壯觀。舞會中我也樂意充當跑腿，觀賞大人們翩翩起舞，不但可以沾上歡樂的氣息，還能享受到美食佳餚，何樂不為。

莫布魯上校的家庭後來產生了劇大的變動，原因是有一次上校和朋友在臺北中山北路一家酒吧喝酒，無意間邂逅上一位酒吧間的大班富美子（Fumiko）小姐。富美子當時大約有三、四十歲，長得非常豔麗，很有姿色。一眼望去就知道是在風塵中打滾過的女子。兩人從相識到熱戀只有短短幾個月時間，直到終於有一天上校向他的妻子提出離婚的要求。這個晴天霹靂的消息讓一直被蒙在鼓裡的莫布魯太太遭到很大的精神打擊。可是上校因為找到真愛，離意已堅，在無可奈何之下只好同意離婚，攜帶凱瑟琳搬回德國。我記得我們全家人去礁溪她本來很溫馨的家向她們道別的時候，她雖然強忍哀慟，顯現出德國女性那種不屈不撓的精神，可是我們都能體會她內心的悲傷。凱瑟琳因為頓時父母離異，而且也不瞭解何時才能再和父親相聚，心裡自然也十分恐慌惆悵。大家互相擁抱道別看著她們上車離開之後，我第

一次感受到人間殘酷的現實。莫布魯太太回國之後曾經寫了一封信向我父母親報平安，之後就再也沒有她們的音訊。之後我也偶而會回想起那兩位母女，不知她們近況如何？成人後我到過德國幾次，其間她們的形影也不自覺的浮現在我腦海中。

莫布魯太太離開臺灣不久，上校就急著要和富美子結婚，因為他準備從軍中退伍返美，希望能把富美子一起順道帶回美國。他堅持要我父母親擔任證婚人，我父親雖然對富美子的印象不是特別佳，但是礙於情面也就答應了。不久之後上校擇個良辰吉日在臺北公證結婚，事後在臺北美軍軍官俱樂部宴請賓客慶祝。婚後不久上校就攜帶富美子回到美國定居在華盛頓特區附近的郊外。返國之後他們兩位仍然繼續用書信和我父母聯繫，不過書信都是由富美子主筆的。萬萬沒想到上校這段婚姻竟然主宰了我八年後來到美國的第一個落腳地。

宜蘭縣北、西、南邊三面環山，東臨太平洋，呈三面環山、一面臨海的地形，擁有超過一百公里的海岸線，而且大部分海岸線都是美麗的沙灘。古來因為交通不便，人們必須要翻山過海才能從臺灣的北部和西部到達宜蘭。我記得小時候曾經陪我內祖母搭火車到高雄崗山去拜訪她的弟弟，我們整整坐了十個鐘頭的慢車才抵達目的地。因為交通不便，形成宜蘭與世隔絕的生活型態，民風也顯得較為保守。人們對於外來的政治壓力和被動的體制變得更容易產生抗拒行為。這個現象可以從

日據時代蔣渭水率領的抗日運動，到國民政府遷臺之後從郭雨新開始的領導一連串民主運動一窺究竟。生長在這種生活環境裡，耳濡目染周遭的變化，多多少少在心態上會吸收到一些抵制當局和威權的潛意識。這種心態在我念宜蘭中學初中的三年內表現無遺。初中的三年是我呆在宜蘭的最後時光，也是我生命中最叛逆的日子。首先我的內祖母在我念初中一年級時因為腎臟衰竭過世，享年六十六歲。祖母是一位很堅強的女性，一直扮演著林家權力的重心，也是我從小以來最大的經濟（零用錢）來源。祖母過世對全家打擊甚大，父親失去了一位可以徵詢的對象，母親少了一位滿支持她的長者，我的姨婆失去了姊姊的靠山，必須開始和外甥的家庭重新建立共處的關係，我姑媽兒女已長大成人，孤家寡人必須要靠著弟弟扶養，我們小孩除了從祖母身上的零用錢經濟來源受到衝擊之外，當母親對我們的行為不滿，準備施加嚴處之刻，再也無人能見義勇為，挺身而出地相助了。祖母過世後，林家的家庭秩序經過重新調整，我母親出頭取代祖母成為林家的錨釘，父親負責對外的商業往來，母親則掌管家內大小事，一大家子倒也是相處得很愉快，大家相安無事。

開始初中生涯之後，我接觸了幾件很新鮮的事，宜蘭中學畢竟是宜蘭縣內最好的中學，經由考試制度篩選之後錄取的全縣各路人馬都是比較優秀的小孩。我班上四十幾個同學中除了宜蘭市區內的小孩，有很大部分

的同學都是要每天搭火車或是公路局的汽車遠從北邊的大里、福隆，或是南方的羅東、蘇澳、南方澳到宜蘭上學的。我有一個同學名叫阮登發，他父親是一位漁民，他們家住在大里海邊，離宜蘭大約有三十幾公里。他每天要搭那種每一站都停的普通火車到宜蘭上學，火車車程一個半鐘頭，從宜蘭火車站走到學校又須要三十分鐘。阮同學打從十二歲起每一個上課日就必須耗費四個鐘頭在路途上。後來阮同學變成我一位很要好的同窗朋友。有一次他邀請我們全家去大里捕魚。我們全家加上親朋好友一隊人浩浩蕩蕩的到達大里火車站，阮爸爸接到我們之後就帶著大伙兒到家裡休息片刻。他家就住在海邊，靠著白沙灘，感覺上像是世外桃源。待稍微休息後，大伙兒一行二十幾個人分工合作分頭抓住和攤開一個大約十五公尺見方的大漁網，由阮爸爸帶隊，大人走前，小孩跟在後面地往海裡走去，直到前鋒們的身軀被海水淹沒得只剩下頭顱時才停止前進。團隊們呆在原地跟隨海浪漂浮幾分鐘之後，阮爸爸一聲令下，大伙兒緩緩提起漁網，前鋒的大人們把網子內捲後開始往岸上走回。等到我們上岸之後漁網是由外往內疊起的。當漁網打開後，呈現在眼前的是一大群活蹦亂跳的各種大小魚類。小孩們拿著水桶搶著抓緊蹦蹦跳跳的活魚，彷彿身處天堂，不亦樂乎。如此撒網來回幾次，雖然大家很累，可是也豐收了。中午阮媽媽準備了一大桌的全魚宴，大家不但吃得高興，也滿載而歸。回想起來，那是

我畢生唯一的一次捕魚經驗。長大後也去釣過幾次河魚跟湖魚，可是我跟魚類一直沒有緣分，好像從來沒有釣到什麼像樣的魚。我倒是從小就喜歡汪洋大海，並不是喜歡下海游泳，而是喜歡坐在沙灘上或是岸邊岩石上對著海洋凝視，發呆。離宜蘭市最近的海岸線位於過嶺村和後埤村，是一處位置坐於宜蘭市以東六、七公里處的農村。在我讀初中的時候，只要一有機會，或者心情不好，我就會騎著腳踏車花上三十五分鐘路程去拜訪太平洋。我會一個人坐在那灰濁近乎黑色的沙灘上，靜靜的聆聽太平洋洶湧澎湃的海浪聲。我可以坐上幾個鐘頭，直到太陽快下山。有時候也會癡呆的幻想在太平洋彼岸的景象。那時候，美國是多麼的遙遠，多麼讓一個青少年憧憬的地方呀！在記憶中我從來沒有邀請過任何人跟我到海邊去分享我那一片寧靜的天地。也許是我內心不願和別人共享我的美夢吧！

阮登發同學一天花費三個鐘頭在火車上，我猜這是他每天做功課的時間，因為他是個好學生，在班上名列前茅。聽說他後來考上臺灣大學經濟系，畢業以後成為經濟日報的總編輯，在臺灣的經濟領域有舉足輕重的地位。可惜我們初中畢業之後就失去連絡了。

念初中之後我才開始有機會近距離的接觸到外省籍的同學。宜蘭當時有通訊兵學校和軍營在當地駐紮，外省籍的同學主要以眷村和公務員的子弟為主。對於這一群和我背景截然不同的同學，我的好奇心特別強烈，

尤其是他們的飲食習慣和每天帶到學校吃的便當。初一時坐在我隔壁的同學是一位眷村子弟，爸爸好像是一位士官長，他的便當裡常常帶著用玉米粉蒸出來的饅頭當做主食，玉米粉是當時美援的糧食，主要分配給軍公教家庭使用的。對我這個一小輩子也沒有看過窩窩頭的小孩甚為稀奇。有一天我忍不住了，拿出一個我母親親手作的肉鬆海帶飯糰想跟他交換一個窩窩頭。他猶豫了一下之後也就欣然答應和我成交。想想現在臺灣社會對各地食物融合接受的程度，在六十幾年前是很難想像的。宜蘭的眷村人口較少，為了方便溝通和生存，眷村子弟們都會學習臺語，以拉進和本地生之間的社交距離，初中三年下來大家相處得十分愉快。我們班上也有好幾位原住民同學，大多數是從南澳山上的學校保送來就讀的。他們都被安排住在學校宿舍，供吃供住，好不亦樂乎！也因為他們不用通勤，課餘時間比較豐富，加上家庭環境有政府補助的優勢，每個人下課後都能夠有時間在操場跑步鍛鍊身體。那時候我們學校的田徑隊大致上是以原住民學生為班底的。後來我對籃球產生了濃厚的興趣，經常在籃球場上奔馳，自然而然就跟這些運動健將們打成一片。除了運動，在課外時間也常廝混在一起，並開始成群結隊成為無形的黨派。記得那段時間最能表現非凡和「酷」的象徵就是喇叭褲，褲子的大腿部分愈緊愈好，小腿部分則是由上往下緩緩撐開到褲腳。我也擁有好幾條這類行頭，而且都是請裁縫師訂做的。

我們這群小黨羽通常在下課之後，就成群結隊到學校附近的河川堤防上，有時候抽抽煙，有時候喧嘩聊天，有時候則挑釁一些看不順眼的同年級同學，甚至於和高年級同學到堤防上互相叫囂辱罵，乃至大打出手。以現代的道德角度審視當年的舉止，說穿了也只是青少年發洩過盛精力和情緒的一種行為吧！只是也因為課外活動霸占了我太多的時間和思維，我的功課也跟著一落千丈。我熱衷於這般「課外活動」的時期大概是從初二升上初三那段時間。尤其在暑假期間，我們的活動更加頻繁，成群結隊圍毆鬧事的頻率也逐漸增加，只差沒有舞刀弄槍而已。父母親終於察覺到我的異樣，決定要徹底改變我的行為。首先，他們找到一位姓俞的數學老師幫忙。俞老師是一個很聰明的人，塊頭很高大。最重要的是他是個非常嚴肅和一板一眼的老師。如果和他相處在同一個空間裡面，任何學生都會被他莊嚴的氣勢鎮壓得喘不過氣。首先俞老師要求我每天下課之後立刻到他的辦公室報到，然後他會在預先準備好的表格填上我是幾點幾分離開學校的。回到家後父母親在同一個表格也填上我是幾點幾分到家的。這麼一來我再也沒有任何空餘時間去參與哥兒們的活動了。不但如此，我有一位同學名字叫作黃容宏，他父親是一位很出名的醫生，我們兩人因為被認定都需要重新振作學習，所以每星期有三個夜晚兩人都必須到俞老師家裡報到，跟他補習兩個鐘頭的數學。同樣的，我和黃同學的一舉一動和行程都被那張簽

到表控制著，沒有任何商榷的餘地。如此下來，大約半年左右，我幾乎完全改變了生活態度和習慣，變成一個勤奮好學的少年，也遠離了成群結隊滋事的活動，儼然成為一名資優生。到了初三之後，升學考試的壓力來臨，所以我的東山再起和優良的學業正好趕上升學考試時機。

父親的店面常常有一位退伍軍人來購買塑膠產品，例如各式各樣的塑膠袋之類的貨品。那段時間塑膠產品剛剛上市，各行各業爭先恐後的要嘗試這個又乾淨又方便攜帶和儲藏的新玩意兒。所以塑膠產品的銷售特別旺盛。這位退伍軍人是山東人，退伍前官拜上校，長得胖嘟嘟的很討人喜歡。他當時在郊外緊靠著軍營的一個違章建築內開了一家餐廳，據說生意還過得去，可是他一直在物色一個能讓他的餐廳永續經營的地點。上校跟我父親混熟了之後，有一天忽然問父親有沒有興趣把二樓一部分隔出來租給他開餐廳。我們家面向光復路的鋼筋混凝土建築有二十公尺的寬度，在設計上以樑柱來定位，基本上是可以分隔成三個單間的店面。二樓的空間跟一樓是對稱的，諾大的二樓卻只供居家使用。空曠的客廳配置著彩色的磨石地板曾經是周末舞會的固定場所，如今歌舞昇平的時光已然，二樓顯得孤單寂寞。既然有人願意承租二樓一部分空間，父親當然就義不容辭的答應了。結果，上校同意承租二樓靠東邊三分之一的

空間，經過大興土木隔間、裝潢，架構新的出入口樓梯之後，一家嶄新的北方飯館「宜興飯店」正式在光復路開張。

　　上校有一群從軍中一起退下來的弟兄班底總共五個人，官階不詳，但是從大家對上校的尊重服從，我猜想其他人都是他以前的部屬吧。宜興飯店開張之後，基於好奇心，也因為具備著房東（或房東之子）的身分，我經常往飯店打轉。我喜歡跑到廚房去觀賞作菜的過程。上校身兼老闆和大廚，指揮其他兩人有條有理的把不同食材經過不同方式處理，變成美味可口的佳餚。山東菜，又稱魯菜，一般是以炒、煎、炸和各類麵食為主，菜單上也有少許燉品、火鍋之類的食物。剛開始的顧客以軍人、公務員居多，後來漸漸的市井小民也開始來光顧，宜興飯店一下子也火了。有時候廚房比較空閒，正巧我也在場，上校就主動準備一些食物請我打牙祭。有時候來一籠小籠包，有時候來一盤糖醋里脊、糟溜魚片，甚至心情好的時候還會上一盤蔥燒海參。因為接觸頻繁，我自然而然的跟上校的團隊也能打成一片，有時候甚至還耽在廚房裡幫忙打雜。最重要的是，由於耳濡目染，我竟然學會了作菜，最起碼是會作魯菜。這項技能對我後來留學美國初期的生活有著很大的助益，而且也讓我不知不覺的引起對麵食的喜好。我和上校的團隊密切的關係一直持續到我初中畢業離開宜蘭之後才趨於平淡。偶而回宜蘭時也會上宜興飯店報到。後來因為上

校年歲已大，決定退休，宜興飯店就這樣子永久打烊了。

我初三的時候父親遭遇到一個健康危機。有一天他的頭部右邊下臉頰忽然腫脹起來，大概有幾公分大。再過幾天之後凸出來的部位開始長膿，他把膿包擠破，把膿汁清除之後過幾天膿包又自動長回來，如此反反覆覆幾次，相隔一個月後情況不但沒有改善，反而更加惡化。他開始去內科診所求診，可是功效也不大。之後輾轉到了臺北臺大醫院和榮民醫院掛號內科和外科雙重檢查，也重覆徹底清洗了傷口，服用了各種不同的抗生素，幾個月過去了仍舊無法消除右臉頰的膿包，而且膿包的症狀日趨嚴重，從每三天要清除一次膿包變成幾乎每天都必須清除塗藥。輾轉之間四、五個月過去了，病情絲毫沒有好轉。可以想像當時全家人那無助絕望的情緒。我父親看遍了醫生，可是沒有一位醫生能夠診斷出他的症狀，只能夠讓他在消炎和抗生素之間打轉。因為病情無法控制，父親感覺健康和生命受到嚴重的威脅，身體狀況顯著的消瘦脆弱，情緒變得暴燥，不但失去他與生俱來的開朗個性，偶而也會失去理性。我們全家弄得雞犬不寧，一方面面對可能失去父親的強烈恐懼感，另外一方面又很難承受他變得暴燥的個性。身為虔誠的佛教徒，我有時候會絕望的乞求佛陀伸出慈悲的雙手來拯救林家的災難。如果解析我的成長過程，從出生到我二十一歲離開臺灣，基本上是無憂無慮十分快樂的。家

裡豐衣足食，大家庭的成員和睦相處，我和弟妹的成長過程非常平安順利。只有在我父親得到怪病的這七、八個月期間讓我感受到生活的焦慮和無助，以及對將來未知的恐懼。父親對西醫診治結果絕望之後，他決定嘗試一下中醫的療法。宜蘭市郊區有一個壯圍鄉，透過朋友介紹父親找到一位中醫師看診。之後他開始拿了一大堆黑色的膏藥往臉頰上貼。如此過了一陣子好像情況也沒有好轉。家裡陰霾的氣氛仍然繼續籠罩著家裡的每一個人。這個狀況持續了兩、三個月以後，有一天早上我父親很規律的在清洗臉頰和用力擠他的膿包當時，擠出來的並不是黃黃的膿汁，而是一顆顆小小白白像魚卵的排泄物。之後，膿包就自動消腫，消失了。經過七、八個月的折磨，這個突如其來的好消息立刻吹散陰霾，把歡樂重新帶回林家。有時候歡樂和悲傷之間的距離僅僅是一線之間，長年累月的痛苦可以在一夕之間就消失殆盡，持續的歡樂也可能一瞬間被摧毀無遺。也許這就是佛家說的無常吧！有趣的是最終還是沒有人知道我父親生的是什麼病，和最後是怎麼醫好的。

在我的記憶裡，初中三年級是我這一生讀書最勤奮的一年。因為我荒廢了前兩年的日子，混太保，即時享樂，每天過得懵懵懂懂。後來經過俞老師的教誨督導，一方面為了升學考試的壓力，另一方面也因為不服輸的心理作崇，我終於痛下決心開始勤奮讀書。在參加高中入學考試之前的幾個月，我一直被可能的升學選項困擾

著。一方面我希望能夠留在宜蘭中學繼續高中生涯，另一方面內心深處在掙扎是不是要上臺北去念高中。當年的中學有保送制度，讓初中三年的資優生有少數名額不必經過入學考試就能夠直接保送進入高中。最後我立志如果能夠被學校保送，我就繼續在宜蘭讀完高中，如果這個目標沒有達到，我將會考慮其他求學的方案。

初三的學期結束之前，老師公佈了保送名單。全班有三位資優同學被保送進入高中，雖然我初三當年的表現名列前茅，可是因為前兩年的成績不盡理想，所以我的名字並沒有在保送名單上。在極端失望之餘，除了決定參加宜蘭中學高中入學考試之外，我也開始搜尋其他求學的選項。

臺北工專是一個很奇特的工程學府。該校前身為臺灣總督府創立於大正元年（1912年）的工業講習所，1929年改制為「臺北州立臺北工業學校」，後於1948年八月經中華民國教育部再度改制成為臺灣省立臺北工業專科學校，為當時僅有的兩所專科學校。將近五十年後於1997年再升格為國立臺北科技大學。這個工程學府分別有二年制、三年制和五年制，編排的課程讓不同學籍的年輕人都能夠接受不同程度的工程教育。我的三舅就是在日據時代的臺北州立臺北工業學校畢業之後轉讀臺南工學院，然後再前往東京帝國大學取得建築系碩士學位的。對一個憧憬工程生涯的初中應屆畢業生來說，當時的臺北工專五年制是一個十分理想的求學選項。五年

制的學習課程基本上是把高中三年和大學四年的課程壓縮成五年來完成。唯一不同的是學生畢業之後沒有被賦予一個學士學位。對家庭環境比較不寬裕的學生來說，他們可以省掉兩年的時光就能進入高端的工程職場賺錢養家。對於有意出國留學的學生來講，以當時臺灣和美國的教育和政治環境，五年制的學習未嘗不是個捷徑，因為經過這個管道可以提早兩年出國留學。更何況在當年臺北工專畢業生的學位在美國某些大學是受承認的，可以直接攻讀碩士學位。基於第二個原因，我決定除了參加宜蘭中學高中入學考試之外，也去報考臺北工專土木科五年制的入學考試。為什麼是土木科呢？我的邏輯是因為我的三舅當時已經是一位滿有名氣的建築師，而土木跟建築是息息相關的學科。將來我如果決定留守臺灣，說不定有跟三舅搭檔合作的可能性。也就這樣，我就去報考了臺北工專土木科五年制。這個抉擇竟然決定了我整個人生的路徑和命運。

經過了幾個月的勤奮苦讀，我已經胸有成竹的準備參加兩個截然不同的入學考試了。隱約記得宜蘭中學高中考試在前，臺北工專考試在後，中間相隔大約兩星期吧。前一個考試是由母親陪同的，後一個考試在臺北則是由姑媽陪著去的，因為那時候她居住在臺北幫忙照顧林家在北部的業務，同時也一起照顧在北市女中念書的妹妹。

有參加過任何競爭性，你死我活考試的人都很清

楚，考試結束到放榜的那段期間是最難熬的日子。經過幾個星期的焦慮不安，宜蘭中學高中放榜了。當時放榜的方式是像貼大字報似的把上榜名單以考試總成績分數的高低從第一名排到錄取名額的最後一名。錄取名額大約有三百多名，加上一些備取名額。每一個考生都需要到現場去面對這個幾家歡樂幾家愁的殘酷現實。我很快就找到我的名字，我的上榜排名是第七名。當時我也沒有特別興奮，反而有點失落。我的目標是奪到狀元，第一名的。很遺憾中間卻間隔了六個人。

臺北工專考試的結果不久之後也揭曉了。他們是以登載入選名單在報紙上來公告結果的。這種傳播方式文明許多，最起碼你不會當場看到別人落淚，或者不會讓別人看到自己痛哭。當年臺北工專土木科五年制的報考生達到兩千五百人，錄取名額卻只有五十名，錄取率是百分之二。我很幸運的成為五十名之中的一位。兩個考試結果都揭曉以後，我未來求學的前途大致已定，已經明朗，我要準備跟宜蘭道別了。

那一年的夏天是我記憶中最快樂的暑假。入學考試已經完美的落幕，壓力完全被我拋諸腦後。我每天早晨九點鐘起床，梳洗過後漫步走到宜蘭媽祖宮對面的市集，坐上我最喜愛的攤販，吃我最喜好的甘蔗薰鴨、薰鯊魚肉跟鯊魚肚，配上香腸跟粉腸。早午混合餐用完之後回家休息片刻，接著轉往中山公園跟大伙兒同伴們廝混一陣子之後，就開始每日的例行運動。我們一群同伴

有十來個青少年，有些是高中生，大伙兒在公園的籃球場上輪流廝殺三到四個小時。有時候正巧撞見其他球友，兩隊球員大家輪番上場更是展開一場接一場火辣激烈的比賽。球賽結束後再廝混一陣子大概已經要天黑了。如果大伙兒身上有足夠的經費，大家就繼續轉戰媽祖宮對面市集的小吃攤販。如果經費不充裕就只好解散，各自回家。到了晚上吃完晚餐後，看看剛剛上市不久的黑白電視節目，通常不是現場轉播的電視劇就是美國的電視影集，像《暮光地帶（*Twilight Zone*）》、《77號日落大道（*77 Sunset Strip*）》這些經典的影集。看足電視之後已經十點，漫步走到媽祖宮再去享受一頓美味可口的宵夜之後已經夜深了。

　　1963年的暑假是一段十全十美，沒有瑕疵的時光。

第二章 過渡的臺北

我是1963年八月底搬到臺北市求學的。我父親先前在和平東路一段靠近師範大學附近買了一棟兩層樓的房產，前面對著和平東路是一個店面，店面的樓上是工人的宿舍和起居間。房產的後面是一個製造水泥管和水泥瓦的小工廠。工廠旁邊有一個兩層樓的建築，樓上就是我們自己的居住區域。二樓的住宅平常只有我姑媽和我在臺北念書的妹妹居住。1963年八月底之後二樓就增加了我這位住客。我們三個人住在一起有整整五個很有趣也值得回味的年頭。這一棟房屋其實有一大群人住在裡面。除了我們三人之外，工廠的一位也是姓林的領班、他的妻子和三個小孩，加上另外三位工人，隨時都有十到十一個住客住在同一個屋簷下，非常熱鬧。平常店面的總務由姑媽掌管，外頭的業務則是由林領班負責。林領班跟著林家工作前後將近二十五年，他的職業生涯從宜蘭開始，十來年之後被派遣轉戰臺北。父親也幫助他結婚生子。他是一位忠心耿耿，能夠信賴的幹部。林領

班的妻子除了照顧自己一女兩男外，也負責準備所有人的三餐膳食。大體說來，整個屋簷下的生活制度還算是井然有序。偶爾父親會北上巡視他的業務，呆上兩、三天。父親來訪對我和妹妹是非常興奮的事，因為他喜愛美食，來臺北期間通常都會帶我們外出打牙祭。舉凡當年和平西路明星戲院對面的小吃攤販街（老臺北人應該還記得那裡是九如湯圓的舊址）、南門市場，到臺北比較高檔的餐廳、夜總會幾乎都有我們的足跡。印象裡當年我們去過比較高級的場所包括圓山飯店、後車站的波麗露法國餐廳、南京東路上的桃太郎日本料理、影星李麗華投資在中山北路上的紅寶石粵菜餐廳，和當年紅透半天邊的中央酒店頂樓旋轉餐廳的白嘉莉晚餐秀。母親來訪的機會比較少，因為在宜蘭還有兩個小弟需要關心照顧。但是當她偶爾來訪，也同樣帶我們外出用餐。母親的個性是她對在外用餐從來沒有主見，我們想吃什麼她都同意，而且她身上永遠有足夠的現金來付帳。

　　1963年的省立臺北工專位於新生南路和中正路（後來改名為忠孝東路）十字路口的東北角。當年的新生南路中央有一條很大的明排水溝，叫作瑠公圳，兩旁還稀疏的種著一些楊柳樹，甚為寫意。從我和平東路的住所要前往臺北工專上學用兩條腿走路是遠了些。除非有自己的私家車之外，在當時只有兩種運輸工具的選擇，除了騎腳踏車之外就只能搭0東號公車直接在學校門口下車。學期剛開始之後我曾經每天試圖以腳踏車代步上

學。過了一個多月之後因為每天必須和眾多汽車、機車在交通規則不是十分健全的道路上競爭路權，安全堪虞，最後決定放棄剛購入不久的新腳踏車，每天改搭0東公車上學。

臺北工專5255（民國52年五年制土木科）班級總共錄取了50位新生，1963年九月初實際報到的學生有四十六位。五年後的畢業生為四十五人。基本上我們這四十五個年輕人共同渡過了人生中最珍貴，最有活力的高中和大學生涯。這五年的經歷是一個非常難得的求學過程跟經驗。因為進入臺北工專五年制之後，我們已經沒有需要再考大學的沉重壓力，每個同學都顯得比較活潑、快樂、正常。我可以強烈的感受到大家是為了要吸收知識而念書，不是因為要升學考試而念。

我們班上的四十五個同學裡面，包括我在內，只有六個人是在臺北有家的。其他有三位來自宜蘭，大約有十六位同學每天必須搭公路局的汽車或通勤火車從基隆、臺北縣、桃園縣來臺北上學。剩下的二十位是從中南部遠道而來的學子，他們都在學校附近分租或合租小套房，求學之際也可以順道嘗試一下大都市的生活品質。理工科傳統上一直不受女性青睞，所以我們班上只有兩位女同學，據說兩位女生家裡親人的職業多多少少和工程都能扯上一點關係。在我的五年工專生涯，整個土木科系包括三年制班級的女同學大約不超過二十位，真是所謂僧多粥少。畢業不久班上一位女同學因為相處

日久生情，順理成章地就和另外一位男同學結婚了。另外一位女同學就很遺憾沒有在四十三位壯男群裡找到心儀的對象。畢業之後有七位同學先後前往國外深造，最後只有四位決定留在美國異鄉定居，包括個人在內。

　　5255班上的四十五位同學在整整五年朝夕相處之下倒也十分融洽，彼此之間沒有發生過強烈的衝突，也沒有在彼此間產生持久性的磨擦、交惡。曾經聽人提起人生最珍貴和真摯的友誼是在高中三年建立的，我們四十五個人除了將高中三年的青春獻給彼此之外，還共同度過兩年比較成熟的高等學府薰陶。這種情感是很難讓接受傳統教育的學子體會得到的。同學的情誼一直延續到五十年後的今天，除了身處國外者不克共襄盛舉者之外，大家仍然攜家帶眷輪流作東，每年至少聚會兩次，除了閒話家常也同時互慰彼此歲月忽逝的心靈。很遺憾的是到目前為止，已經有十位同學離開世間，5255只剩下三十五位夥伴了。

　　五年的求學成長生涯，難免在不同的階段和不同的同學發展出比較親近的友誼關係。除了念書之外，我的愛好很廣闊，喜歡打籃球、跑田徑，尤其是中距離（八百公尺/一千五百公尺）賽跑。我對戲劇和電影有強烈愛好，不但喜歡看也喜歡演。我喜歡唱歌，也學過聲樂。對女生除了偶兒呕喝呕喝以外倒也沒有產生特別的興趣。雖然在這五年內我在不同的生活領域有不同的朋友，但是我也持續的跟五位同學保持比較親密的關

係，甚至繼續把友誼延伸到太平洋的彼岸長達數十年之久。第一位同學名叫周正賢（請原諒我揭發大家的名字），臺北人，家裡十分富裕，據說和當時臺北市長周百鍊是親戚。他是位玩世不恭，慷慨瀟灑的人物，也是我看電影和吃館子最佳的伙伴。當年舉凡美國、日本、歐洲和國產片院線都有我們的蹤跡。我還記得約翰韋恩的《最長的一日（*The Longest Day*）》和凌波的《梁山伯與祝英臺》我們就一齊觀看了三次。周兄喜歡以老大自居，往往要求群組採納他選擇的決定。因為他年紀大一些，我們也就授權給他，他也當仁不讓。第二位名叫陳文亮（他的「亮」字下面還有四點火，他經常強調他的名字比別人亮），也是臺北人，家住在中山北路/錦州街一帶。陳兄是一位不滿現實又很情緒激昂的人物，可是他對朋友講義氣，慷慨解囊在所不惜。我和他的私交一直延續了五十幾年，包含在美國近乎五十年時光直到他2016過世。第三位名叫謝明欽，南投水里鄉出生長大。他父親是臺灣電力公司的工程師。謝兄是一位典型鄉下成長的青年，個性憨厚正直，讀書用功。他在臺北五年一直住在臺電提供給員工子弟的宿舍，群體生活帶給他動力和自信。我也因此認識了一些他的室友。謝兄畢業之後步隨他父親的箕裘也在臺電就業，成為一名傑出的工程師，退休之前他的專業是負責臺灣風力發電的建造工作。謝太太開了一所國標舞訓練班。他們的公子也加入國標舞訓練的行列，並且成為臺灣首屈一指的國

標舞專家。第四位名叫郭庭松，來自彰化鹿港小鎮，是一位腳踏實地同時有著一股不屈不撓精神的人物。我們的友情伸展到我離開臺灣之後，他還在我臺北的居所跟我母親和兩個弟弟同住了一段時間。我因為很早就離開臺灣，幾乎沒有參加過任何同學們的結婚慶典。唯一的一次機會是在1977年二月回臺省親正巧碰上郭兄的結婚慶典。我也就趁機帶著妻兒前往鹿港參加了他的婚禮，這是我唯一參與和見證過的同學婚禮。第五位名叫賴錦木，也是一位彰化子弟。他是個比較沒有主見的人物，跟我有著強烈主觀的個性一拍即合。通常都是我出主意，他附和。在我們的互動上，我一直把他當成一個小弟弟看待，甚至於在五年級的時候我還助他一臂之力，幫他追上了一位從臺東北上求學的謝小姐，最後兩人終成美滿眷屬，結婚生子。很遺憾地，賴同學也在2020年因病去逝。由於長期周旋在這五位個性完全迥異的同學之間，除了給我不同且寶貴的人生經驗之外，他們也幫助我塑造了日後個性和處事態度的雛型。如今回憶當年能夠彼此相處的和諧融洽也是因為我們之間沒有錙銖必較，睚眥必報的顧慮，友情是真誠的，純潔的，和有青春活力的。當然班上還有許多其他的同學也在我生命不同的階段中因為密切交往而在內心產生無數的漣漪，不過這五位是在我的腦海中印象比較深刻的同學。年輕時交到的朋友才是永遠的朋友，因為只有在年輕的時候我們才具有一顆赤子之心。

臺北工專顧名思義是一個訓練工程人才的學府，所以為學生設計的課程一般以理科為中心。我們在二年級的時候接觸到的必修課程，諸如微積分、材料力學、水力學等科目通常是大學一、二年級的學科。而且使用的都是英文的原文教科書，讓我們這一群十五、六歲的青少年念起來特別吃力。幸好一方面能夠考進臺北工專五年制的學生都具備著稍微超人一等的智力，另一方面也因為年輕，對知識的吸收力比較強烈。進入三年級之後對專科學業就很自然的比較得心順手。如果對這五年的教育有些遺憾之處，我認為是在於缺乏人文科學和社會科學的灌輸。相對於接受傳統教育的學子，臺北工專五年制的畢業生在專業領域非常突出非凡，可是在一般社經人文知識方面顯得比較薄弱。

　　高等學府有專職教授、講師，也有外聘的兼職教授。在我五年的求學期間也領教了各式各樣的老師，有非常優秀的頂端教授，也有少數純粹混時間的人物，但是大體上的師資還是很拔尖的。其中讓我印象最深刻的兩位老師是蔡宗柏講師和胡美璜教授。蔡講師是在三年級時教授結構學的老師，他的年紀大約三十來歲，擁有一個臺大土木碩士學位。他的邏輯很清楚，理論很清晰，能把一個單調無趣卻是土木工程最重要理論之一的結構學說得頭頭是道，津津有味。當時他還是單身，偶而會帶些零食到課堂上和同學分享，博得大家歡心。聽說我們畢業那一年時他就放棄教書，前往美國深造去

了。從此以後我們再也沒有見過面。另外一位胡美璜教授，在當年的臺灣是一位鼎鼎大名的公路專家。他任職臺灣公路局的局長，教書是他兼職的工作。具有實務經驗的專家和專職的教授之間最大的區別在於知識應用的傳授方式。他不但能夠教授工程理論，也能延伸舉證來探討各項設計結果的利弊和改正方案。臺灣當時的高等教育太過注重象牙塔理論教育，所以產生很多書呆子。現在好像已經改善許多。胡教授是一位非常和藹的長者，教書十分認真。也因為他的教誨讓我對公路交通工程產生強烈的興趣，因為這門學問和人的舉止行為有密切的關係，而我對研究人類的行為一直有著濃郁的愛好。感謝他的啟蒙，成長之後我身處美國也在公路交通工程這個專業領域上貢獻了四十七年的光陰，而且我的專業足跡幾乎踏遍美國每一個角落，甚至延伸到中國大陸和回饋到臺灣。

1970年臺灣決定開始興建第一條南北高速公路，也成立了高速公路局。胡教授應政府邀請擔任第一任局長，他擔任局長長達八年，一直到南北高速公路全線通車之後才功成身退。其間我也曾經去拜會過他，感謝他的啟蒙和教誨。

到工專之後我對籃球產生了強烈的興趣。當年的工專校園進入大門之後左邊是大禮堂，再繼續往裡面前進，左側併立排著五個籃球場。幾乎我的課外時間，或者下課之後，就是耗在籃球場上。我在班上還組織了一

支籃球隊，持續的戰將包括：中鋒身高六尺的李漢生，他的表哥當年是聯勤籃球隊的甲組球員劉俊卿。我們也希望能沾點他表哥的餘光。後衛邱奕志跟我一樣是個左撇子也是個神射手。郭庭松是一位頭腦冷靜的控球員，跟我喜歡上場打架的球品完全迥異。前鋒陳文亮是個拼命三郎，雖然個子小但是能衝能撞，林作洲打球總是以老大自居，大家要讓他三分。後來為了增強實力，我們開始徵召別個班級的好手以提昇戰力。我們平常除了在校園裡廝殺之外，也不定時的在校內校外參加正規比賽。有一陣子還正式代表學校出賽。我們的球隊有正式的制服，曾經報名參加過臺北市、臺北縣、桃園縣和宜蘭縣的各種錦標賽、公開賽。這項熱衷的運動一直延續到五年級之後才漸漸的退燒。運動一直是我對生命嚴守的信念。我對籃球的熱衷一直延續到美國，在留學期間我也曾經繼續組織籃球隊，舉辦感恩節邀請賽，邀請三百英里內各大學的華裔留學生組隊來共襄盛舉，同樂一番。

　　除了籃球之外，我也很熱中於中距離跑步。有跑步經驗的人都瞭解中距離跑步是最有挑戰性的跑步運動。短距離跑步諸如一百米、兩百米，雖然必須擠出吃奶的洪荒之力跑完，可是在短短幾十秒就能結束。長跑則必須以調整步伐的節奏，穩定而有規律的跑完全程。只有中距離的賽跑不但必須要保持快速度，更需要持久。我的八百公尺正式比賽最佳的成績是一分五十四秒，平均

每一百公尺的速度是十四點二五秒。當然這個成績比起世界記錄一分四十秒還是相差得天壤地別，甚至於比起臺灣運動員的最佳成績的一分四十七秒仍然相差幾乎五十公尺的距離。可是在當時的臺灣運動會我仍然能有得到獎牌的機會。我跑步有一個習慣，我喜歡赤著腳在跑道上賽跑，因為沒有鞋子的附加重量，在心理上讓我感覺得比較輕鬆自如。工專四年級時我終於在學校選拔賽中脫穎而出，代表臺北工專參加當年大專中上運動會的田徑錦標賽。工專的田徑教練是當年鼎鼎大名的吳阿民先生。吳先生在1966年曼谷亞運會為中華民國拿下田徑賽最榮耀的十項運動金牌，攀登亞洲鐵人的稱號之後就受聘到臺北工專任教。在受訓的兩個月期間我倆相處得十分愉快。他是一位非常平易近人的教練，從來沒有因為擁有亞洲鐵人的頭銜而沾沾自喜，傲慢自大。我在他指導下成績猛進，也締造了我生平最好的成績一分五十四秒。兩個月密切的相處也讓我們成為好朋友。

　　1967年中上運動會的舉辦地點在臺中運動場，時間記得是在春天。臺北工專代表隊總共有二十三位成員，其中包括二十一位選手、吳阿民教練和一名職員。選手裡面有五名女性，這個選手比重對一個由男性占有絕對多數的學府來說是一件十分難得的現象。難怪在開幕典禮選手入場遊行的瞬間觀眾們都不約而同的對我們的女團員行注目禮，彷彿這幾位女生是我們從哪裡找來點綴的槍手。當然有亞洲鐵人在開幕遊行中護航，臺北工專

代表隊的出場也得到最熱烈的歡呼跟掌聲。

　　我記得整個運動會持續了三天。第一天的八百公尺初賽我很順利的過關，贏得複賽的資格。第二天的複賽我也很幸運的擠進前四名，獲得參加決賽的資格。第三天是個最關鍵的決賽日。一大早在旅館吃了一頓豐盛的早餐，稍作休息之後就集體搭車前往會場。上午十點多正式舉行八百公尺決賽。我的心裡一直在盤算著如何在跑道上翻轉運作才有機會贏得獎牌。如果我能夠跑出一分五十四秒的成績在當時的選手群裡拿到獎牌的機率是很高的。終於，在吳教練的叮嚀和全體隊友的歡呼祝福之下，我脫下鞋子，輕鬆的赤腳走上跑道。

　　參加決賽的八名選手都是臺灣各大專院校的頂尖運動員，也都是經過兩天激烈競爭之後篩選出來的好手。大家在起點排成一線，冷靜的停留片刻和深深的吸進一口氣，槍聲一響就不約而同的往前衝刺。受過訓練的中距離賽跑選手都知道，當跑到第一個跑道轉彎之前一定要卡進內線道，因為外線道的總體距離要比內線道長一些。在這分秒必爭的比賽，這種戰略十分重要。在第一輪彎道之前我已經卡進內線道，而在完成第一圈的四百公尺時我的排名是第三，還剩下一圈四百公尺來決勝負。我當時的戰略是要緊跟著前面兩名跑者直到最後一百公尺，然後用盡洪荒之力作最後的衝刺。到達大約最後一百公尺當我準備開始往前直衝時，忽然我裸露的右後腳跟被緊追在後另外一位選手的金屬釘鞋踩了一

腳。我當場跌倒在跑道上。等我再度站起來時，我的右後腳跟已經血流如注。潛意識裡我覺得必須繼續完成最後這一百公尺的使命，所以就咬緊牙關繼續很蹣跚的跑完最後的一百公尺。我是最後一名抵達終點的。

　　救護車一早就停在場邊待命，準備服務像發生在我身上的這類意外。所以我從被扛上擔架進入救護車，直駛到達省立臺中醫院大約只耗費了二十幾分鐘。經過急診醫師清洗包紮並打了破傷風的藥，休息幾個鐘頭之後，醫院給了我一個拐杖幫助我行動，一拐一拐的回到旅館歸隊。吳教練和隊友們鼓掌歡迎我平安歸來，鼓勵我不要氣餒，好好休息之後再重新出發。我雖然感激大家的加油打氣，可是我心裡明白我的田徑生涯已經告一個段落了。

　　我已經不記得我們團隊比賽的總成績和獎牌的數目，可是我永遠很深刻的記得踩到我右後腳跟的那雙金屬釘鞋和那枚幾乎到手的獎牌。踩到我的那位仁兄也從來沒有現身向我說一聲抱歉。一個多月之後我腳跟完全復原，我決定再也不會赤腳跑步了。直到今天，右後腳跟的疤痕仍然清晰可見，這算是我年輕奔放時期的見證吧。

　　當年臺灣高中以上的教育好像每個班級都有指派的導師和軍事教官。尤其在五、六十年代全民皆兵歌頌「反攻大陸」的時期，軍事教官在高等學府的角色更是顯著。他們的責任除了確保校園的安穩和學生的日常秩

序以外，也幫忙運作一些男生接受預備軍官訓練的先前作業，甚至於還偶而幫忙執政黨團從事一些跑腿的工作，諸如擴展黨務之類的任務。臺北工專也不例外，5255班的教官是一位陸軍少校，名字叫作周祺祖，廣東人，當時大約四十來歲。他是一位個性很溫和的人，也許因為工作環境不在軍營裡面，每天接觸的是一群需要姑息放任的小百姓學生，所以他的舉止感覺上缺乏軍人的霸氣。總而言之，周教官是一位滿好相處的人，很受學生歡迎和喜愛，包括我在內。學生有困難找他幫忙，他也義不容辭的協助。我們共處了五年的光陰，雖然我偶而喜歡調皮搗蛋，但也彼此相安無事。五年以來彼此之間唯一的彆扭事件發生在二年級時的某一天，周少校和班導師一起來到班上，開始解說當代青年應該如何表現對國家的忠誠、責任等等在當年算是十分政治正確的話題。演講結束之後周少校直接搗入當天的主題，他希望同學們能簽名加入成為一名中國國民黨黨員。講完之後周少校很輕鬆而不在意的宣佈如果不願意參加的同學可以即刻離席到教室外面等候。屆時全班同學目瞪口呆，鴉雀無聲，不知如何是好？我天生就有一股不願受人束縛擺佈的個性，撇開參加政黨利弊和優劣的議題，任何事情如果有人要我在受壓迫之下作出欠缺理智的決定，我絕對不會遵從。所以我很從容的第一個站起來，緩慢的走出教室。沒想到當我離開之後，立刻有二十幾位同學也不約而同的站起來隨著離開教室。對周少校來

說這是一件吃力不討好的差事，最終同意加入政黨的同學名額也許跟他的年終考績好壞牽連上直接關係。有學生如此帶頭不賣他的面子對他的人格自信也許是個很大的打擊。第二天他約我到辦公室閒聊一陣，很和藹的問我不願意參加的原因，這件事也就不了了之。四年之後當我準備出國需要到警察局辦一張良民證時，曾經受到無謂的刁難。後來我父親找到一位滿有身分和來頭的國大代表朋友出面介入才讓我取得良民證。當時臺灣仍在戒嚴期間，沒有這個證件無法離開國門。我一直在回想受到無謂的刁難這樁事是不是跟我和周少校的糾結有點關係？

　　工專五個年頭的學習歷經過四個暑假，除了1964年第一年暑假沒有規劃正式的暑期活動之外，我的其他三個暑假都安排刺激而充實的活動。第一年的暑假將近三個月期間，因為無所事事，我忽然對攝影產生濃厚的興趣，並開始專注學習。當時的照片還是以黑白為主，雖然也可以買到彩色底片，可是沖洗彩色照片非常昂貴。我慫恿父親買了一支滿高檔的雙鏡頭Mamiya55厘米的照相機，拍照時的影像是透過相機上頭一個兩吋見方的垂直視鏡來取景，在當時是一支半專業用的照相機。經過簡短的攝影技巧學習課程之後，我就開始上路實習。臺北的攝影學會當時偶而會在郊區舉辦攝影比賽，邀請模特兒、明星客串讓影友拍照。我曾經參加過在陽明山、野柳、淡水等地的攝影，攝取許多美麗的模特兒、

風景照片。現在我仍然保留著一些2.2吋四方的黑白底片和幾本比較珍貴的相簿以便收藏一些我比較滿意的作品。長久以來我一直保留著對攝影的興趣，也試圖設置暗房自己沖洗照片。幾十年來也分別買過十幾臺不同性能的相機來滿足我對攝影的嗜好。我最新的相機是Canon EOS 5D Mark IV外加一個200-400mm的變焦鏡頭，是2018年我兒子送給我的生日禮物。

1964年夏天就在臺北和宜蘭輾轉交錯之間度過。跟臺北的新同學喝喝茶，到西門町看電影吃飯打發時間，是最快樂的日常活動。回宜蘭到處跟老朋友聊天抬槓也未嘗不是一種享受。當然籃球仍然占據著我日常生活的一大部分。除非家裡經濟拮据，以前臺灣的學生好像沒有打工賺外快的習慣和心態，跟西方的家庭價值觀迴然不同。回想起來當年暑假不務正業也浪費了不少暑期寶貴的光陰。

1965年我經歷過一個非常難忘的夏天，因為報名參加了由青年救國團主辦的金門戰鬥營。五十幾年前的大專金門戰鬥營和當代政府主辦的金門戰鬥營在性質和時程上都不一樣，1965年的金門戰鬥營為期兩個星期，除了踏上戰地接受短暫的軍事訓練和參訪之外，還需要集體參與才藝表演為前線將士勞軍，所以有意願報名參加的同學都必須得經過篩選，最後入選的同學都具備了一些表演才能，或最起碼也要有對表演藝術的熱情。我從小喜歡唱歌，也有強烈的表演慾，當時也是臺北工專

話劇社的社員之一，很幸運地我被挑選成爲四十六名金門戰鬥營的學員之一。它雖然是一個所謂自費的活動，可是費用很合理，我想政府應該補貼每一位團員一些經費。畢竟我們除了參訪遊學之外，也免費替國家到前線爲英勇的將士們做了勞軍表演。

記得是七月分吧，所有團員在左營軍港集合，四十六名學員來自臺灣各大專院校，包含二十二名女生。絕大部分的學員都是大二或大三的學生，年紀也在二十一、二歲左右。其中有一位英國籍的男生，父母都是英國人，可是因爲他在臺灣出生長大，說得一口標準中文，我們也把他當成同胞看待。1965年七月我剛剛才滿十七歲，爲了掩飾我的年輕，我一直試圖表現出成熟的一面，讓這些大哥大姐能接受我成爲他們其中的一分子。在兩個星期的相處之下，大家非常和諧，沒有人質疑我的年紀和明顯的稚氣。

我們是從左營搭一艘運輸艦前往金門的。同舟共濟的有穿著軍服的軍人，也有身穿便服的百姓，想必是金門的居民或是經常來往兩岸辦事的老百姓。雖然左營距離金門只有兩百七十二公里，我記得運輸艦當時開航一整個晚上，到了清晨才抵達目的地。因爲四十六位團員裡面除了少數幾位僑生以外，大家都是第一次離開臺灣島，每個人都非常興奮。雖然每位團員都分配到了甲板下船艙內的小臥舖，晚上渡海時能夠休息，可是大部分的團員吃完晚餐之後都逗留在寬敞的餐廳內交誼，結

識新朋友。因為風平浪靜，運輸艦在臺灣海峽上很平穩的航行了一個晚上。年輕人大夥兒在一起天南地北地閒聊，加上對未來兩周有很興奮的期望，雖然夜已深，可是大家好像沒有散會的意願。剛剛認識的新朋友們來自臺灣各個大專院校，因為團員錄取條件之一是必須具備各種表演的天分和能力，所以被選中的團員個性都比較活潑、外向，有學聲樂的，有業餘歌手，有古典和現代舞者，有吹薩克斯風的，有講相聲的，有戲劇系專攻導演的，也有會要寶的。四十六個人裡面人才濟濟，要湊出一、兩個小時像樣的綜藝娛樂節目其實是一件很容易的任務。當晚在幾張很長的長方形不鏽鋼飯桌上，經過討論後大家心內都已經有了這次節目的底稿。

軍艦上的餐廳好像不打烊的，永遠有食物讓人享用。所以我們一大群人在餐廳坐了一個晚上並沒有受到被驅趕的威脅。我離開餐廳時已經是清晨兩點，當時還有七、八位新朋友仍然興高采烈的繼續分享彼此的人生經歷。

運輸艦在第二天清晨抵達金門料羅灣，記得當時料羅灣還沒有興建碼頭，我們的船隻是搶灘上岸的。回想在我們登陸金門七年前的1958年八月二十三日中共解放軍連續在一個多月內對這個不到一百五十二平方公里的島嶼鏈發射了一百多萬發的砲彈，震驚全世界。但是這個小島卻仍然屹立不搖，仍然很雄偉的聳立在面前，讓人感慨萬千。823砲戰之後國共雙方持續著單打雙不打

的默契，象徵性的每逢單日仍然彼此向對岸開砲，數量不等，而且發射的是空砲彈，就是俗稱的砲宣彈，是裝滿傳單在空中解體讓傳單飄浮落地的一種砲彈。雖然如此，如果萬一被解體墜落的彈頭或彈殼擊中，仍然有傷亡的威脅。基於安全考慮，我們這群青年學子被安置在太武山南側山腳邊的兩個男女分組的營房內，據說位置處於從對岸射砲的盲點。主辦單位為我們的安全考慮十分周到。這也是我生平第一次吃到大鍋飯，菜餚紮實，營養充足，只要動作快就能吃飽。飯桌上坐著男女各半，可以保持食物消費量的平衡。

金門戰鬥營的第一周在集訓和參觀之中度過。我們穿上沒有軍階的軍服，戴上軍帽，像一群披頭散髮的散兵，緊跟隨著幾位很有耐性的男女軍事教官出軍操、站馬步、學擒拿術，扛著裝備和步槍行軍爬上太武山，甚至於上靶場生平第一次學習步槍的實彈射擊，儼然像一群正在受訓的新兵，只是訓練的水平和要求比起真正的軍隊還是天壤地別。雖然如此，女同志們仍然叫苦連天，像一群嬌生慣養的千金小姐，深怕肌膚受傷，受周遭環境污染。等到兩個星期之後大家進入狀況，開始體會和珍惜這種戰地群居生活時，同志們卻也到了要彼此道聲珍重再見的時候。

我們兩個星期的行程踏遍大金門和小金門（烈嶼）的每一個角落和重要景點、軍事基地，包括馬山觀測站、古寧頭、莒光樓、金門防衛司令部等重要地點。金

門最著名的人造建築擎天廳正好在前一年，1963年落成揭幕，它是一個用炸藥和軍人手工挖出的會議和表演廳，長八十公尺，寬五十公尺，高十二公尺，雄偉的聳立在太武山的花崗岩山洞內，冬暖夏涼。聽說爲了鑿出這個擎天廳還犧牲了不少士兵。廳裡面有一個舞臺，還能容納上千名觀衆。擎天廳平時是不開放給人參觀的，我們這一群散兵有幸也被安排參與由嚮導領隊的擎天廳參觀活動。不但如此，我們最後的一場勞軍表演也在擎天廳舉行。

第一個星期每天下午和晚餐後是團員們籌劃勞軍表演節目和彩排的時間。我們的節目總策劃是一位國立藝專專攻導演的同學，經過他對各項團員提出的節目，最後篩選拍板定案選出十幾個節目，大約一個半小時的表演時間。節目內容包括獨唱、合唱、大合唱、舞蹈、相聲、樂器演奏，和最後終的非洲土著歌舞劇。我們的表演還得到金門軍中康樂隊在音響佈景和舞臺技術上的支援。我被挑選參加了三個節日：獨唱一首中文歌，跟一位臺大的男生和師大的女生合唱兩首英文歌，以及在最後結尾的歌舞劇內扮演酋長角色。我已經忘記爲什麼被推選去演酋長的，我只是隱約記得在船上和兩位非常外向活潑，說服力很強的女團員成爲好朋友，她們分別來自輔仁大學和政治大學，也是我三餐同桌的飯友，也許她們是後面的推手吧。

1964年大專金門戰鬥營的勞軍表演在我們抵達之

後第二個星期正式展開，總共表演了四場，都是在晚間舉行。因爲國共雙方單打雙不打的砲擊仍然持續著，我們的勞軍只在雙號日子舉行。前三場的地點都選在位於戶外集會的操場司令臺上，每一場秀出席的官兵都有好幾百人，也不清楚觀衆是慕名而來的還是上級下令來充數的。反正當壓軸戲非洲土著歌舞劇表演結束之前，表演者把一群觀衆拉上舞臺一齊歌舞同樂時，整個場子瞬間立刻嗨到高潮，好像大家都很歡樂興奮。扮演酋長的我光是化妝，修飾打扮就要耗費半個小時。雖然辛苦，但是因爲興奮刺激新奇和觀衆的熱情讓我感到淸醒、平靜，而且信心十足。另一方面，覺得能替前線的阿兵哥效勞，內心感覺非常榮幸。

最後的一場在擎天廳內表演時，出乎意料的金門防衛司令部的指揮官王中將也蒞臨會場，給足我們這群學生面子。王中將的前任指揮官劉安祺上將的女兒也是我們的團員之一，是不是因此而讓我們的演出增加了一點點影響力？

兩個星期在歡樂的時光中一眨眼就消逝，團員們拖著疲憊的身心依依不捨的和悉心照顧我們的官兵互道珍重再見，後會有期，傷感的踏上歸途。一路上除了細膩的回憶過去十四天的歡樂，明顯的大家臉上都帶著一份惆悵。回到左營後，彼此擁抱道別，大家很明白今後再相聚的機會可能微乎其微。

我晉升工專三年級不久，父親不知道從那裡認識

了一個沙烏地阿拉伯人，名字叫馬立克寇基爾（Malik Khogeer），四十歲出頭，體型高碩，體重有點肥胖，臉上不像一般阿拉伯人的滿臉鬍鬚，只留著一小撮鬍子。據他的敘述，他是沙烏地阿拉伯王室的成員，十幾年前前往美國哥倫比亞特區的喬治華盛頓大學（The George Washington University）留學，畢業以後在美國滯留一段時間之後轉往日本發展。兩年前輾轉到臺灣就呆下來了。他告訴我離開自己祖國之後就再也沒有回去過。1960年代阿拉伯人留學美國的人數極少，願意前往東亞發展的更是少之又少，主要原因是宗教信仰的差異和飲食習慣的迥然不同。我對他的故事半信半疑，倒是因為他說著一口還算流利的英語和日語，我對他曾經在美國和日本住過一段時間的故事還能夠接受。父親把他介紹給我，要我跟他多接觸，以便利用這個寶貴的機會精通英語為留學作準備。馬立克因為自己是一個住在臺灣的外國人，生活非常謹慎小心。可是他對我一開始就沒有什麼戒心，跟我相處得十分融洽。他經常邀請我到他的住處，一間很簡單樸實的公寓，只有兩個房間和浴室。偶而也邀請我跟他共享自己的烹飪，不中不西的飯菜。馬立克算是比較文明的中東人，最起碼他吃飯是用筷子，不是用手抓的。跟他相處了一段時間之後，發現他還是一位很中肯也有原則的知識分子。唯一讓我不解的是他不願意談論他的家世和過去，離開自己家園之後就再也沒有返鄉過一定是有些不願與外人道出的原

因。只是，哪一個人沒有不願人知的祕密？我只知道他父親娶了七個妻子，他是第二個妻子生的。他有很多兄弟姊妹。他的父親和王室有很密切的關係。

他在臺灣的生活經費除了他家人每月按時匯錢到沙烏地阿拉伯駐臺灣大使館給他之外，他也靠著教授英語賺錢。1960年代的臺灣因為越戰的關係，到處充斥著美國人。加上臺灣的外貿機會漸漸開放增長，為了想賺美金，學習英語成了許多人的當務之急。只要你長得不像東方人，不管標不標準只要會說一口英語，登個報紙廣告，學生就會接踵而至。因為如此，馬立克教課非常忙錄，錢也賺得不少。

有一天馬立克跑到家裡找我，說他英語教得精疲力倦，主要是因為他不通中文，和大部分學生的溝通具有相當程度的挑戰。他希望我擔任他的助教，成為師生之間溝通的橋梁，他也願意付酬勞給我。我心想這是一個讓我英語突飛猛進的大好機會，就答應下來，而且我同意免費服務，不收分文。

馬先生的學生群裡各式各樣的人都有，有大、中學生、貿易公司職員、中小企業商人、酒吧女，甚至於風塵女郎都有。有些學生英語程度較高，溝通順暢，不用我費心。有些學生一眼就看出只有小學，充其量初中的程度，除了簡單幾句會話之外一竅不通，他們學習得很辛苦，我身兼翻譯和溝通員更為辛苦，真後悔當初拒絕馬先生答應給我報酬的建議。如此下來過了半年多以後

我的英語倒是突飛猛進，已經達到可以跟任何人進行較有深度的英語會話。我必須承認這是因爲馬立克給了我機會，讓我能在很短的時間內掌握到流利的英語會話的能力。也因爲如此，再加上我平常對西方知識的熱衷，幾年後我抵達美國便能夠立刻融入美國的主流文化，幾乎沒有經歷過任何過渡時期。

半年多以後，因爲學校功課繁重，我無法繼續替他擔任英語助教，就推薦了一位朋友取代我的職位，理所當然的是一份有酬勞的工作。因爲有酬勞，馬先生的要求可能比較苛刻，我的朋友對他的處事態度頗有微詞，不久之後他就被解僱了。馬先生後來又換了幾位助教，直到兩年後他決定再度移居日本爲止。其間我們仍然繼續保持良好的友誼，有一次我邀請他一起搭火車到宜蘭去玩，我們盡性的玩了一天之後送他到火車站準備搭火車回臺北時，他忽然問我在路上碰到幾個小孩兒看到他直喊「黑鬼」是什麼意思，我停頓了一會兒之後，很緩慢的說「我也不知道」。

希望馬立克最終能夠返回沙烏地阿拉伯，回到他的大家庭和他所有的親人身邊。

1966年，也就是我三年級的暑假，被徵召到臺中烏日的成功嶺接受八周的預備軍官軍事訓練。當時我剛剛滿十八歲。早期在臺灣受過高等教育的男生都很清楚，在那一段全民皆兵的時代，當兵是每個男性的義務。如果能夠進入人專學府，畢業之後就能官拜少尉，在軍中

服役一年，否則被徵召去當充員兵則以軍種不同必須服役兩到三年。臺灣的預備軍官是抄襲美國大學的ROTC制度，唯一的差別是美國大學的ROTC是志願制的，因為軍方還能補助獎學金幫助學生完成學業，所以資格審核十分嚴格。大學畢業之後還需要履行總共八年的軍旅和後備義務。後來我在美國有一個事業的合夥人Steve Carr就是接受ROTC獎學金取得土木工程學位的。他畢業之後在美國工兵署官拜少尉服役了四年，退伍之後才正式開展他的土木專業，之後還要服四年的後備役。當時在臺灣，所有的大專畢業男生都有當軍官的權利和義務，而想當軍官的第一步就是要到成功嶺報到並接受八周的魔鬼訓練。至於訓練的內容種種，因為經歷過的男性很多，我也不需詳細說明。任何一個到成功嶺去受過訓的男生應該都很清楚，八周的魔鬼軍事訓練之後，除了身體更加結實，學會如何殺傷敵人之外，我覺得另一個最大的收穫是讓我們這些養尊處優的年輕人心智成熟許多。每個人對周遭環境和發生的事件的直覺反應因人而異，可是我感覺任何人對於共同大環境強烈衝擊的反應，應該是大同小異的。我們打從進入營區，分組排隊任理髮小姐宰割除掉臉上頭上所有的毛髮，再換上軍裝之後，每一個人看起來都像是從一個模子裡塑造出來的，沒有身分權貴之分，只有高矮、胖瘦之別。八周之後胖瘦差別也不顯著了，因為大家都變瘦，也變得更結實。另外，大家都深深的領悟到群體的重要，尤其在艱

因，甚至于絕望的環境下，群體互信和互助的意義更是突顯出來。在軍隊裡，尤其在戰場上，軍人彼此之間也只有互信和互助才能並肩作戰。這種訓練的涵義和目標在種種不同的課目裡都能顯現出來，比如從最基本的團體操練、連坐處罰、震撼教育，到最後的長途行軍，無時無刻都在提倡團隊精神和互信互助的概念。我覺得這是我在成功嶺八周收穫到最值得的信念和人生哲學。

　　當年我是屬於預官十七期的學員。好像整個營區容納上萬個大專生學員。成功嶺的面積大約有二百五十二公頃，可以容納兩個步兵師，兩萬人左右，是一個規模很大的軍營。據說從1959年開始到1999年正式結束，大約有一百三十萬大專生在此受過洗禮訓練，是一個很龐大的人口。1966年的預官訓練著重於體能訓練和基本戰略理論的傳述。因為都是大專生，所以傳授的知識也比較先進，不像充員兵訓練僅僅傳授較為基本的常識。當然，「反攻大陸，消滅共匪」的信念也是訓練的基本課目。此外，除了出操、刺刀訓練、蹲馬步打莒拳之外，大家比較感到興奮刺激的還是真槍實彈的科目訓練。對於實彈步槍射擊，因為我在金門戰鬥營已經有過經驗，所以十分得心應手。至於所謂的震撼教育，機關槍在頭頂掃射，學生握著槍在低矮的鐵絲網下匍匐前進，雖然心驚膽跳，可是心裡明白被射中的機率微乎其微，只是因為要全身武裝戴著鋼盔托著步槍爬著前進數十公尺比較辛苦一些。事後回想也許那幾門機關槍射出的都是空

砲彈，只是用來嚇嚇我們這群傻瓜的。

　　我記得我們在成功嶺裡面煎熬了四個星期之後終於在第四個星期天可以放假外出。一大群如魚得水的年輕人，穿著筆挺的軍裝，戴著軍帽，像螞蟻似的充斥在臺中街上，十分壯觀。另外一個顯眼的景觀是街上充滿憲兵，而且是專門為這群大專兵布署的。如果行為稍微偏差，衣冠不整，小則會立刻受到憲兵糾正，大則當場登記犯規事實，回營之後會接受處罰。我們行走在街上時，看到所有官階比我們高的軍人都必須立正，敬禮，包括充員兵在內。因為中華民國軍隊裡沒有比我們官階更小的兵了，所以在路上只要看到軍人，右手立刻舉起來準沒錯，否則憲兵馬上就出現。

　　在成功嶺的前四周處於模索階段，每個人都試圖在適應這個新環境，替自己找到舒適點。後四周則處於創新階段，大家混熟了，難兄難弟的友誼也昇華了，長官也不像剛報到時候那麼兇，那麼無理而猙獰。我所屬的連隊有四個排，每一排有四個班，總共四十個弟兄。我因為個子高一些，所以被安置在第二排第一班的第一位。排長是一位陸官專修班出身的少尉，年紀輕，不太懂事，滿好相處的。我們的連長是一位老上尉，大約四十來歲，是跟國軍從大陸撤來臺灣的。除了排長以外，連長是我們接觸最密切的長官。大家混熟之後，他也和我們分享一些私事。他已經結婚，娶了一位臺灣媳婦，有兩個小孩，還很自傲的分享他小孩的照片。因為

他是專職的訓練官，所以全家就定居在附近的眷村，幾乎每天都能夠回家陪妻小，十分幸福，不像我們這群小兵，日常作息被軍隊掌握得喘不過氣。雖然如此，最後四周大家對軍中的生活已經得心應手，十分適應。早晨把棉被摺成豆腐乾只需短短一分鐘，吃一頓戰鬥大鍋飯也只耗費區區十分鐘。洗戰鬥澡是在室外一些女工目光掃視下完成的，通常洗一次澡不會花掉五分鐘。雖然緊張，但是沒有壓力，只有對這個經驗的珍惜和對彼此戰鬥友誼的肯定。最後一周的重頭戲是全體學員的大行軍，每個人必須全副武裝，刀槍加上沉重的背包、鋼盔，步伐一致的走上五、六個鐘頭。隨行有好幾輛救護車以備緊急使用，行軍後期被扛上救護車者也大有人在。我們這個連的弟兄在連長的領導之下，大家互助合作，全體成功的走完全程，雖然已經到了崩潰邊緣，卻沒有人半途而廢，完成壯舉。我還記得當行軍隊伍踏上大肚溪橋之前，指揮官下令全體放緩腳步，不能同時跨正步，要漫步過橋，以免產生諧波作用，踩斷人橋。當時覺得可笑，但是十幾年之後在密蘇里州肯薩斯市還真碰過這類的不幸意外。

　　成功嶺結業當天，每個人懷著依依不捨的心情，穿著嶄新的軍服，全體一萬個學員整齊的以各個軍旅、軍團、軍連在大操場一路排開，準備接受總統訓話和舉行結業典禮。我們這個連被安置在司令臺左側第二陣列，我這個排則被排在司令臺前面第二排，因為我在排上的

位置是第一班的第一位，所以從我站立的角度可以清楚的斜視到整個司令臺。整個大會歷時一個多小時，高潮當然是當時在任的老蔣總統的訓話。當他開始演講之後不久，每個人都很精神抖擻注意聽講之際，我忽然覺得右側有人從後面走上來，然後在我旁邊停下就不走了。我斜視掃描了一下，原來是當時官拜國防部長的蔣經國先生。他個子不高，只到我的耳朵左右，短小精幹，身穿一套深色的西裝。他就站在我右側，動也不動的聆聽他父親演講了三十分鐘。在當時臺灣的社會形態，高階層的政治領導給一般老百姓的印象簡直是一小撮高不可攀的精英人物，總統的大兒子自動走到我身旁，站立著將近三十分鐘，除了受寵若驚之外，更讓我神經緊張，汗流浹背，深恐萬一他看不順眼我的舉止神態，或是我身上的味道，只要他事後向輔導長關照一聲，我這八周的辛苦耕耘就白費了。總統演講結束之後，他也就緩慢的走回司令臺。這是我一生中唯一一次和蔣經國先生的近距離接觸，也可以算是我在成功嶺受訓八周的高潮吧！很難想像後來他竟然成為臺灣最受百姓尊崇的領導人。

雖然各位學員在成功嶺相處和諧，結業之後，分手互道珍重再見之前也都交換通訊地址，可是最後都沒有繼續連絡，只剩下一些照片偶而能勾起小片段的戰鬥友誼回憶，而且幾十年之後連那些成功嶺戰友的名字都記不起來了。

1965年九月我的大弟因為身體健康欠佳，常常會頭痛，父母親決定不讓他去宜蘭的公立初中就學以避免過度的升學競爭壓力。他們決定把大弟送到位於淡水的私立淡江中學就讀初中。大弟開始在淡江中學上學之後，我幾乎每個星期日都依約從臺北搭火車到淡水車站，再轉搭公車到淡江中學去看他。偶而妹妹也一齊隨行。他住在學校宿舍，每天吃著學校伙食。母親擔心他缺乏營養，每星期日總要我們到附近農家去購買一盒生雞蛋給他補營養。這樣的周日例行探訪大約持續了五、六個月，直到他在淡水穩定下來之後，情願每個周末自己搭火車到臺北家裡休息、加菜，因為周末的宿舍很空蕩恐怖。1965年十二月分有一個星期日我照常搭火車到淡水看我大弟，傍晚回程時經過淡水碼頭倉庫，忽然看到碼頭前探照燈通亮，一大群人在碼頭前穿梭，有本地人，也有許多洋人，有些洋人還穿著海軍裝，在靠著碼頭像是一艘砲艇前面晃動。基於好奇，我走進碼頭想窺個究竟。原來場景是美國二十世紀福斯公司耗資幾千萬美金正在臺灣拍攝的大規模電影《聖保羅砲艇》（*San Pebbles*），由鼎鼎大名的大明星史帝夫麥昆（Steve McQueen）主演。我從小就喜歡看電影，舉凡美國電影、日本電影、歐洲影片、國語和臺語片，一有機會絕對不會錯過。我唯一不觸碰的是恐怖片，因為我覺得沒有理由花錢去受罪。所以碰上這個偶然的機會能夠目睹好萊塢大影片的拍攝過程，我當然不肯放過。當天我就

站在現場，目擊麥昆先生發揮他的演技，時而跟導演磋商，也不放過叫囂其他工作人員的機會，顯現出一副典型好萊塢大明星的架子。我在現場耽到最後一班回臺北的火車快起動之前才離開拍片現場。《聖保羅砲艇》在臺灣拍片的時間超過五個月，一直到了1966年三月分才轉往香港取景。自從第一次碰上攝影現場之後，一有機會我就趕回現場，繼續觀摩電影拍片過程。因為這部電影是以這艘聖保羅砲艇在1926年間巡航揚子江的故事為背景，所以攝影隊在淡水河和碼頭邊取景的時間也特別長。前前後後我大約到現場觀摩了十五次，到了最後現場工作人員都認識我了，以為我是戲劇系的學生，到現場實習。跟工作人員混熟後也耳聞了一些內幕消息，比如麥昆先生的特殊生活習慣和大牌作風，臺灣政府發給特殊機車執照允許他能帶來一部重型機車代步等馬路新聞。同時也瞭解福斯公司為了要拍這部影片，耗資二十五萬美元去打造了一艘砲艇，讓我對美國人敬業的精神由衷的佩服。

在《聖保羅砲艇》之後，我對影藝的興趣變得更加濃厚。我成為臺北工專話劇社的社長，並且策劃演出山姆貝克特（Samuel Beckett）的抽象舞臺劇《等待果陀》（*Waiting for Godot*）。後來因為這個劇太長，我把它濃縮成一個半小時的中文舞臺劇。為了戲劇效果，我也把原來全部都是男性角色的劇本安插了一個女性的角色，替換演男小孩。女演員還是從臺北工專斜對面的

空軍大鵬話劇社商借來的槍手演員。經過陸續幾個月的辛勞排練之後終於在大禮堂盛大公演一場。演出的結果褒貶不一，有些觀眾認為非常新潮流，十分創新，另外有一些觀眾則報怨這齣戲太抽像，看不懂。不管如何，我們能夠同心協力利用課餘時間排演出一齣聞名世界的舞臺劇，每位工作人員都感到非常欣慰。《等待果陀》之後，我又籌劃了兩齣舞臺劇和一個綜藝晚會。當時空軍大鵬話劇社的臺柱，也是電視連續劇紅星的劉明小姐正好是臺北工專一位教授的女兒。劉小姐也經常當仁不讓，願意在缺乏女生的話劇社拔刀相助，不但親自參加演出，更邀請空軍大鵬話劇社女演員共襄盛舉，一齊作陣，我也很榮幸和她一起演過一齣戲。

　　課餘演戲的同時，我也對聲樂產生濃厚的興趣。我的歌喉本來就不錯，只是沒有經過專業指導磨練過。在學校附近有一位在當年影劇界滿有名氣的聲樂老師，名叫江聲，有不少職業歌手歌星都拜他為師，以增強歌唱的表演實力。從1966年底，我開始拜江聲先生為師，學習聲樂。江老師教授聲樂，除了基本發音技巧之外，也許因為學生大多是流行音樂歌手，所以他教的歌曲大部分仍以當代流行歌曲為主。江老師有一副很好的歌喉，也彈了一手好鋼琴，而且是一位很有耐心的老師。我跟他學習聲樂的重點除了發音技巧之外，主要還是表演技藝，而我所勤練的歌曲，中英文都有。半年下來以每星期學習兩次的機會，對於唱歌的技巧已經能夠掌握。有

一天江老師下課後問我是否有興趣到臺視的群星會節目去試音。60年代的臺灣電視綜藝節目當中，《群星會》是唯一且首屈一指的熱門歌唱秀，由慎芝女士主持。後來很多成名的歌星幾乎都是從《群星會》出道而成名的。因為這個節目每星期現場直播兩次，它需要有不同的歌手來維持節目的新鮮感，所以慎芝女士不斷從各方尋找新人來助陣。我雖然從來沒有當歌星的慾望，不過既然江老師認為我的歌唱水平已經達到可以公開表演的程度，我想也不妨去試試，順道去瞭解一下電視傳播的究竟，滿足好奇心。就這樣在江老師的安排下，我西裝筆挺的赴約到八德路的臺視公司地下室排練廳和慎芝女士會面。當場還有一位鋼琴師負責伴奏。我總共唱了三首不同旋律的歌曲，慎女士從頭到尾都很聚精會神的在聆聽，除了聲音之外，也注意我的舉手投足動作，讓我非常不自在。演唱後大家寒暄片刻，褒獎了幾句我的歌喉之後就道別了。我心想既然已經進入臺灣最大的電視公司，不妨到攝影棚內溜達見識一番。我在棚內盤旋了一陣子，碰巧被我撞見了一個熟人，他名字叫作林登義，是我同鄉宜蘭縣羅東人，原先是以雕刻佛像維生，目前則在臺視臺語電視劇當導播，當年是一位滿有名氣的電視劇導播，他正在主導一部現場直播劇的排演，所以就順道邀請我去參觀。因為我對戲劇一直有著濃厚的興趣，所以就在一旁坐下欣賞。過了一陣子在大家休息的時候，林導播過來和我閒聊，知道我也演過舞臺劇。

突然間告訴我兩個星期之後他將要導演一齣三集的連續劇，裡面有一個配角的角色，目前還沒有人選，問我有沒有興趣。我考慮了片刻，當場就同意了。就如此我開始嘗試了我的影劇生涯，歌唱可以等待！

林導播替我取了一個藝名叫作「西之」，跟我本名發音一致，也沾上一點佛教的味道。當年只有黑白電視，節目除了新聞、影片之外，就是現場轉播的歌唱綜藝和電視劇。電視劇通常是以一小時為單元，製作的流程從播出的前五天開始起動，第一天念稿討論，第二天走臺步，之後就正式在布景前彩排。我們的節目是星期五播出，所以星期一下午我就必須整裝到臺視地下排演室報到。萬萬沒有想到和我一起演出這齣戲的演員竟然都是當年最紅的幾位大牌臺語電視明星；王晴美、魏少鵬、侯世宏（侯佩岑的父親）和廖軍達。我非常受寵若驚，還有點沾沾自喜，能夠和這幾位明星同臺演出是畢生的榮幸，說不定也能獲得一些知名度。

當年我參與一齣戲演出的報酬是八百元臺幣，算是不錯的通告費。此外，劇組人員還可以免費到臺視餐廳吃飯。幾個星期下來，大家混熟了，也變成朋友，覺得這些大明星其實也很平易近人。後來廖軍達還成為我的好朋友，常常一起出遊、上館子。有一次要正式實況演出之前，我們在化妝室休息，魏少鵬這位當時紅遍臺灣的臺語小生還勸告我好好讀書，將來擁有一份專業，不要像他一樣沒有一技之長，跑來演戲，將來前途未卜。

魏兄這一席話倒是給了我很深刻的啟示，一位很成功的演員卻對自己的前途感到迷惘，涉足這個行業的人也許往往都是受到虛榮誘惑，事實上並沒有大家想像中的榮華富貴。

我在這一集戲中演的是王晴美的情人，後來因為魏小生的介入而分手了。劇情是很典型的賺人眼淚的故事。因為是現場直播，絕對不能有任何差錯。所幸第一集演出非常成功，結束以後製作人還請大家吃了一頓宵夜。

演完回家之後，姑媽說我父親從宜蘭打電話找我。跟我父親通話之後知道母親的朋友在電視上看到我，立刻打電話通報，結果所有人都看到我在電視上演戲了。我原先計劃保持沉默不讓親戚朋友知道我在電視上的想法也太天真。我母親對這件事的態度還算溫和，父親則非常怒火，指責我不好好念書，跑去「作戲」（當年的臺灣對「作戲子」仍然持有輕視的心態），甭想到美國留學等等嚴苛的叱責。父親說的也有道理，因為演戲我學業荒廢甚巨，有點趕不上進度。經過爭論之後，我同意和父親約法三章，從這三集連續劇結束之後就退出影壇，同時再也不去嘗試課外唱歌演戲的機會。這是我和臺灣影劇界一段短暫的邂逅，卻是一件很值得回味的往事。更有趣的是我雖然在電視界蜻蜓點水地輕輕撫摸了一下，兩星期後的《臺視周刊》卻刊登了一張我和王晴美在對戲的照片。

1966年底父親在民權西路一條巷子裡買了一棟剛剛蓋好的四樓新公寓其中的第二層樓房，有三個臥房和一個很寬敞、磨石地板的客廳兼起居室。主要的目地是爲投資房地產。之後因爲偌大的一棟新公寓空在那兒甚爲可惜，所以我決定搬到民權西路暫住一下新房。那棟新公寓的地點適中，接近中山北路。當年正值越戰炙熱期間，因爲臺北離越南很近，臺灣又是美軍軍機修護和補給中心，所以有很多美軍到臺灣渡假，臺北街上到處充斥著美軍，尤其是在中山北路和民權東路一帶的大街上或是巷子內、聲色場合、俱樂部和西式酒吧處處林立，比比皆是。到了夜幕降臨華燈初上的時候，各色各樣的霓虹燈照亮整條街道，浮華盡致，讓每個經過的路人都有一股很想進去一窺究竟的衝動。偶而撞見已經喝的酩酊大醉的美國大兵摟著一個，甚至兩個身著妖豔，濃妝豔抹，卻又一臉稚氣的女同胞在街上蹣跚搖晃，內心會有一股憤慨之氣。當時美軍在臺渡假是臺灣觀光外匯最大的資源，看在金錢分上，民族自尊也只好暫緩一下吧！

　　當年在美軍出沒頻繁的民權路/中山北路區域比較熱門的西式酒吧俱樂部有兩家，「77西餐廳」和「香港西餐廳」，都座落在和中山北路交接的兩側民權東路及民權西路。這兩家西餐廳除了供應各式西餐洋酒之外，每晚都有當時臺灣比較有知名度的西洋歌曲樂團來表演助興，偶而也邀請到菲律賓的樂團來駐唱。舞臺前方還

空出一個小舞池供酒客跳舞娛樂之用。我搬到民權西路之後開始成爲兩家西餐廳的常客，經常在裡面解決晚餐並欣賞西洋歌曲，有時候一直耽到通宵。我比較偏愛77西餐廳，因爲它離我住處近，而且樂團的水平也稍微高些。當時在77西餐廳駐唱過的有巨人、雷蒙、電星、雷鳥、ＭＪＤ、石器時代、陽光、安琪兒等比較有名氣的樂團，偶而也會邀請比較到味的歌手到場表演。我記得張建蓉小姐是77西餐廳的表演常駐歌手之一。當時我個人的偏好是雷蒙和電星，尤其是雷蒙合唱團的主唱金祖齡，他的歌聲可以媲美任何一位知名的西洋歌手。雷蒙合唱團在臺北第一飯店駐唱，偶而也會前來77西餐廳表演。在一般周日，餐廳的客人通常以渡假美軍占多數，但是在周末臺灣本地的客人就增加許多，而且都是成群結隊的年輕人，以大學生居多。美軍客人也有結伴出席，只是大多數是攜帶濃妝豔抹的臺灣姑娘前來尋樂。周末晚上的大77西餐廳往往是人潮洶湧，擠得水洩不通。大致上，大家都能和平共存，各自尋樂，加上當地警察偕同中美憲兵十分頻繁而不定期的巡邏，餐廳裡面很少發生酗酒鬧事的情形。那段期間是臺灣西洋搖滾音樂的啟蒙時期，臺灣當時的時空環境正好能夠提供足夠的舞臺和有欣賞能力的觀眾群讓樂團有發展切磋的平臺，我也算是目睹臺灣西洋搖滾音樂發展的見證人之一吧。

　　我在民權西路居住期間，偶而也在公寓的客廳舉

辦交誼舞會，找我臺北工專同學和各路英雄好漢前來共襄盛舉。女伴不足的時候則找我妹妹北一女的同學來充當舞伴，日子也過得愜意。可是民權西路距離臺北工專太遠，上學不方便，過了六個月我就搬回和平東路的住所。經過登報廣告，我把民權西路公寓租給一位在延平北路上的一家傳統臺灣式歌舞廳駐唱的年輕女歌手，大約二十五、六歲左右，偌大的公寓內只有她和她在襁褓中的女嬰住在裡面，並沒有男性室友。房租倒是由歌舞廳的老闆付錢的。每個月初一晚上我必須前往延平北路的歌舞廳收房租，老闆總是很客氣的邀請我留下來看秀，還請人端來一杯果汁。通常我會停留到我的房客表演結束之後才會離開。我已經不記得她的名字，不過她的歌聲很好，臺風也不錯，可是在表演的時候眼神裡總是流露出一股惆悵失落的神情，讓觀眾感覺得哀傷，產生憐憫。偶而我去公寓辦事，跟她對話時，她流露出的同樣是那股失落的神情。我在想，歌舞廳的老闆會不會是她小嬰兒的爸爸？

　　小歌手在公寓裡住了一年就搬走了。在報上刊登租屋啟事之後不久就又租出去了。第二位租客竟然是鼎鼎大名的雷蒙合唱團主唱金祖齡，他和他媽媽、一個小女兒同住在一起。很有趣的是，好像我一直無法拋開跟娛樂界之間的關係。金先生在公寓裡住了好幾年，直到我出國之後他和他媽媽仍然住在裡面。二十幾年後我們竟然在堪薩斯市（Kansas City）重逢，那時他已經移民到

美國德州，偶而也客串表演。那一年的春節堪薩斯市華
人協會舉辦聯歡晚會，特地邀請他從德州飛來助興，在
一個鐘頭之內，使出渾身解數，自彈自唱，表演他的拿
手好歌，像 *Amor*、*The Prayer* 等著名的西洋歌曲。那次重
逢讓我印象深刻，也很興奮，因爲金祖齡先生是我在成
長期中完美回憶的一部分。金祖齡先生在2014年離世，
「臺灣搖滾教父」的一世英名也跟著消失了。

　　1967年夏天在完成臺北工專第四年學業之後，我
被分配到臺南砲兵學校接受六個星期的砲兵專業訓練。
訓練完成之後，第二年畢業就必須被分配到砲兵部隊服
役。當年的砲校位於臺南四分子，後來聽說遷移到永
康。砲校的受訓學員人數並不多，好像只有一個戰鬥營
的人數。預備軍官的軍種分配和學校所學專長有些吻
合，土木專長比較接近砲兵和工兵的技術需求，所以我
們班上同學大約有十來位同學是被分配到砲校受訓的。
砲校的訓練課程和成功嶺截然不同，因爲人數少，傳授
的課程又是比較深的學問，所以整個過程顯得比較舒緩
鬆弛。砲兵在戰地一般是定位在戰鬥線後方，以砲擊來
支援在前線戰鬥的步兵。可是砲彈掉落點的準確性是需
要依靠位在最前線的觀測官來指揮調整的。而我們這一
群人就是到砲校來受訓成爲未來的觀測官，一個在野戰
當中最危險的軍職之一。在砲校受訓期間除了課堂理論
學習之外，讓我記憶最深刻的訓練莫過於實彈射擊的操
作演練。我記得在砲校附近有一個砲彈靶場，我們學員

幾次輪番上陣實彈操作105mm（4英吋）和155mm（6英吋）加農砲（cannon），對著目標射擊。當年在世界各國，105和155加農砲是野戰部隊標準的流動式大砲裝備，威力強大，彈頭有四十五公斤，加上六公斤的推進彈藥筒，一般只需要四到五個人來操作。它的射程可以達到四十公里。據我瞭解，臺灣的陸軍目前仍然繼續在使用155加農砲。在我們的射擊訓練時，通常不可能第一發就幸運擊中。充當觀測官的學員用望遠鏡測視砲彈著地的位置和目標的前後左右水平距離、標高差距，就地計算並調整砲管的角度和方向，學員們將砲彈上膛之後重新發射。如此來回發射幾次以後運氣較佳的班隊就能擊中目標。當然有教官站在一旁指點對於提高命中率也有很大的幫助。在這同時，雖然大家都帶著耳塞，一連串砲彈出膛那一剎間震耳的聲響和砲彈落地爆炸的震撼，都能讓我們這一群初生之犢忐忑不安，隱約的感受到戰爭的可怕。

砲校六個星期的訓練一眨眼就結束了。因為訓練的課程沒有像在成功嶺一般的緊湊，受訓的日子也比較輕鬆，感覺上時間過得比較快些。每個周末還可以放假外出。我在班上認識了幾位家住在南部的學員，相處之後彼此甚為投機，所以每個周末都有機會請他們輪流充當嚮導到臺南和高雄附近的名勝古蹟去遊覽，品嘗地方小吃。我的一位新朋友甚至邀請我到他高雄的家中作客，享受南部人好客的熱情。結業的前一天，訓練班主任決

定在砲校的禮堂爲我們全體學員舉辦一場聯歡舞會，並且邀請了一大群臺南家專的女同學前來參加，充當舞伴。對於一群已經六個星期沒有接觸過異性的準阿兵哥，這眞是天大的恩惠。女同學們個個大方可愛，舞技上乘，帶給我們一個十全十美的夜晚。

砲校的結業典禮雖然沒有成功嶺結業規模的浩大，但也是十分隆重。結業之後我們官階又提升了一級，也搞不清是升級到一等兵還是下士。反正到了明年九月正式入伍之後就可以官拜少尉。

砲校結訓之後當天搭火車回到宜蘭，在臺北轉車之後總共花了將近七個鐘頭才回到宜蘭老家和六周沒有見面的父母弟妹重聚，當然內心也格外興奮。但是回到家裡休息一天之後我就立刻動身再搭上火車前往花蓮。臺北工專的學習課程內包含一門在現場實習的必修課目，爲時一個半月，而且每一個學生都必須在應屆畢業的前一個暑假履行完成才有畢業的資格。在衆多公家政府單位選項裡面，我選擇到花蓮港務局實習。報到的時程是緊接著砲校結訓之後，而且必須在九月學校秋季開學之前結束，所以讓我沒有一絲喘息的空閒。和我一齊到花蓮港務局報到的還有另外一位同學，名字叫作周持碩，是從臺北來的。我們帶著行李到港務局之後，第一件事就是被送到離工作地點有一小段距離的職員宿舍安頓下來。宿舍是一簇群日式木造平房的小村落，聳立在一個小懸崖上，面對著太平洋。時常可以吸到柔和卻帶點鹹

味的海風。大部分的居民都是攜家帶眷的職員，所以隨時有一些可愛的小孩子在寧靜的街道上玩耍嬉笑，甚是熱鬧。我和周同學被分配到一棟面對海洋的平房，兩個人成為這個世外桃源的室友。當時很難想像世界上竟然有這麼安寧，與世無爭的生活環境。我們站在大門口遠眺著太平洋時，有五、六個女孩就從街道上簇擁著往我們靠近，很好奇的目視著這兩個新鄰居。這些女孩年紀從三歲到八歲左右，只有一位國小四年級的小姐姐在照顧她們。我們很輕易的就跟這些小朋友們打成一片，變成好朋友。事後也見到其中三個女孩的爺爺和奶奶，他們是那位四年級小姐姐和她三歲和八歲小妹妹的親人。小妹妹們的父母一年前相攜到美國留學，把三個女兒暫時安置給祖父母照顧。奶奶年紀大，所以小姐姐要分擔一些照顧妹妹們的責任。這三個小女孩長得實在太可愛，而且很善解人意，但是眼神裡有一股微微的傷感，大概是爸媽不在身邊吧。這麼可愛的女孩兒，她們的父母怎麼忍心把她們丟在臺灣？我和周同學立刻就跟她們打成一片。我在花蓮的一個月裡，下班時間和周末只要有空就和她們廝混在一起，帶她們去吃東西，到風景優雅的鯉魚潭去划船作樂，並且幫她們照了很多照片，到現在仍然保存在我的相簿裡面。我喜歡她們一方面是因為她們太可愛，另一方面我潛意識上對她們父母把她們拋棄在臺灣隱約感到些許不滿，有一點點想替他們彌補這三個小妹妹接受不到的愛和關懷吧。我在花蓮的一個

半月當中，正巧碰上在宜蘭時一齊打籃球的好友中鋒楊德明，身高六尺二，他正在花蓮服軍官役，所以我每個周末也找他一起出來跟這一群小妹妹玩耍渡假，並且幫我付錢。那短短的一個半月因為有機會和這些小妹妹很親密的相處在一起，加上生活在一個如詩如畫的環境裡，它在我生命裡銘刻上一段很深的回憶。人跟人之間赤裸裸、純真的感情是無法用任何金錢物質來替換的，而且真摯的感情不會受到年齡的隔閡。時過境遷，也許她們的父母不久之後就把她們接到美國，而且那幾位小妹妹現在都已經長大成人，五十年後應該都已經結婚生子，兒孫滿堂了。讓我送給她們深深的祝福。

在花蓮港務局一個半月除了瞭解到港務局作業程序之外，其實也沒有學到什麼技術層面的知識。局裡的同仁也不太願意分擔一些比較重要的工作給我們，我們主要的任務是跑腿。我很瞭解單位的困境，我們只是來此蜻蜓點水一個半月，也不拿薪資，只有免費讓我們住宿，所以同仁們的態度都是讓我們自生自滅，自得其樂。相對的，我們兩人在局裡的日子也過得輕鬆愉快，無比歡樂，讓我更有機會去結交更多宿舍村落裡的朋友，包括一些正在念高中的異性朋友。因為正值暑假期間，學校不開課，所以晚上我們總是成群結隊到海邊徘徊。花蓮有一個很美麗的海灘，離我們的住處不遠，名叫「七星潭」，顧名思義聽起來像是個湖泊，其實是一個廣闊的沙灘。我們有時候在海灘上用乾木點燃營火，

聊天唱歌，有時候帶著手提音響，大夥兒開始跳起交際舞。感覺上，花蓮的年輕人是很灑脫、大方和歡樂的族群，每個人身上都流露著陽光的氣息。這種生活態度跟我故鄉宜蘭的保守思維真是天壤之別。後來我有機會到地中海國家旅遊幾次，目睹緊鄰地中海周遭地區的愜意環境和浪漫的氣息，瞬間會讓我回憶起在花蓮的經驗。花蓮美麗的地理環境和氣候都不啻於地中海，無庸置疑的在這兒成長的男女也具有地中海周遭特殊的歡樂個性。花蓮的年輕人喜歡跳交際舞倒是讓我覺得意外，也許這個現象跟歡樂的特性有著直接的關聯吧。

我在花蓮港務局實習的最後一個星期正巧碰上中秋節。傳統上，社區內每年的中秋節都會舉辦營火同樂會，地點在社區內一個小空地上籃球場的四周。據說這是社區裡的年度大事，籌備工作在我們抵達社區之前就開始了。耳聞我對娛樂活動的濃厚興趣和有一些相關的經驗，主辦人員就找上門來請我挺身相助。因為活動的規模不小，所以每年主辦人員總是為了節目的品質大傷腦筋。中秋節活動的程序大致上是天黑之後開始聯誼，品嘗點心水果，然後才開始餘興節目，最後免不了要來上一個交誼舞會以順應花蓮人獨特的喜好。為了慎重起見，主辦單位還邀請了一組八個人的樂隊來伴唱和演奏舞曲，所以這個同樂會是社區的大事，據說每年都有幾百人攜家帶眷一齊來參與，所以絕對不許在節目內容的品質上有所馬虎，偷工減料。商討之後主辦單位要求我

來擔任這一次中秋晚會的節目主持人，並且要我自己準備三個節目。對於表演我畢竟算是老手，對於什麼樣的節目能吸引什麼階層的觀眾我應該胸有成竹，只是要在社區裡面的業餘人士之中湊出十來個高品質又有娛樂性的節目恐怕不太容易。沒想到我的擔心是完全多餘的，社區人士大大小小來報名參加表演的十分踴躍，充分顯現出花蓮人的熱情和瀟灑。表演者也有社區外面的朋友，希望能一起來共襄盛舉。經過面試之後，絕大部分的節目都具有一般的水平，我也就全盤接收了。表演的內容以歌唱居多，反正有樂隊伴唱，效果不會太差。也有講相聲、變魔術、雜耍、男女探戈舞表演等各式各樣的精彩節目。表演者之中有一位住在社區外面的朋友，名字叫作陳玉燕，是一位花蓮商職的高中生。她的歌喉甜美，臺風大方，人也長得漂亮，具有準藝人的先天條件。她自願要表演兩首英文歌曲。面談之後我問她有沒有興趣加入合演一個短劇，陳小姐當場很大方的就答應了。之後我絞盡腦汁編出一齣大約六分鐘的笑劇，描述兩個男人在競相追求一個女孩的過程，並博得我的周同學首肯和我們一起演出。因為我們只有晚上和周末才能排演，加上我對照顧那一群小妹妹的承諾，排練的過程十分緊湊，尤其在最後跟樂隊彩排時更是辛苦。陳小姐在排演期間永遠準時，絕不缺席，而且非常敬業，讓我欽佩不已。周同學也豁得十分起勁，最後我還安排加入一個和他合唱一首英文歌曲的節目。

我從來沒有在眷村住過,這一個半月的生活經驗算是很接近實體的眷村生活。港務局宿舍和眷村生活形態唯一不同的是男主人每天晚上都會回家吃飯睡覺,不像軍人只有假日才能回家,甚至於如果身處外地或外島,能夠回家的機會更少。不管如何,這種把工作和業餘休閒生活綁在一起的特殊生態環境會讓群體產生同舟共濟的心理,互助合作。相對的,因為大家朝夕密切相處,流言八卦也比較普遍。不過整體說來,這種群居生態還算是很健康的生活方式。現在通行的老人群居公寓概念不也是要提倡群居互助,心理上彼此照應的生活形態嗎?

　　中秋節當天,一大早社區的人士不論男女就開始布置場地,先吊起色彩繽紛的小燈泡串,然後在籃球場中央鋪上一層橡膠的薄膜,充當舞臺和舞池的雙重功能。樂隊的位置就緊貼著臨時舞臺後面,外圍環繞著兩百多張折疊椅,最外面是一排折疊式的長桌,準備擺食物用的。會場上除了吊掛著各種色彩的小燈泡串之外,另外從外側兩邊各架上一個探照燈,把整個會場照得通亮。日落西山晚霞初上時,村子裡頭各戶居民攜家帶眷,加上從社區外面來湊熱鬧的朋友,瞬間就把會場上所有的折疊椅全部坐滿。有些後來的觀眾只好回家去扛來自家的椅子,或準備抗戰地來站立一個晚上。我和周同學的宿舍離表演會場很近,所以我們把它提供作為當晚表演者的更衣室和化妝間。

當樂隊開始演奏，加上中秋的明月光灑滿天際時，與會者的情緒開始躍躍欲試，期待表演能立刻開始。我讓等待者的焦慮達到高潮之後才宣布晚會正式開始。雖然表演的舞臺和觀眾席是在同一個平面上，但是因為有樂隊助興，效果還是滿令人滿意的。整個晚上唱歌的唱歌，跳舞的跳舞，還有魔術、雜耍、樂器表演。陳玉燕小姐唱歌跳舞樣樣精通，她和帶來的男舞伴表演出的國標探戈舞更是出色動人。我們三人合演的笑劇因為配上樂隊的背景音樂，效果非常成功，博得全場掌聲。雖然這一次中秋晚會的規模不大，但是從節目安排和品質上來評論，它是我參與過的最成功的表演之一。表演結束之後，緊接著開始交際舞會。我曾經提過花蓮人對交際舞的熱衷和執著，幾乎我所碰過的每一個人都會跳交際舞，而且都很精通各種高難度的舞步，尤其是像探戈、恰恰等花樣較多的交際舞。目睹舞池裡擠滿人潮的現象，各個婀娜多姿，舞姿曼妙，讓我佩服得五體投地。舞會一直繼續到夜深人靜，中秋明月當頭，大家才依依不捨的回家。

為了感謝陳小姐大力的協助我完成這次成功的演出，離開花蓮之前我請她吃了一頓飯。席間她提到畢業後想到臺北的娛樂影劇界發展。我除了鼓勵她之外，也給了她臺視林導播和江聲音樂老師的聯絡電話。幾年之後我已經身在美國中部，跟臺灣的資訊幾乎已經完全脫節，有一次很偶然的機會閱讀到一份臺灣的《中央日

報》，影劇版上面提到一位叫作陳玉燕的藝人，我想也許陳小姐達到她的心願，用她的才藝踏入臺灣娛樂界了。

天下沒有不散的宴席，花蓮再美，村子裡的小妹妹再討喜，終究是要道別的。腦海裡能夠留下來的只剩下一連串充實和甜蜜的回憶。後來到美國之後五十幾年來我回過臺灣多次，如果時間允許，一有機會我就會搭著火車到花蓮，嘗試著去拾回那段綺麗的記憶。很遺憾的是當年的場景已經人去樓空，港務局的宿舍好像也不見蹤跡，被改建成鋼筋混泥土的新社區了。我會一個人默默的在優美寧靜的沙灘上漫步，當回憶甜蜜的往事時，內心竟也不免湧上一股惆悵。想像不到一段在花蓮只有短短六個星期的邂逅，竟然在我漫長豐碩的生命中掀起如此震撼的漣漪。

1967年九月到1968年六月是我在臺北工專接受教育的最後一年。比起先前四年，也不清楚是因為熬過艱苦的四年之後變得比較得心應手，還是因為艱難的課程已經在前四年都念完，最後一年的學業壓力倒是輕鬆許多。因為大部分的工程理論已經在前四年就教授完畢，五年級的課目比較傾向探討性的課題。五年級時我修了一門水力學，因為教授年紀也滿大了，他儘量依賴一位年輕助教，名字叫作顧肇瀛，替他改作業，跑腿打雜。顧助教是高我三屆土木科畢業的，他一面當助教賺錢，一面準備到美國留學深造。課堂之間我們建立起不錯

的友誼。他告訴我他相中了堪薩斯州立大學（Kansas State University）的土木系研究所，打算去申請入學許可和獎學金。他的原因是，一來堪薩斯州立大學工程科系非常優秀，二來是臺北工專的校友在該校深造畢業者甚多，而且表現優秀，所以該校對臺北工專畢業生刮目相看，可以直接進入研究院，不必補修任何學分，被錄取的機會甚大。也因為顧助教的這一席話，我也把堪薩斯州立大學包括在考慮的學校之一。人生有時候很奇妙，就因為顧助教的這一席話，陰錯陽差到達美國以後，輾轉之間最後我也到達堪薩斯州立大學就學，而且還和顧助教合租了一間公寓，變成了一大段時間的室友，甚至還幫他追到一個從香港來留學的女朋友，結婚生子。

在臺北工專最後一年我已經開始準備到美國留學的先期工作。1964年開始，外籍學生如果申請美國任何大學的入學許可必須要通過英文能力測驗，而且不論學校成績再好，英文測驗分數必須要達到某一個標準才有被錄取的希望。測驗名稱叫作TOEFL（Test of English as a Foreign Language）。臺灣把它翻譯成「托福」，非常適中。我記得托福測驗在臺灣每年舉辦兩次，我是報名參加1968年三月分的測驗。對我來說，英文不是一件很難的課題，所以我也沒有多加準備就上陣赴考了。幾個月之後收到結果，成績非常理想。留學的第一步已經完成。第二步是準備參加GRE Tests（Graduate

Record Examinations），美國的大學研究院通常會要求申請入學者去接受GRE測驗，並且把成績附在申請書裡面一起呈送進去。當年GRE測驗在臺灣每年只舉辦一次，記得是在二月分。我已經忘了為什麼我錯過1968年的GRE測驗，所以只能等到1969年二月我在服役的期間再參加測驗。第三步是要通過臺灣本土的留學考試，除非準留學生能獲得國外大學的獎學金。我對這個規定倒是非常疑惑，不能瞭解為什麼政府要設置門檻限制自費留學的意願。因為心有疑惑，我就把這第三步先擱置在一邊。第四步就是尋找學校了。經過旁敲側擊四處打聽之後，我瞭解申請學校的策略是必須同時申請三到四個學校，其中包括自己喜愛的學校和比較容易獲得入學許可的備胎學校，以防落空，據說在美國大學要轉學是很容易的事。只是因為我最快也只能在1969年秋季服完兵役之後才能離開臺灣，所以心中雖然有一個腹稿，可是要付諸行動還為時過早。

我父親的建築材料生意需要用卡車運送產品到零售商的店面，所以在臺北的店裡有一部小卡車，平時是由司機駕駛送貨使用的。1968年時我決定要學會開車，以便到美國之後可以立刻拿到駕駛執照。首先，當司機送貨的時候，我就坐在乘客的位置仔細觀查他的駕駛技術和一舉一動。過了一陣子當我認為已經熟悉駕車的操作過程後，我們兩人就互換位置由我駕駛。如此下來不到幾天我對開車就胸有成竹。會開車之後我一到晚上就開

著小卡車到處逍遙。1968年的臺北經濟活動仍然貧乏，路上的車流不算擁擠，所以開車還是比較容易。那時候我有一個表哥叫作李榮德，是我姨媽的大兒子，他剛從成大化工系畢業，服完兵役之後在景美一家化工廠上班，收入很高。我們經常聚在一起，開著車到處溜達、吃宵夜。後來表哥交上一位姓張的女朋友，我也權當司機載他們兩人到處遊蕩，淡水、碧潭、陽明山，臺北近郊無處沒有我們的蹤跡。我出國後表哥和他那位女朋友結婚，我自認功勞不小，可是從來沒有收到表哥的紅包。我在臺北雖然開車已經十分熟練，可是我在臺灣從來沒有考過駕駛執照，只是因為我開車一直非常謹慎，加上運氣不錯，從來沒有被臺北的交通警察攔截過。現在回想起來覺得滿慚愧的。

除了念書和準備畢業之外，在臺北工專最後一年的一件大事是籌備畢業旅行。當時在臺灣要出國旅行很不容易，加上一般學生經費有限，能夠集體出行到中南部的旅遊勝地已經算是十分奢侈。我們班上有一位家住在南投縣埔里鎮的楊傑興同學，他建議我們舉辦一個四天三夜的合歡山之旅。合歡山距離埔里只有六十公里，他可以安排我們在埔里住宿一晚，第二天再搭公路局的車子，大約不到兩個鐘頭就可以抵達合歡山，然後在松雪樓住上兩天之後再下山。乍聽之下好像是一個非常有挑戰性的旅遊行程，能夠去到一個海拔3416公尺的高山，在臺灣海拔最高的旅館住上兩天也何嘗不是讓人難忘的

經驗。我當下立刻就附和了這個建議，其他同學也紛紛響應，大家就決定到合歡山舉辦畢業旅行，而且時間訂在1967年十二月三十一日，大家準備在松雪樓上度過1968新年，聽起來多麼羅曼蒂克。選在新年登山一方面是因為正值寒假期間不會影響課業，再則因為地點海拔甚高，如果運氣好在冬天還可以遇見飄雪。對一群在亞熱帶成長的年輕人來說，目睹下雪和能夠親自觸摸雪花是一件不可思議的事。報名參加的有三十幾位同學，大家都很興奮的等待著1968新年的到來。萬萬沒有想到1967年的最後一天和1968年的第一天竟然成為我這輩子最難忘的除夕和新年。

1967年十二月下旬的臺灣還是很溫暖的，期末考結束之後要準備出發到埔里之前的氣象報告預測合歡山在新年期間氣溫可能降至冰點，而且飄雪的可能性很高。知道可能會下雪，大家都很興奮。因為大家這輩子還沒有在冰點以下的氣候環境生存過，所以也不清楚必須攜帶什麼樣的衣服。大部分的同學都把自己最厚的夾克毛衣放進行李袋，希望有備無患。其實臺灣一般人穿的夾克是擋不了寒冷的風雪。我們不懂也不願意花大錢去買一件只穿一次的禦寒大衣。我們腳上準備的也只有一般的便鞋或是球鞋，碰到下雪也起不了什麼作用。我們的行程安排是十二月三十日下午分別到達埔里，先住進預先安排好的旅社。當天用完晚餐之後餘興一下，然後第二天早上一早就動身搭公路局的汽車前往合歡山，如果

一切順利大約中午之前就可以抵達目的地。當晚大家吃完晚餐，酒足飯飽之後，有人建議到「茶室」去坐坐。大部分的同學對茶室的概念都很模糊，因為大部分同學都沒有光顧茶室的經驗，只知道裡面有小姐陪坐喝茶。反正人多勢眾，么喝一聲有十來位同學響應後就由埔里的楊同學負責帶路出發。茶室的文化好像是日本人留下來的，裡面有大小不同的包廂，但主要還是以雙人的包廂居多，以便提供茶客和店裡的小姐一些隱私。茶室內的燈光十分暗淡，以便協助店裡製造一點浪漫的氣息。我們一群人則被安頓在三個大圓桌上，每個人旁邊都安排坐了一位小姐，茶和點心送上來之後基本上小姐們的任務就是幫著倒茶，勸吃點心。有時候我想嘗試和小姐們進行一些對話，只是因為知識文化的差異，彼此也談不出些所以然。最後我終於瞭解那些包廂的作用，因為在包廂裡面不必說話，只要用行動和小姐溝通就行。一會兒之後我們一伙人和小姐們熟稔，心情放鬆後，大家才開始跟小姐們打情罵俏，吃吃豆腐，只是舉止也只局限在嘴上，沒有同學遵循到茶室主要是用肢體接觸來和小姐溝通的目地。對我們這一群年輕人來說，嘗試這種風月場合的動機以好奇勝過任何娛樂價值，美國人有一句俚語最能形容我們當時的心態，就是「去過了，也做過了」（Being there, done that）。最起碼日後有人談論到這類話題的時候，我可以不屑的說，我去過了，也沒什麼了不起的。

1967年十二月三十一日清晨埔里的氣溫忽然寒冷起來，埔里的海拔最高大約在七百米左右，合歡山的海拔高過埔里兩千七百米，氣候一定更寒冷。我們大伙兒八點多上了公路局的汽車，開始六十公里的爬山之旅。車子啟動之後一路上天色灰暗，視線很差，不曉得是高山上的霧氣還是瀰漫山間的霧霾。汽車緩慢的行駛大約一個鐘頭之後空中開始飄下雪花。第一次見到飄雪內心的興奮是無法形容的。大家打開窗戶，徒手伸出車外想捕捉那雪白的水晶，放寬內心返回童年的天真無邪。汽車繼續緩行爬坡的同時，雪花也開始飄落得密實，不到一刻鐘，降雪的程度已經稠密到只有幾公尺的視線。短短幾十分鐘我們從一個綠油油的境界跳進一個純白的世界，實在不可思議。在驚嘆之餘，心中也十分忐忑不安，因為道路的路標完全被白雪覆蓋住，擔心汽車駕駛員沒有道路指標，一不小心就可能整車滑出車道跌落山谷之中。

　　汽車繼續行駛一陣之後終於在路旁的一個招呼站停下來不走了，大家覺得很奇怪。駕駛員站起來轉身面對一群又興奮卻又恐慌的乘客，開始宣佈一項重要的信息：因為合歡山、武嶺一帶遭遇到空前的大雪，前面的道路為了安全起見已經下令完全封閉，汽車必須調頭開回埔里。所有的乘客都有兩種選擇：一則跟著原車回去埔里，二則在此地下車，徒步沿著公路爬山大約五公里

左右就能抵達合歡山。可是爲了安全考量，駕駛員不建議我們下車去跟自然戰鬥，建議所有乘客跟他一齊原車返回埔里。

　　對這一群血氣方剛，興致勃勃的年輕人來說，掉頭走回頭路簡直是一件天大荒唐的選項。興致勃勃的來到這兒畢業旅行怎麼可能就這樣草草結束，造成人生一大遺憾！我們毫不猶豫的回覆駕駛員要下車徒步走到目的地。大家在車上整裝換上隨身攜帶的毛衣和輕便大衣、夾克之後就扛著行李陸續下車，生平頭一次踏上被大雪覆蓋住的大地。地上的雪深大約有十五到二十公分左右，踩在上面時一大部分的小腿已經被淹沒在白雪裡頭。後來我才瞭解十五公分厚的暴雪在合歡山還是很少見的，不知道1967年十二月三十一日的大雪有沒有打破當地下雪的記錄？我們踩上雪地之後第一個直覺是腳上穿的便鞋和球鞋不但無法在雪地上防潮，更可能會凍壞腳趾頭。靈機一動後大家把身上所有裝著食物衣著的塑膠帶挪出來套在鞋子外面，再綁上繩索或是橡皮筋，讓鞋子和地上的厚雪絕緣。一切就緒之後就分批以三個人一組並肩走路出發。我是和周正賢、陳文亮三個人一組。

　　我們認爲三個人一組可以互相照應，反正五公里的路程大概頂多走兩個鐘頭就能抵達目的地。這種天眞的直覺給了我們勇氣前進，殊不知在寒風抖擻，大雪飄飄的山地，沒有足夠的禦寒衣服和手套的條件之下要徒

步在覆蓋著厚雪的路上爬上五公里外一個高差一千公尺的終點是一項多大的挑戰？在完成第二個公里時，因為沿途可以欣賞鋪滿白雪的奇景，每個人還算是精神抖擻，有說有笑。開始進入第三公里時已經耗費將近兩個小時，大家開始顯出一些衰歇的狀態，步伐也開始放緩許多。在完成第四公里後已經耗掉四個小時，大家已經精疲力盡，臉頰也被寒風吹得僵硬而麻木。而且那種內衣濕透著熱汗水，可是外衣浸透在低於冰點的寒風中的感覺十分難受。有些同學腳上的塑膠袋已經破裂，鞋子開始進水。同行的陳文亮同學忽然感覺不舒服，頭暈嘔吐，不知道是因為高山症還是受涼，還是兩者都有。我和周正賢同學兩個人只好把他夾在中間，一人扶著一隻手臂，半扶半扛著爬坡往前行。過了一陣子我們兩人實在撐不下去了，開始有稍微強壯的同學輪流負責撐著他。在大雪繽紛之中，大家緩慢的完成艱難的最後一公里路，前後花了五個多小時，在空氣稀薄，寒風大雪肆虐之下，終於看到遠處高崗上的一棟四層樓的大建築物。大家加緊腳步衝刺前進，十來分鐘之後終於踏上內棟建築的臺階，大門上方的匾額刻著三個金色大字「松雪樓」。

　　進入松雪樓之後發現旅館裡面已經擠滿人潮，中部橫貫公路因為大雪而被下令封閉，所有預定往東邊花蓮行走的旅客全部受困在合歡山唯一的庇護所「松雪樓」。在總數只有三十幾個客房裡面，我們雖然很早以

前就預約了十幾個客房，但是在這種近乎危機的時期我們被要求減少客房的總數，一個房間內要擠上四到五個人。因爲陳文亮同學的病情仍然嚴重，我先把他安頓在房間之後再到樓下大廳看看熱鬧，和其他受難者交換經驗和心得。聽說有一部吉普車被卡在午嶺附近，車上有兩個人正在等待救援。我心想，爲什麼他們不嘗試和我們一樣亦步亦趨的走過來呢？

　　等到一切就緒之後已經接近晚餐時間。旅館的經理宣布因爲住房人數超出預定的一倍以上，加上高山上氧氣稀薄所以飯菜煮熟的速度比較慢，房客必須分批吃飯。頓時飯廳擠滿一大群焦慮飢餓的人潮，所幸大家看起來都像是知識分子，舉止還算文明。我們吃完晚飯之後已經八點了。陳文亮仍然臥病在床，我決定一個人到樓下大廳坐在臺灣很少見到的燃木壁爐前取暖度過1967年的除夕。大廳裡已經擠了不少人，只剩下稀疏幾個空位。我選擇了一個沙發坐下，旁邊坐了三個洋人，一男二女。不久之後我們就聊起來了。男的叫作比爾賴特（Bill Wright），目前在臺北美國學校教書，另外兩位女生叫作凱倫諾以斯（Karen Noyce）和麗塔瓊斯（Rita Jones），兩位二十來歲的美國姑娘都是臺北美軍顧問團的非軍職員工。他們是前來合歡山滑雪的，可是因爲雪勢太大，不清楚明天滑雪場會不會開放。我們一起天南地北很快樂的扯了一兩個小時，之後忽然靈機一動告訴他們我的同學生病了，問他們身上有沒有便

藥？凱倫聞訊之後立刻回房拿了阿思匹靈和感冒藥，我就立刻回房讓陳文亮把藥吞下。

　　為了讓自己能夠度過一個美好的除夕，我又回到一樓的大廳，我的許多同學也都聚集在那兒。我把這三位新美國朋友介紹給同學們，大家圍著壁爐，聞著燃木的芬香和散發出來的熱量，別有一番不同的滋味。被困在這個大雪繽紛的高山上度過1967年的最後一夜，真是一件很難忘懷的回憶，所以我們決定要一起守夜到新年的來臨。午夜之前旅館的工作人員很善意的為我們準備了一些飲料點心助興。午夜十二點前十秒，大廳裡大約六十幾個精神抖擻的夜貓子開始倒數，直到十二點正大家集體歡呼一聲「新年快樂」，三個洋人開始互相擁抱，也跟我們這一群保守含蓄的臺灣人一一擁抱慶祝。之後，有人帶頭開始唱起國際流行的新年歌 *Auld Lang Syne*（意指不要忘了老朋友，老時光），整棟屋子昇華起一股莫名的傷感。大家因為大雪有緣來到此地一起揮別1967年，可是明天就要分道揚鑣了。

　　興奮的時刻沉澱之後，我走到松雪樓外面，在黑暗寒冷的雪地上站了一會兒，純白的大地在樓外燈光的反射下顯得十分飄逸、優雅。深深的吸進幾口冰冷的空氣之後，腦筋格外的清醒。反射1967年的一切既往，內心有些惆悵傷感。

　　因為我們四個大漢要擠在兩張小床上，整個晚上都沒有睡得好覺，而且我是跟著陳文亮同學睡在一起，

要同時注意他的身體狀況。幸好經過凱倫那兩顆藥的作用，陳兄第二天醒來之後精神好了許多，已經沒有病態。我們一起下樓到飯廳吃早餐時又碰見那三位洋人，大家坐在一起吃飯談談今天的行程。降雪已經小了可是仍然繼續在下著，他們三人要嘗試去滑雪，我則除了到附近雪地溜達溜達一陣子之外，也很想去瞧瞧滑雪的景象。雪到中午就停了，滑雪場在下午開始有限制的開放。第一次看著電纜車載著滑雪人上到高峰，再從頂點滑下來也滿興奮刺激的，三位洋人倒是滑得得心應手，顯然對滑雪的經驗十分豐富。可惜我沒準備任何滑雪衣物和用具，否則也很想嘗試一下。同學們倒是舉行了生平第一場緊張刺激的雪球戰，不亦樂乎。之後還嘗試堆雪人比賽，把電影裡看過的雪中能作的事都親身經歷一下。

　　1968年元旦就在松雪樓度過了。當天晚上吃完晚餐我跟三個洋人又和在一起，變成好朋友。他們也分享了一些底細：凱倫生長在馬里蘭州，希望借這個工作機會到世界看看，反正全世界上有美軍的地方她都能夠申請前往工作，何況世界上到處都是美軍。麗塔是個比較瀟灑的金髮碧眼姑娘，從芝加哥來的，她對前途抱著隨遇而安的態度。比爾則是個老實人，中學老師，因為薪資比較高就應徵到臺灣美國學校教書。我向他們表明要到美國讀書的計劃，凱倫建議我申請馬里蘭大學，它是個很好又很大的學校。回房休息之前我們彼此交換了聯絡

電話。

　1968年一月二日合歡山的降雪終於停了，道路的積雪也清除了不少。汽車能夠直接開上合歡山。我們吃完早餐之後休息片刻就整裝待發準備回程。雖然意猶未盡，那一幕心驚膽顫的上山之旅仍然歷歷在目，大家都希望儘快回到文明世界。臨別上車之前，我們跟一些新朋友道別，互祝新年快樂。三個洋人要在山上多呆一天，大家就後會有期了。當汽車緩緩的往山下行駛，周遭的環境從雪白的大地漸漸的露出彩色的林木，直到完全脫離白雪，重新見到綠油油的世界，內心雖然如釋重負，可是卻帶著一點失落。這是個讓人難以忘懷的畢業旅行。

　畢業旅行結束後不久，我接到凱倫的電話，告訴我她替我拿到了馬里蘭大學研究院的入學申請書。我真沒有想到這個美國姑娘還真把一個萍水相逢的臺灣人的願望看得如此認真，讓我十分感動。我們約好在她的宿舍見面，她和麗塔都住在六張犁當時的聯勤總部基地附近，就是現在最夯的東區，是一排由美軍建造的，很舒適的美式住宅。我去拜訪凱倫的時候，麗塔也在場。從那一次的會面之後，我和凱倫竟然成為好朋友。我們常常一起吃飯，我介紹她嘗試各種不同的中國料理。凱倫喜歡當時位在館前街的峨嵋餐廳，特別熱中他們的糖醋里肌和乾扁四季豆。我們也一起由她開車到過宜蘭老家去玩，和我的家人見面。能夠和一個美國年輕異性成為

摯友是一件意料不到的事。後來我決定申請到馬里蘭大學土木研究院深造也跟凱倫殷情的協助有很大的關係，另外一個原因則是我父母親的朋友莫布魯上校和富美子也住在華盛頓特區郊外的馬里蘭州銀泉市（Silver Springs），父母親認為到那兒之後可以有人照應。

凱倫後來在1969年底之前從臺灣被美國政府調到德國的法蘭克福美軍基地去了。行前我為她在陽明山上我三舅的別墅裡面開了一個惜別舞會，她的許多朋友，包括麗塔和比爾也參加。凱倫離開臺灣之後不久我就前往美國留學，可是我們仍然繼續保持書信聯繫。

1970年她寫信告訴我她在法蘭克福認識了一個美國大兵，並且兩人墜入愛河，決定結婚。她未來的夫婿也決定退伍，一起回到夫婿的老家佛蒙特州生活。一年以後在1971年夏天我曾經開車從紐約前往佛蒙特州的西敏斯特去拜訪她，她丈夫在市政府當警察，有一份固定的收入，她也成為全職的家庭主婦，並生了一個很可愛的女娃娃。我甚至還在她家當場炒了一盤她最喜愛的乾扁四季豆請她們夫婦享用。雖然沒有適當的食材，但是大家吃起來還是津津樂道。後來我在1973年結婚時，還收到她寄來的一份大禮。很難想像這一份真摯的友情竟然起源於在高山上的一顆阿思匹靈和一顆感冒藥。

1968年開始我的表哥李榮德和我忽然變成如膠似漆的摯友。他的年紀大我五歲，彼此之間臭味相投，加上我在他交女友的行動上提供很大的助力，他也十分感

激。我們兩人幾乎一有空檔就廝混在一起，打打彈子，喝喝酒，看看電影，反正他有一份很好的工作，賺錢不少。後來他自己下海開始從美國進口銷售大型的工業用水泵賣給大的化工廠，賺錢更多了。我們之間的友情難得的持續了將近四十年，甚至於我們雖然身處臺灣美國兩地，仍然來往得很密切。從1968年到1970年我離開臺灣這兩年期間，表哥對我提供了很珍貴的精神支柱。很遺憾的，三十九年後在2007年因為一件誤會我們停止來往。也許不久的將來在我們都變得很老之前我必須要攤開雙手，主動化解我們之間的誤會，再次擁抱他吧！

1968年是個動蕩不安的一年。越共在中國春節發動對駐越南美軍意料不到的強烈突擊，引起美軍重大的傷亡，此事件不但挑起國內外對越戰的負面思維，也成為美軍在越南長期作戰成敗的轉捩點。美國本身則因為種族衝突而導致馬丁路德金先生（Martin Luther King）和羅勃甘迺迪（Robert Kennedy）總統候選人先後被暗殺身亡。臺灣繼續全力協助美國在越南的戰爭，雖然沒有像韓國一樣派軍隊參與作戰，但是仍然很大方的提供軍事基地做為美軍重機械的飛機保養中心，也同時開放全臺灣為越戰美軍渡假的地方。因為如此，美軍在臺灣的人數也達到高峰。臺灣本身倒是相當平靜，只有在金門外島的中共解放軍很顯著的在蠢蠢欲動，因為今年正逢823砲戰十周年，解放軍是否想再試圖用武力掠奪金門？

1968年五月分在我畢業前不久，周祺祖教官來到班上宣布每個同學畢業之後被分派去服預官役的單位。大部分的同學都能夠留在本島不同的軍種和地點服役，只有十位同學前後被指派到金門服役，還有一位要遠道去馬祖。很不幸的，或是很幸運的，我是被分派前往金門的弟兄之一，而且在當地駐紮了整整一年。

第三章 金門，金門

這是我第二次訪問金門，距離上一次短暫兩星期的訪問已經有三年之久。第一次去金門是去作客勞軍，我們一小群人的起居安危被呵護得無微不至，直覺得金門是一個很刺激可愛的地方，離開時大家還十分依依不捨。這一次的金門之行可就大為不同。首先，我是被分配到金門防衛部的砲兵指揮部（砲指部）去服役的，如果被指派到野戰軍團，像是第十七師或者是第四十一師，因為部隊輪調的原因，運氣好的話說不定過幾個月或半年就能夠隨著整個部隊輪調回臺灣本島。可是砲指部是一個永久的固定單位，除了因為人事調動，基本上如果沒有意外像被砲宣彈打個正著或是被對岸蛙人摸走的話，我必須心理上要有準備在金門呆上整整一年的可能性。也因為如此，我替自己未來一年的生活很充實地準備了一下。首先我替自己買了一部袖珍型手提式可以用電池操作的電唱機（也有人稱它為留聲機），也順道買了幾張唱片，包括貝多芬的《第五號命運交響

曲》，披頭四的熱門選曲，瓊拜斯（Joan Baez）反戰歌曲等。這個電唱機和貝多芬的《命運交響曲》最終竟然成為陪伴我度過這艱辛一年的最佳伴侶。另外我也購買了一些中英書籍準備在沒有戰事的閒暇時間能夠充實自己。我那時已經有抽煙的壞習慣，而且比較喜歡抽洋煙，所以我也買了幾條英國555牌的洋煙儲備著，深恐在戰地物資缺乏，買不到洋煙。

　　1968年六月分的某一天，正確日期已經無法考據，當一切就緒之後，我從宜蘭老家就要準備搭火車前往高雄左營軍港報到。出發之前，根據臺灣人的習俗必須參拜祖先和佛祖神明，請求保佑平安。出門之前還要在家門口燃放一大串鞭炮，一方面慶祝和去邪，一方面對鄰居炫耀家裡有一個年輕人要為國出征了。有些將要去從戎的人肩上還斜披掛著紅色綵帶，以明正身。聽說這個習俗是從日據時代就開始傳下來的，當時許多臺灣人被徵召到南洋打仗，一出門後不知何時，甚至於有沒有機會回來，所以只能依靠神明保佑。林家也跟隨傳統，家裡的員工在大門前吊上一長串足足可以爆發出三分鐘爆竹噪音的鞭炮，在我踏出家門之前開始點燃。爆炸聲驚動了左鄰右舍，大家爭先恐後的走出家門往林家行注目禮。爆竹燒完之後，我緩緩的走出家門，一手扛著簡單行李，另一手抓著我的電唱機和唱片的盒子，向爸媽弟妹和其他家人一一道別之後，在鄰居們的祝福下獨自往火車站走去。在我的堅持下，家人們都沒有陪我走到火

車站，因為我認為傷感的情緒沒有必要延續太長久。走了十分鐘之後到達火車站，倒是有一群以前在一起打球的老朋友們等在那兒替我送行。畢竟在淳樸的小市鎮上一齊培養茁壯的友情是無可比擬的。

　　1968年的時代要搭特快車從宜蘭到高雄也得花上六、七個小時左右。我記得是在報到的前一天就抵達高雄。在高雄跟幾位同學一起晃蕩一夜之後，第二天就直接前往左營軍用碼頭報到。到金門的運輸工具仍然是一艘運輸艦，乘客還是以軍人和準軍人為主。所謂準軍人就是像我一樣準備到戰地從戎的人士。運輸艦開航的時間仍然是在傍晚，艦上的乘客還不少，空間顯得擁擠。我記得開航之後，兩旁還有戰艦護航。我們的艦艇駛進外海之後，海上的風浪突然開始變得很洶湧，整個船身激烈的往左右搖擺晃動，如果沒有抓住艦上一件固定的裝置，很難能夠站得住腳。甲板上興奮的人潮頓時受到極大的衝擊，大部分的乘客因為暈船難受，許多人都立刻撤退到船艙內躺著休息，有些人則抓緊嘔吐袋，間歇性的嘔吐出他們的中飯和飲料。整個船艙像是醫院裡面通敞式的病房，十分狼狽不堪。整個甲板上只有稀疏的人潮夾在正在執行任務的艦上英勇的海軍弟兄們。

　　每個人的體質都不一樣，有些人一上車子就會暈車，更不用說到暈船了。我則是生下之後就從來沒有被任何交通工具的晃動困擾過的鐵漢，乃至於在大海上七、八級的疾風也很難制伏我。所以雖然整艘軍艦不停

的大幅度搖晃，我仍然很好奇的在軍艦裡上下流竄，把整艘船從頭到尾巡視一遍。我記得很清楚那艘運輸艦是第二次世界大戰美軍遺留下來轉送或轉賣給臺灣的老舊二手貨，它的馬桶是利用海水持續的循環把垢物直接沖進海洋的。當時我就認為非常不符合環境保養的觀念。現今的世界在強烈的環保意識下，像這一類汙染大地環境的設計跟設施應該早已經被屏棄了吧！

到了吃晚飯時間，餐廳裡面除了水手以外，其他乘客寥寥無幾，大部分的乘客都躺在船艙裡應對因為嚴重暈船帶來的不適。我拿了飯菜，找到一個有其他乘客占據的長桌，想跟大伙人分享一點在大浪中穿越臺灣海峽的心得。同桌上的飯友大都是預備軍官，而且都是不同的陸軍軍種，沒有其他軍種。大概海軍基地都位於臺灣本島，而服役空軍的軍人都是搭飛機來往的吧。除了我以外，其他的飯友都是第一次到金門，大家都抱著既興奮又恐慌的心情。飯後大家開始來勁，又有坐在別的桌子的預備軍官也靠攏過來湊興，一下子十來個人東西南北信口開河，好不悠哉，完全忽略了船身左右搖晃的不適，真是名副其實的同舟共濟。

我們的軍艦到達金門料羅灣的時候已經是第二天清晨。因為經歷海上長時期的風浪搖擺蹂躪，踏上土地之後過了好一陣子才能讓自己的身體平穩下來，甩開那種全身仍在搖晃的錯覺。下船之後，碼頭外停了不少軍車，有小吉普車，也有中型和大型的卡車，想必是各個

單位派來運送各自人員的運具。我在車陣前面來回巡視了一陣，看見一部吉普車前面有一位駕駛兵手上拿著一個牌子，上面寫著「砲指部」。我上前驗明正身之後就躍上吉普車跟著駕駛兵離開碼頭了。

「砲指部」全名是「金門防衛司令部砲兵指揮部」，是一個直屬防衛司令的下屬單位。我服役的地點位於金湖鎮的山外村附近，在太武山的南麓，是砲指部本部營的所在地。吉普車把我載到營部前面放下，來迎接我的是營部的輔導長，一位姓吳的少校。他長得肥肥胖胖，耳朵長長的，沒有頭髮，很像彌勒佛。第一眼看去就讓我對他產生莫名的好感。吳輔導長指示，因為目前營部上尉政戰官從缺，因此我的職位是代理政戰官，是他的直屬軍官，和他有密切的工作關係。這個職位原來是上尉官階的，現在只好由我這個小少尉來頂替了。反正我也不懂政戰官是幹啥的，既然已經身陷虎口，就順其自然吧。輔導長給我簡報之後我來到補給室拿了軍服、配戴的戰地武器和一些補給品就被帶往我今後將要屈居整整一年的地方。我的武器配置是一把.45口徑的手槍和一把卡賓槍。拿到槍枝之後才覺悟到我已經身處戰地，隨時有生命的危險，我必須提醒自己要隨身攜帶著武器。

我的住所是一個地下的混凝土碉堡，平面的混凝土屋頂幾乎和兩旁的地面在一個水平上。要進入碉堡必須經過一層緊貼在旁的混凝土階梯，往下走人約二公尺

左右才能到達一個大約一點五公尺寬的短廊，短廊右側是垂直有三公尺高的混凝土牆，左側是寢室進門和四個玻璃窗戶，用來補充一些自然光線。進門之後的雕堡分成兩側，左側是吳輔導長的寢室，右側是屬於我的，中間沒有任何屏障，毫無隱私可言。不過在戰地有這麼個舒適的歇腳地已經很幸運了，實在沒有什麼好抱怨的。唯一遺憾的是雕堡內雖然有電源用來點燃電燈泡，可是卻沒有任何插頭讓我能夠用免費的交流電源打開我的電唱機，用來享受貝多芬的《命運交響曲》。今後必須要自掏腰包買很多電池才能夠不間斷的使用電唱機來聽唱片。

因為和吳輔導長有密切的工作關係，既是上司也是室友，我很快的就和他變成好朋友。他年紀約四十來歲，單身，待人處事溫文有禮，不會衝動，不太像是職業軍人。唯一的例外是晚上喝了一些老酒之後就關起門來對著我大發牢騷，痛罵蔣介石和中華民國政府。據吳輔導長酒後吐出的真言，他是雲南人，原來是鄉下一個中學的校長，雖然沒有結過婚可是在當地有一位很要好的女朋友。1949年當中共解放軍打進雲南時，國民黨的部隊在李彌將軍的領導下奮力抵抗，他就是在那個時候半強迫性的被徵召加入李彌的軍隊。後來因為國民黨軍隊戰事不利，節節敗退，最後撤退到泰緬邊界，變成所謂的「泰緬孤軍」。在泰緬邊界流浪了五年之後，1954年他們在中華民國政府保證會重組軍力，在短期內

要反攻大陸的承諾下離開緬甸，撤退到臺灣。只是到臺灣之後一眨眼已經過了十四個年頭了，而且反攻大陸的機會和勝算也越來越渺小。知道他的背景之後，我能夠想像得到一個孤家寡人無親無靠的知識分子，雖然有家也歸不得，偶而只能夠去軍中樂園解除一點內心空虛和生理需要。深刻瞭解輔導長的處境之後，也許基於憐憫之心，我對與他的相處更加尊崇，更有彈性和耐力，彼此之間保持著非常完善和諧的工作和私人關係。可悲的是，在軍中呆久了之後，我發現像吳輔導長這種處境的人竟然比比皆是。

談到工作，政戰官顧名思義就是搞政治的，而且對內對外都搞。其實說穿了也沒有什麼大不了的工作量。對內必須確認營本部的軍人持續保持正確的忠貞愛國情操，對外則確保政治不正確的觀念不會滲透進來。這個任務在當年的大陸國共鬥爭時期也許十分艱巨，但是在1968年的金門，面對中共解放軍長期的威脅，政治的偏差是微乎其微的，所以我的工作也十分輕鬆。當時臺灣還是一黨專政，營裡面的國民黨黨員的黨證需要由政戰官審核蓋章。我報告輔導長表明我並不是國民黨黨員，由我審核好像不太合適。輔導長倒認為無所謂，沒有什麼了不起，所以我也就義不容辭的蓋章了。

我到達金門的第一天，從碼頭一路上就目睹整片原野上舖滿了三角型的混凝土塊，大約有十五公分厚，每側長度約六十公分，每一個土塊上面都插上三根大約也

有六十公分長，頂端十分尖銳的鋼筋。因爲滿山遍野全部舖滿土塊，甚爲壯觀。問過駕駛兵之後，他說今年是823砲戰的十周年，中共解放軍打從幾個月前就開始叫囂放話，宣稱今年要在「貴島」度過中秋節以完成十年前沒有達成的使命。解放軍並且從新疆調來到對岸廈門一個傘兵師，準備空降金門。爲了防止傘兵安全成功著地，所以防衛部下令要所有部隊大量製造三角叉，舖滿所有適合傘兵降落的地點。三角叉因爲上面安插了三根尖銳的鋼筋，其作用是當對岸傘兵在落地的那一刻，快速而強大的衝力和地面垂直的鋼筋碰觸之後，傘兵會活活的被刺死，沒有死亡也可能會受重傷。這套戰略佈施聽說在第二次世界大戰時曾經用過，效果滿好。我在想三角叉的嚇阻作用也許比它本身的實際功效更來得重要吧。

我到達營部報到完畢之後就被告知，所有部隊人員必須每天清晨四點起床，四點十五分必須全體準備就緒，武器上膛之後到各人的崗位待命。這個起居慣例已經實行一段時間。其幕後的原因是據說破曉時分是傘兵跳傘降落最佳時刻，爲了有效的防止或殲滅這個突擊的可能性，整個金門島所有的軍人每天清晨就拿著槍對著天空注視發呆，直到太陽躍出海平面，陽光普照時方才罷休，才能開始使用早餐。爲了彌補大家的睡眠，下午吃完中餐之後可以有兩個小時的午睡休息時間。這樣子的作息方式一直延續到八月二十三日之後，解放軍的新

疆傘兵師撤回遙遠的西北之後才正式結束。這種生活習慣對我這個夜貓子又沒有午睡習慣的人來說是一件相當痛苦的事，好不容易等到命令解除後才鬆了一口氣。

　　我到金門報到的時候，防衛司令是尹俊上將，他是一位滿風趣的軍人，跟他相處也比較安逸些。因為我的單位是防衛司令部的直屬單位，所以和司令部來往的機會也比較密切。七個月後在1969年一月分尹將軍被調返臺灣，換來一位新的防衛司令馬安瀾中將。馬將軍是一位比較嚴肅的軍人，所以跟他互動的機會比較有限，沒有必要時大家都不願去惹他。聽說馬將軍當年在西安國共和談時擔任蔣介石的侍衛長，共產黨在張學良的協助下要捕捉蔣介石當下，是馬安瀾侍衛長幫助蔣先生翻過華清池的高牆逃生的。當然最後還是在山腰間的涼亭被捕。自此後馬侍衛長就一步青雲，最終以二星上將榮退。90年代時我經常到中國大陸公幹，有一次到西安時還有專人帶我去參觀華清池，也去見證了那座山腰間的涼亭，只是共產黨很不知趣，已經把那個涼亭的名字改成不太雅緻的「捉蔣亭」了。我曾經和馬司令有過一次不甚愉悅的正面交流，有一天午飯後休息時間，我脫掉外衣褲躺在碉堡裡的床上閉上眼睛傾聽貝多芬的《命運交響曲》之剎那，忽然聽見有人走下階梯，沒有敲門就逕自進入碉堡內。起先我以為是吳輔導長回來了，所以也就不太花心思去理會他，繼續閉著眼睛沉浸在我的音樂中。過了一陣子之後房間內沒有任何動靜，我睜開

眼睛赫然看見馬司令就站在我的床前，他是來找輔導長的。我立刻從床上躍起，穿著內衣內褲筆直的立正行禮。沒有想到馬司令把我這個衣冠不整的小少尉訓得狗血淋頭，分寸不留。我的個性本來就很倔強，心想這是我休息時間，憑什麼讓將軍跑進我的寢室咆哮？可是道理浮到喉嚨上又吞下去了。原因很簡單，在戰地裡司令有絕對的權力，他想要槍斃任何人都只要一聲令下，不費吹灰之力，所以還是聰明點，不能惹是生非。

　　金門有很多砲，從野戰部隊的105、155加農砲，到佈滿全島的空軍高射砲，到處都是砲。金門每個月都要舉行一次砲彈演習，在短短十五分鐘裡面百砲齊發，在上空組成一個高砲網，非常壯觀。在這個例行的砲彈演習中唯一不參與的是由我的單位砲指部管轄的240毫米榴彈砲M1（240mm howitzer M1）。金門有十二門240榴彈砲，其中有四門部署在小金門。說起這個綽號叫作「黑龍」的240榴彈砲，是第二次世界大戰遺留下來的古董，甚至於到目前好像只有臺灣的軍隊仍然繼續再使用它。雖然它被定義為野戰砲，在金門的十二門都是被保護在厚度三公尺的碉堡裡頭的。它的砲筒直徑有兩百四十公分，砲管長度有八點四公尺，砲彈和炸藥加起來足足比一個大個子還要高，需要十二個人才能順利操作完成。再精練過的操作隊伍最快也只能每兩分鐘射出一發。因為它的射程能夠達到二十三公里，而且威力跟殺傷力很大，所以針對對岸的共軍有一定程度的震撼

作用。240榴彈群砲好像是1958年的823砲戰之後美軍才贈送給臺灣來加強防衛金門的。我在金門服役的一整年內，士兵們雖然定期的演練操作發射240榴彈砲的步驟程序，但是從來沒有真槍實彈發射過一次。也許240榴彈砲是國共雙方在金門的軍事恐怖平衡最佳的工具之一吧。

當時駐紮在金門和烈嶼的十二門240榴彈砲裡面其實有四門因為零件的損壞是無法使用的。由於美國廠商已經停止製造此種大砲，因此零件的取得也十分困難。當然大砲無法上膛開砲是一項絕對的機密，營裡的人全部受令不准對外發放任何這方面的消息。雖然有幾門大砲不管用，但是每一個操作小組仍然必須定期發射的操練。過了一陣子我接到上級的臨時指令，要我立刻到營裡某個240榴彈砲陣地報到。我到達之後才瞭解原來有兩位美軍顧問團的軍官來勘察大砲零件短缺的情形，須要有人幫忙翻譯。指揮部知道我的英文還行，所以就找上門來了。其實當年的我對一般日常英語會話的掌握雖然十分自如，可是對於英文軍事用語的熟悉度仍然十分有限。既然已經被鴨子上架，我也只好厚著臉皮上陣。幸好在場的還有一位陸軍官校畢業到美國受訓過的陸軍少校，在我們兩人的合作之下總算把中美雙方溝通協調的過程用中英文傳達給雙方。美方很清楚的表明這些零件並沒有任何庫存，廠商必須重新起灶生產，所以費用昂貴，當然還是須要臺灣掏錢購買這些零件。另外的重

點是從定購到交貨需要很長的時間，不可能一兩個月就拿得到。雖然雙方討論過程有點繃緊，但是大致上還很友善，畢竟當時的臺灣和美國是有邦交的親密戰友，更何況這些大砲原來就是美國人送的禮物。我不清楚最後零件的交易是如何定案的，因為我們內部也很積極的在研討讓臺灣軍事工廠自己生產零件的可行性，也許最終的拍板還是在臺北的中華民國國防部。不過在1969年六月我退伍離開金門之前，那些很迫切需要的大砲零件還沒有抵達我們的陣地。

談到砲擊，我在金門的一整年間，雙方的單打雙不打從來沒有停過。每隔兩天晚餐時間左右總是會聽到稀稀疏疏的砲彈聲。我方打過去的砲彈聲因為很清脆，「碰」一聲就沒了。對岸打過來的砲彈比較詭異，剛開始聽到任何砲聲著實非常緊張，久而久之瞭解了砲聲和落彈地點的關係之後心裡就比較安穩了。通常如果砲彈從你頭上打過來，發出的聲音是有點像吹口哨的聲響，砲彈的著落點離開你的位置可能還有一段距離，但是如果聽到的是一種類似啪啪啪的音響，你就必須立刻找地方掩蔽了。啪啪啪的聲響通常是象徵砲彈快要著陸前的徵兆。我對砲彈性能所體會出的心得雖然沒有經過科學驗證，但我認為這是經過長期經歷累積出的經驗科學（empirical science）。另外一個單打雙不打雙方默契的常規是彼此使用的都是不會爆炸的空砲彈，所以被炸死的機會是零。通長鋼砲頭和砲身會在空中解體，砲

身裡面往往會攜帶一些宣傳品、傳單之類的東西，灑得滿地。最大的安全顧慮來自鋼砲頭，萬一直接被砸個正著，不死也有受重傷的可能性。我在金門一年偶而也耳聞有軍人或老百姓被砲頭砸死或砸傷的消息，久而久之也就麻木了。至於對岸飛送過來的宣傳品和傳單則因為我是政戰官，所以如果阿兵哥們撿到這一類物品都必須交給我銷毀。一般來說，傳單都是一些鼓勵老兵回家看娘、充員兵在臺灣的媽媽想念你之類的廢話，宣傳品則以糖果和香煙為主。糖果我是毫無疑問的銷毀了，因為天曉得裡面有沒有藏毒。香煙通常有兩個牌子，「中華牌」和「壹枝筆」，都是沒有濾嘴又很難抽的香煙。雖然如此，反正是不花錢的，所以解放軍奉送上的香煙通常就由我和輔導長消費掉了。我一般是抽洋煙的，而那個時候的臺灣是不能公開賣洋煙的。到了金門之後，我很驚奇在福利社裡面竟然能夠公開的賣起洋煙，而且有許多其它洋貨在臺灣是見不到的，而且價錢非常合理，讓人懷疑這些貨源是不是走私品。後來才瞭解金門防衛司令部和香港簽定合約，直接定期把舶來品用船隻運到金門，並且以免稅方式賣給廣大的消費者，所以這也算是為國效力而得到的一點邊緣福利吧。

越接近823十周年，整個金門島上的氣氛越是緊張沉重，各種不同的軍事演習也愈加頻繁。國軍和解放軍各自在最前線設置大型的廣播站相互叫囂，我方共有四個廣播站，位於馬山、古寧頭、湖井頭和大膽島上，號

稱音響可以傳達到二十幾公里以外的廈門。對方也不甘示弱，從四面八方不斷的向金門廣播，尤其在晚上更是變本加厲，噪音吵得無法入眠。我方的廣播因為角度面向大陸，內容無法聽得清楚。對方的廣播則十分清析明朗，廣播員都是女生，聲音都很甜美，而且能夠用國語和閩南話交互發聲，可是信息卻都很沮喪，比如廣播小姐會提醒，我們今年會準備在金門島過中秋節，大家要有心理準備。有時候她會點名某某單位的老士官，告知他在大陸老家的老母親病危，很想見兒子最後一面，甚至於連續播放當時臺語的禁歌〈媽媽請妳也保重〉。這首歌是敘述一個臺灣的阿兵哥在當兵的時候思念媽媽的心情，政府大概深怕軍心受到衝擊，在軍中想媽媽會懷憂喪志，就乾脆把它給禁了。雖然如此，沒想到在戰地裡卻每天都能聽到文夏先生主唱的這首歌，極其諷刺。因為每天晚上都要接受同樣的噪音轟擊，久而久之耳朵也就麻木了。

　　1968年的八月二十三日是單日，根據國共雙方的默契是射擊砲彈日，當晚對岸打過來的砲彈數量好像比平時多了一些，不過金門島仍舊相安無事。充其量解放軍的叫囂只是雷聲大，卻沒有雨聲，否則金門人作菜刀的原料可能更豐富許多。

　　我官拜少尉，每個月國家給我的薪奉是六百五十新臺幣，在當時因為食衣住行都是軍隊供應的，如果規劃周全，其實是足夠每個月的開銷，可是因為我的個性

海派，所以幾乎總是入不敷出，必須請求父親不定時的接濟。我的臺北工專同學剛入伍的時候有六位被分配到金門服役，後來因為軍隊調動，人數也搞不清楚了。剛到金門之後，同學們還不定期的找機會見面聚餐，互相交換彼此的從戎生涯，安慰彼此的赤子之心。相較之下在野戰部隊服役的同學好像比較艱苦，每天都必須在實地備戰的情況下度過，尤其是最前線的部隊幾乎每天要經歷不同程度的操練，身為軍官還要輪流半夜爬起床去查哨，甚是辛苦。有些同學侃侃談到自己的經歷時眼眶都紅了。我的處境比較起來算是幸運許多，但是在諸位同學面前我儘量三緘其口，免得刺激到有些同學。當時的金門只有兩個地方可以消磨時間和提供娛樂，一個是規模比較大一些的金城鎮，另外一個是比較接近我駐地的金湖鎮的山外村。金城鎮比較熱鬧，餐廳冰果室加上食品伴手禮和高粱酒，菜刀專賣店比比皆是，還有幾家簡陋的電影院，有時還會演好萊塢的電影。山外村比較單純，只有兩條大街，店裡面賣的也是大同小異的產品。因為我的駐地離山外村很近，所以光顧這個小村落的機會也比較頻繁。山外村的大街上有一家滿出名的冰果室，不但冰果好吃，裡面有一位年輕姑娘，是老闆的女兒，長得甜美可愛，又懂得跟客人打情罵俏，人見人愛。我也是那家冰果室的常客，偶而也邀請同袍或同學一齊去打發時間尋找樂子。久而久之就跟那位姑娘混得很熟，也讓我能排除一點身處異鄉的寂寞。四十八年以

後，在2016年我曾經帶了一位朋友到金門重遊舊地，四十八年的變化甚大，城市也變得摩登漂亮。我好不容易找到山外村大街上那一家冰果室的舊址想進去探個究竟，不料裡面有一位中年婦女竟然對我說：「你是來找當年那位冰果小姐的吧？她已經當阿嬤了。」可見我並不是第一個來尋舊的老阿兵哥。

我的營區旁邊不遠處就是金門康樂隊的基地，所以經常能夠聽到音樂、歌唱和樂器演奏的聲音。有一次我感到十分好奇，就決定過去看個究竟。到達之後表明來意，他們也讓我坐下欣賞他們的彩排。金門康樂隊的成員有軍職，也有平民，它也是一個直屬金防部下面的單位。它的任務主要是提供各種不同的娛樂性綜藝節目以慰勞前線的將士，有時候他們會準備大型的歌舞表演，有時候也會舉辦小型的同樂會。1965年我來金門參加戰鬥營勞軍時就是由金門康樂隊大力協助的。康樂隊的男隊員大多數是從各部隊有表演才華的充員兵調過來的，女團員則是從臺灣各地召募前來，而且以原住民女姓居多，各個能歌善舞，才藝雙全。我跟隊長表明了身分和我對表演藝術的熱衷和經驗之後，他更加歡迎我的參與和對演出內容的建議。如此下來時間久了，我也就跟康樂隊的演員們很熟識，偶而也一起在福利社、山外村的餐館吃飯聊天。有時候他們隊裡的伙食加菜，我也很榮幸的被邀請去共享。我常常在想，表演藝術工作者天生就是一群心情開朗、熱情豪放的男女，我的個性很容易

跟這些人一拍即合，而且跟這種人在一起感覺上特別快樂，沒有任何精神壓力。過了一陣子之後，隊長告訴我他們隊裡的演出組組長出缺，問我有沒有興趣加入？對於這一個提議我倒是滿興奮的，因為我可以有機會作些自己喜愛的表演藝術工作。回到部隊之後徵詢輔導長的意見，他卻十分反對，同時也認為砲指部不可能會放人。因為他的堅持，我也只好作罷。雖然如此，之後我仍然繼續保持和康樂隊的密切聯繫，甚至於在我退伍之後離開臺灣之前那一段期間，康樂隊的隊員們到臺北來時我們都會聚在一起。

記得是1968年深秋吧，有一天收到一份公文，上面註明在某月某日要執行對一個逃兵的槍決，要求每個單位必須派人前往見證。後來瞭解的情況是一位老兵因為極度想家，趁著一個風平浪靜的夜晚就往對岸游去。金門和對岸的距離不遠，從小金門到廈門也只有四、五公里，從大膽島的話更近，只有兩公里之遙。如果在游泳投誠的途中被對方的蛙人尋獲撈起，那就更不用費力了。很不幸的是因為海水漲潮的原因，這位仁兄往對岸游了一陣子之後隨洶湧的潮水又漂回了金門。因為金門屬於戰地，他被逮捕之後不必經過軍法審判，司令官就能夠下令就地處決。我認為司令部要求各單位派人見證主要的目地是要殺雞儆猴，警告其他的軍人不要重蹈覆轍。身為政戰官，這個任務很自然的就落在我身上。也許因為我是虔誠的佛教徒吧，我無法去目睹一個活生生

的人在眾目睽睽之下被一槍斃命，更何況他只是想家。我向輔導長表明我的立場之後，他很瀟灑的接下這個任務。見證的那一天是在沙灘上執法，執行官用手槍從後腦一槍斃命。事情過後輔導長召集全營官兵簡單扼要的把過程敍述了一遍，並沒有大肆喧嚷。多年之後我在美國時讀到一位我的宜蘭同鄉名叫林毅夫（原名是林正誼），在中國大陸成為一位知名的經濟學家，還代表中國出任世界銀行的副總裁。他也是1979年擔任連長時從馬山游了兩公里到對岸投誠的。如果正好當天漲潮，也許我們現在就不知道林毅夫是何許人也了。

這個事件過了不久，有一天晚上八點多我隻身到福利社想去買點補給品，到達福利社之後看到裡面擺放著稀疏的桌椅上坐了一位老士官。這位士官有五十來歲，記得好像是山西人，沒有念過多少書，說得一口鄉音很重的國語，如果不仔細聆聽很難聽懂他說話的內容。在他面前的桌子上擺了三道下酒菜和一瓶高檔的金門陳高和一個酒杯，一個人獨自坐在那兒靜靜的啜飲作樂。我走到他身旁打個招呼，問他怎麼有雅興一個人在這裡面喝酒，他看著我很敏捷的站起來對我行了個軍禮之後，緩緩的說出：「報告長官，今天是我的生日。」聽完之後，我頓時錯愕了一下，離鄉背井一個人默默的慶祝自己來到這個世界的日子是一件多麼殘酷的行為。難怪有人冒著生命危險硬要游回家，讓親愛的家人圍繞在身旁慶祝自己的生日，應該不是一件奢侈的要求吧？經過老

士官同意之後，我坐下來陪他喝酒慶祝，還多叫了幾盤菜，最後還幫他付了帳。我雖然不太能喝酒，但是那天晚上我喝得很高興，因為我能夠把歡樂送給一位最需要的人。

　　十月分時我們的營區決定要加蓋一個豎立在地面上通倉式的營房，以提供二十幾位充員兵入住。因為我的背景是土木專業，指揮官下令要我全權負責。一般人不瞭解土木專業和建築是兩碼子事，唯一的關聯是建築的結構是土木工程。一般的平房也牽涉不到真正的結構問題。但是既然命令已經下達，我也只好遵從了。其實我只是一個剛剛畢業的土木工程學生，沒有任何實務經驗，要我獨挑大樑負責把營房蓋起來是一件非常挑戰的事。首先我們在營區內找到一處適當的平地，測量定位出一個長方形的營房地基，大約十公尺乘以二十公尺左右。建築圖是不知道從何處弄來的草圖，不甚清楚。幸好我們得到工兵部隊的支援，派來一群年輕力壯的充員兵，據說入伍以前都是蓋房子的工人。這些專家和我們砲指部的人員湊起來大約有二十幾個壯漢在我的指揮之下就開始動工來執行我生平的第一個專業建設工程。整項工程從整地、鋪蓋水泥地基到砌磚牆、裝門窗、上樑、固定屋脊，到最後屋頂加蓋幾乎是一氣呵成。倒是事後裝修工程比較耗費時間。營房裡面沒有洗手間，不需要安裝自來水管，電源也是房舍完成之後才牽線進去的。大致說來，它是一件十分簡單的工程，但是對我這

個初生之犢卻是一個非常輝煌的成就。兩個月之後新營房落成當天，指揮官親自來校閱，並且下令當天要加菜犒賞工程人員。興奮之餘，我趁著機會請工兵們在營房側面的地上鋪了一塊五十公分見方的混凝土，並親自在仍舊潮濕的混凝土板上刻下幾個字「林錫智少尉1968年金門留念」。2016年在我重返金門的懷舊之旅時，曾試圖尋找那棟營房和那塊混凝土板，只是經過四十六年風雨的摧殘，金門已經世事全非，完全不像戰地，倒像是觀光勝地。我再也無法找到那一棟營房。

　　沒有入伍之前總會想像軍中伙食的品質和口味是否能讓我接受。我對飲食的口味和種類十分挑剔，所有動物的內臟、頭尾、手腳我一概不會去碰觸。後來到了四十五歲之後，我對所有四隻腿動物的肉，所謂的紅肉，也不吃了。所以當我的伙食必須讓別人操縱時，我特別在意。砲指部營裡面的伙食大致上還行，作料和煮法以外省的烹飪方式為主，因為我們的大廚師是一位從北方來的老士官，我們的早餐通常是在饅頭、豆漿、花生、醬菜之間打滾，偶而也會有稀飯出現。中餐則比較簡單，白飯、饅頭配上幾盤小炒跟湯就能打發。晚餐通常比較豐富，大廚也比較費心準備，有白飯、饅頭加湯，配上四道菜餚。每隔一陣子也加菜助興。我最喜愛的一道大廚的拿手菜是鋪在南瓜上面的粉蒸肉，入口即化的蒸肉和滋甜的南瓜在嘴裡交融的口感到現在仍然令我念念不忘。有時候大廚嘗試作一些道地的山東菜，可

是作出來的味道比起我熟悉的宜蘭宜興飯店的料理水平還是略遜一籌。不過，老士官的粉蒸肉是絕對無可匹比的。

　　當年臺灣的社會雖然仍有權貴階級之分和社會資源分配不均，但是有兩件事大體上說起來還算公平。第一件事是各級學校的入學考試。據我觀察，想利用權貴的壓力去影響修改任何考生的考試分數結果是十分困難的事，所以一般百姓對考試制度都滿有信心。第二件事就是服兵役。我覺得每一位役男被分發到那一個單位服役的決定大致上是很隨機的，刻意炒作的情形很少。可是一旦被分發到部隊之後，一個人的背景和他所受到的待遇就可能有很大的差別。我有一位朋友，他是當代臺灣中央政府一位大官的兒子，他也同時被分發到金門的野戰部隊服預備軍官役。我們剛抵達金門之後不久，有一次在山外的冰果室見面吃冰，他還向我抱怨野戰部隊的艱苦。可是隔了不到一個月當我們再次見面時，他說他已經被借調到金門中學當老師了，而且也直接搬到學校教職員宿舍，不必每天回營區報到。又過了一陣子他忽然打電話給我，說他剛下飛機從臺灣返回，希望即刻和我見面因為有東西要送給我。見面之後他交給我一包還帶有微溫的臺北西門町最有名的「一條龍」麵館的鍋貼讓我享用。他幾乎每兩個星期就能搭上回臺的軍機到臺北度周末。雖然是朋友，他所受到的特權和因為他的特權讓我享受到的邊緣利益實在讓我啼笑皆非。他被借調

到金門中學之後一直到退伍就沒有回過部隊，最起碼他也沒有運用特權蘊釀調回臺灣教書。也因爲他頻繁的往返臺灣，有時候我也會托他帶回一些精神和物質的補給品，也算是認識權貴子弟帶來的一點附加利益吧。

　　我在宜蘭老家打籃球時有一位很要好的球友，姓陳，綽號叫做「火雞」，長得短小精幹。後來他自願入伍，加入海軍陸戰隊兩棲偵搜大隊，就是所謂的「海龍蛙兵」，統稱爲蛙人部隊。我在金門服役的期間正好他也在金門。有一天他邀請我去參觀他的部隊，讓我瞭解蛙人的起居作息和他們的作戰任務。蛙人們幾乎永遠是光著上身的。而且個個訓練成像個鐵人，皮膚在長期日曬底下均呈銅黃色，腰間配帶著尖銳的短刃，一眼望去就知道絕對不是好惹的人物。他們的任務除了協助軍隊防守海上安全之外，也偶而潛到對岸騷擾軍心，製造恐慌。他們的行動通常都在夜間視線較弱的時候，兩、三個人一組，全身擦滿滑潤油，開著快速皮筏就往對岸前進。滑潤油可以讓自己在危急時比較容易脫身。火雞也曾經上岸過幾次，製造一點騷亂之後就立刻撤回。有時候難免會碰上短兵相接，互相開槍走火，不過他們的原則是絕不強硬搏鬥。當然解放軍也有自己的蛙人部隊，他們也是經常在夜晚偷偷摸摸的來造訪金門。聽說雙方爲了證明他們的戰績，有時後會割下敵軍的一隻耳朵帶回去交差報功，但是我的資訊並沒有得到正面的確認。不過我倒是從第一手資料上瞭解一些雙方蛙人活動的禮

儀，比如雙方萬一在海上相遇，彼此只會互相照會掉頭，不會交手戰鬥。另外雙方蛙人萬一在沿海被對方的探照燈鎖定，只要立刻掉頭，對方不會開槍驅逐。這些規矩聽起來有點困惑，在戰地難道還和敵人談義氣和打仗的規矩？如此說來，單打雙不打又是什麼道理呢？不管如何，當知道有一群雄壯的蛙人在協助保護金門夜間的安全時，內心著實感到欣慰許多。

我在金門服役時，有兩次跟死神擦身而過，天生我材必有用，所以雖然碰到兩次意外的生命危機卻都被我給閃過。第一次的事件是發生在我居住碉堡外面的短廊內。一個不到兩米寬的混凝土壕溝，兩邊都是三公尺高的混凝土牆，只是一邊掛著幾扇窗戶。通常輔導長和我都是在壕溝裡坐在小凳子上保養各自的武器。因為我們奉令要參與不定期的打靶訓練，磨練殺人的技巧，所以各人的槍枝也必須維持不定期的保養。我的.45口徑半自動手槍是所謂的重量級手槍，重量達到一千一百公克（二點四磅），射程可以達到五十公尺遠。有一天打靶結束回到碉堡，我按照慣例擺了一支板凳在外面的壕溝，坐在上面開始我的例行武器保養。輔導長因為有事，所以沒有和我一齊進行保養工作。在進行擦拭我的手槍時，萬萬沒有料到槍枝裡面還有子彈，並且上了膛，不知不覺的就子彈出膛，然後在兩面牆之間乒乒乓乓來回交錯著撞擊六、七回，最後在我後方不遠處掉落下地。整個意外發生從開始到結束大約不到一秒鐘，但

是事後回想，感覺上整個事件的過程是多麼漫長。人們常常提在口中的「擦槍走火」我是真正的體驗到。最幸運的還是雖然子彈在壕溝裡交錯飛舞，卻錯過我的身軀，連我的毛髮衣服都沒有受到任何損傷，真是不幸中之大幸，好像冥冥之中有佛陀在保佑。事情過後大家趕緊過來關切，發現沒事之後也就放心的作鳥獸散。只是我心有餘悸，想到曾經繞過一圈鬼門關，心情久久無法平靜，過了一個星期之後才緩緩的寧靜下來。

第二次和死神擦身而過是在小金門。1968年十二月，砲指部在小金門的連部裡暫時缺了一個軍官，須要補充一個排長。當時雖然我已經服役半年，可是因為一直呆在營部裡面養尊處優，從來沒有嘗試過任何野戰生涯，心裡有些內疚，所以我就自告奮勇，不知好歹的志願前往小金門下部隊服務。輔導長很勉強的答應讓我放逐幾個月。

小金門名副其實是一個很小的島，整個島的位置是呈東北─西南向，最長的地段只有六公里不到，最寬的地段也只有三公里多一點。它距離金門島大約有兩公里，距離敵軍的廈門也只有五公里左右，是中華民國領土離廈門最近的地方。在此地佈屬四門240mm黑龍榴彈大砲可以鎖住廈門的咽喉，有很大的嚇阻作用。這也是為什麼砲指部要派兵駐紮在此地的原因。我的部隊是分散駐紮在四個不同240mm黑龍大砲佈署的位置，我則被派到靠近西北邊臨海的基地，大約有一個排，四、五十

個人駐在當地。我一個人居住的雕堡建築在地面上，並不是隱蔽在地下的，而且離開海灘大約只有一百公尺左右，其他部隊則沿著海岸線分散駐守在不同角落的雕堡。我的部隊承擔的任務除了守住大砲以及必要時在最短時間準備就緒開砲之外，也要負責這一段海岸線的安全，比如要防止對岸蛙人上岸侵犯領土之類的活動。當然我們最重要的任務是當上級下令之後要隨時準備開砲，所以部隊經常在演習上膛開砲的步驟。演習上膛開砲時我通常會在現場指揮，有時候甚至加入十二人的操作行隊幫忙抬起一百六十公斤重的彈頭。

我抵達小金門的時候正好是冬天，1968年的冬天不但氣候寒冷，東北季風也十分強勁，也因爲強風效應，感覺上的溫度比實際的氣溫寒冷許多。在基地的用水是從井裡抽出來的，平常也沒有熱水可以洗澡。所以只能每隔幾天走個兩公里路到附近的東林澡堂去洗熱水澡。有時候正巧有軍車在場能夠搭個便車，就能夠省下漫長的行軍時間。當年的東林充其量也只是兩條大街，據說是在1963年完成的閩南式市集建築，跟臺灣早期的連結房屋建築很像。街上大約有一百多家店鋪，是供應全島一萬多名駐軍生計貨品的主要來源。除了日需的食品之外，也有販賣日常用品的商店、小餐館、澡堂。冬天的時候東林的澡堂和小餐館生意特別夯，因爲阿兵哥相約去澡堂洗完澡之後，再到餐館相聚小酌一下，在當時的戰地未嘗不是一件很高檔的娛樂。大體說來，1968-

1969年的小金門是一個很枯燥乏味的地方，除了一些人造的紀念碑、八達樓子、將軍堡之類的建築，再也沒有其他天然的景色值得欣賞。尤其在冬天更沒有地方能去。因爲資源比較缺乏，所以部隊上的伙食也相對的比較差一些，不過還差強人意。

我部隊裡的士兵晚上必須輪流沿著海岸線站哨，哨兵的間距大約在一百公尺上下。我記得每一班站哨時間是兩個小時，而且每一個小時都有軍官或是士官輪流到崗位查哨，一則去察探哨兵是否認眞在執行任務，有沒有打瞌睡，二則是去確認哨兵沒有被對岸蛙人摸走。從心理感官上來說，這些握著眞槍實彈的哨兵對我們的人身安全是一項很大的保障。我住的雕堡只有一扇很簡陋的木門，敵方的蛙人要闖入不需要用吹灰之力。雖然每天睡覺之前我都會把梳洗用的鋁製大臉盆豎立在門後，萬一門被強行推開，臉盆倒地的聲響也許會立即弄醒我，但是用活生生的哨兵提供第一線防衛還是比較有效率的。而我身爲領導之一，每天深夜必須很規則的起床兩次，每次花三十分鐘左右把所有哨崗巡邏一遍之後再回籠睡覺。我們每天有不同的查哨口令，一般作業的步驟是當哨兵目視到任何動靜時必須立即大聲喊「口令」，查哨者聽到之後必須立刻大聲回覆當天的口令。萬一哨兵沒有聽見回應或是回答錯誤，他有權立刻對來者開槍射擊。我剛開始執行夜間查哨時很不能適應，因爲無法一覺睡到天亮，白天總會有昏昏欲睡的感覺，但

是久而久之也就習慣了。

　　很接近農歷過年時，有一天的深夜我照樣爬起床，穿上軍隊分配的長大衣，出門開始我例行的查哨。那一個夜晚非常寒冷，北風吹得很強勁，有一點刮颱風的感覺，而且大地一片漆黑，伸手不見五指。我記得我所負責的有五個哨位，當我到達第三個哨位之前，風速更加強烈，而且風向是往我臉上吹的。不久之後我聽到哨兵大喊「口令」，我也立刻回覆當天的口令之後繼續往前。一瞬間忽然我聽到一聲槍響，一發M1步槍的子彈朝著我打過來，從我左邊擦身而過，只差幾公分就命中到我。情急之下不知所措，我立刻打開手電筒往自己臉部照射，讓哨兵看清楚我是友軍，不會再度開槍。這一招還滿奏效，哨兵立刻跑步過來確認我沒有被他的步槍殺傷。這位哨兵是一個新兵，比較天真謹慎，作事按步就班。因為強風是往我這邊吹的，他聽不見我對口令的回覆。一般有經驗的士兵會立刻打開手電筒確認之後才決定下一個步驟，幸好這位新兵槍法不上道，或者是冥冥之中有一股無形的力量在保護著我吧，否則被M1步槍擊中任何要害穩死無疑。事情發生之後，雖然心有餘悸，可是神情已經鎮定許多，畢竟我已經在戰地生存了七個月，經歷過各式各樣的危機訓練和緊急情況處理，也比較老神在在。

　　1968年的農曆過年我是在小金門跟排裡的弟兄一起度過的。當晚上級給部隊裡加菜，還附送了一些高粱

酒，除了正在執行站崗的士兵之外，挺著同舟共濟的心情，大家都吃喝得很開心。雖然隱約的可以察覺到每個人的內心都有思鄉的情懷，大致上同袍們都很堅強。其實這也是我二十年來第一次沒有在家裡過年，內心覺得有些傷感。萬萬沒有料到從今年以後我再也沒有在家裡過年。

二月分過完年不久，我就被調回大金門砲指部回到原來的崗位。臨行前弟兄們辦了一桌酒菜替我餞行。當晚大伙兒把我灌醉了。金門陳高的酒精成分有45%，對我這種不擅喝酒的人而言，一小杯下肚已經不太撐得住，何況在一人乾一杯的逼迫之下，不久之後就倒下不省人事。弟兄們把我扛回雕堡之後，我除了把晚餐吐的精光之外，頭部和胃部難受了一個晚上。這是我生平第一次喝得酩酊大醉，也是生平經歷過的一次恐怖經驗。

回到本部之後不久，因為我去報考申請美國大學研究院必須通過的GRE考試，試期在三月分，指揮部准許我請假十天回臺灣應考。能夠回臺灣當然是一件興奮的事，非常感謝指揮部給我這個慷慨的假期。想像我能穿著筆挺的少尉軍裝回去拜見父母和江東父老是多麼讓人欣慰的事。離開金門當天我把軍服燙得筆直，上了軍艦。這一趟臺灣行在海上倒是風平浪靜，從上船下船，上火車下火車到達臺北，幾乎耗掉一整天的時間，所以扣掉來回旅程我只剩下八天假期。GRE考試是在我抵達臺北之後第三天舉行，正好給我一點複習考題的時間。

考完之後覺得還算滿意，就直接搭火車帶著金門的名產貢糖和高粱酒回宜蘭老家。父母親弟妹們已經九個月沒見到我，看我穿著筆挺的野戰服，戴著軍帽，感到興奮和驕傲，我則是第一次真正感受到家庭和親人的可愛。我穿著軍服和大家照了許多照片。除了省略掉那兩次和死神擦身而過的經驗之外，我很爽朗的和大家分享了我在金門的點點滴滴，真恨不得能把親人們直接帶到現場讓他們也能夠身歷其境，貼身感受我的經驗。

最後五天的假期就在宜蘭老家很平靜的度過，因為大多數的朋友和同學不是在服兵役就是在念大學或在上班，要找人聚會也不容易。每天下午我隻身到宜蘭公園，在籃球場上和一些年輕人組隊鬥牛，打得死去活來，重溫年少時的舊夢。只是現在的我體力更強壯，球技更精湛，公園內的青年們根本不是對手。打完球後仍舊遵循我年少時的習慣，前往媽祖宮前面的小吃攤品嘗家鄉美食。

假期很快就結束，再度離家要返回金門時家人也沒有像我第一次出征時的激動，畢竟還有三個多月就能夠退伍了，大家也保留了稍許依依不捨的情緒。雖然沒有鞭炮聲的激勵，我仍然穿起軍裝，趾高氣昂的踏上歸途回到戰地。經過一整天的旅程之後的清晨，在船上又見到熟悉的金門料羅灣了。不知道為什麼，這一趟在海上第一眼見到料羅灣的那一刻，我忽然想起一部描述823砲戰，由日本影星石原裕次郎和臺灣女星王莫愁主演的

電影《料羅灣風雲》，我記得男主角飾演一個日本記者，好像就在料羅灣砲聲隆隆之中被砲彈炸死的。

　　回到部隊之後，輔導長給了我一個任務，要我組織一個砲指部籃球隊準備一年一度的金門防衛司令部的籃球錦標賽。對我來說這是個正中下懷的差事，我也特別興奮。我發出公文到砲指部直屬單位徵求籃球高手接受徵召，結果有二十幾位同志報名參加徵選。選拔球員當天我和另外一位也是熱衷籃球的上尉軍官擔任評審官，經過幾個小時的集體輪流上陣彼此廝殺鬥牛之後，我們挑選出包括我在內的十二位球員，準備參加比賽，上尉軍官則自願擔任我們的教練。我們計劃在賽前集訓一星期以培養球員間的默契以及練習幾套不同的戰法。集訓的地點選在山外附近一個很安靜的營區內，球員們吃住都在一起，以培養球隊的士氣。我們報到之後才察覺到這個小營區座落在「軍中樂園」的隔壁，中間只隔著一道矮牆。「軍中樂園」顧名思義是軍人享樂洩慾的場所，是法國軍隊在一百年前為了避免士兵在戰場上掠奪強暴良家婦女而首先開始成立的活動團體。據說臺灣軍中樂園的成員是政府在各地搜索逮捕的私娼，然後詢問她們到軍中服務的意願，同意之後就被分配到偏遠的地方為軍人從事性服務。聽說許多年輕女性和軍隊簽上了一到兩年的合同，等到錢賺足之後就退休從良了。因為「軍中樂園」是由軍方負責經營的，所以規矩很多。軍官和士兵的營業時間是錯開的，原因大概是要保持軍

官的尊嚴吧。我們在集訓營區幾乎每天從早到晚就呆在球場上受訓，有時候甚至邀請別的球隊前來互相切磋觀摩，以評估我們的實力。有時候正值隔壁小姐們的休息時間，她們偶而會成群結隊當啦啦隊，高喊加油，讓人啼笑皆非。

參加球隊的好處之一是三餐吃的非常豐富，上級顧慮到我們每天消耗的熱量很大，所以準備的食物也非常豐盛。一個星期過後，感覺上我們已經被訓練成一支很有默契，也有鬥志的球隊，唯一的未知數是我們在球技方面和其他隊伍有沒有競爭力。

籃球錦標賽分成兩天舉行，我記得總共有十個球隊參加，在金門中學籃球場上舉行。揭幕當天，代表師部的球員個個是彪形大漢，咄咄逼人，有幾位球員似曾相識，好像是當時臺灣甲組球員或是國手。一個陸軍師有一萬人，要挑出一小撮會打籃球的士兵是輕而易舉的事，相對之下我們部隊人少，在寡不勝眾的劣勢下挑選出的球員素質當然也就略遜一籌。不過既然已經到了球場，必須付出全力拼搏，只求不要被打得人仰馬翻就行。

兩天之內我們總共參與了四場賽事，出奇不意的是有些彪形大漢外表悚人，其實球技也只是一般，威力不大。但是有些球隊挾著甲組球員的優勢很自然的就是來勢洶洶，每個球員的眼角都帶著一副冠軍在握的自信。營部派了一組啦啦隊到現場觀球，也替我們加油。有啦

啦隊在現場吆喝，球員的士氣著實提升許多。兩天下來我們的成績是三勝一敗，很遺憾的在最後一場半決賽時輸給一個代表師部的球隊。但是勝負差距不大，雖敗猶榮。我們雖然沒有拿到任何獎杯，士氣仍然十分高昂。當晚由長官宴請的晚餐（不能叫做慶功宴）時，沒有任何球員顯現出氣餒的神情。在戰地能夠有機會參與這類的體育活動甚為不易，必須要感謝金防部用心良苦。

　　越接近六月退伍的時程，我的心情越感覺沉重和不安。像我這種預備軍官，大專畢業之後下放到部隊當上少尉，沾到一點鍋，運氣好的可以在臺北某軍事機關上班，甚至於每天能夠回家吃飯睡覺。運氣差的像我一樣被遣送到外島戰地來體驗真正的軍事生涯，但是雖然被送到戰地，過了一年之後就能夠拍拍屁股說聲再見走人。反觀那一大群離鄉背景的職業軍人，比如吳輔導長或是軍隊裡比比皆是的老士官，不論是自願的還是被強迫的，這一群人唯一比較保險的生涯就是呆在部隊裡，讓政府撫養他們。有些職業軍人厭倦軍旅生涯，帶了一筆小額退休金就唐突的跳進社會。因為不懂外面社會人情事故，不論是為了生計或感情，很容易的就被外人騙光錢財。這種新聞在當年的臺灣社會時有耳聞。在我周遭的這一大群軍人，尤其是像吳輔導長這一大群從大陸來到臺灣的精英知識分子，只能夠漸漸的，不經意的凋謝在這個地表上。我唯一能夠為他們做到的只是偶而請吃個飯，在口頭上安慰稱讚幾句等一些不著邊際的行

為。因為感嘆我沒有能力為他們效勞，幫他們改善內心的環境，讓我非常懊惱痛苦。也因為如此，它讓我第一次真正感受到由於中國黨派政治和軍事鬥爭所產生出的人倫悲劇。

　　退伍之前的一個星期，我很徹底的把金門巡禮了一遍。我很清楚這一次揮別這個小島之後要再返回的機會大概微乎其微，我希望能夠借最後這個機會把這個島上的點點滴滴銘刻在心內。我在這個島上度過二十歲生日，也在這兒經過戰地的軍事切磋磨練，不但讓我的身心成熟許多，更讓我學到為人處事的風範。這一年歲月不只是一項很有意義的生命投資，我也為我的國家人民盡了一點義務和責任。首先，我一個人緩緩的爬上太武山，對著「毋忘在莒」的大石碑凝視致敬了許久，心裡很疑惑，河山還未收復，人仍在莒，如何忘莒？也許這只是一句象徵性的激勵成語，沒有必要在文字上的意義吹毛求疵。我在金門的這段期間，蔣介石來訪過三次。據說他每次來到金門，一定要一個人單獨的走上太武山，然後默默的站在山頂眺望大陸。也許他在遙望大陸的時候心情迴然不同，一片大好江山失在他的手中，他內心的悔恨大概很難讓別人理解。我也再次踏足馬山觀測站，近距離的眺望對岸的動靜。我也踏足到營裡的240mm黑龍榴彈砲陣地向大砲致敬。十分遺憾在這一年期間沒有機會目睹到它的威力。到了小島的另一個角落的古寧頭，我默默的想像二十一年前在這塊小地方廝殺

之後國共雙方陣亡將近一萬人的情景。第二次世界大戰盟軍在法國諾曼地登陸，雙方陣亡七萬兩千人，最終換來歐洲的解放。如果在古寧頭上犧牲的這一萬人也換得了臺灣日後的安穩，也許從臺灣政府的角度來評價是十分值得的。但是又有幾許人會替這一萬名沉默的烈士伸張他們的冤屈和權益？

　　離開金門之前，最後總免不了要到山外的冰果室吃一碗水果冰，跟冰果小姐道別，感謝她在這一年內帶給我一點心靈的慰藉。我相信這位有人緣的冰果小姐這幾年來帶給無數的阿兵哥歡樂和喜悅。離開的前一天營裡的輔導長和諸位弟兄們在食堂訂了一桌酒菜替我餞行。不會喝酒的我又徹底的被金門陳高征服了一次，吃完喝完之後不久我就把肚子裡的晚餐飲料全部吐出來了。這是我畢生第二次喝醉，也是最後一次。

　　再會了，金門！

第四章
123自由日—華府—密蘇里—紐約

1969年六月從軍中退伍之後我就回到臺北開始著手準備到美國留學的細節。首先我請教幾位經驗豐富的留學達人關於申請學校的祕訣和重點。達人們一致認爲在選擇學校申請的時候不要只把焦點放在好的大學。因爲好的大學競爭比較激烈，萬一自己挑選的好學校申請結果全部落空，豈不是就留不成學了？第二個申請學校的祕訣是最好找一個有熟人地方的學校申請，因爲美國地大物博，剛剛抵達一個陌生的地方有熟人幫上一把是一件非常重要的優勢。我記得當時美國大學研究院的申請費用也需要新臺幣一千元左右，以當時一比四十的幣值來計算是一筆不小的數目。所以我也不可能一次就發出十幾份申請函。輾轉思考之後我決定針對四所大學的研究院寄出入學申請書。第一所大學是位於華府郊區馬里蘭州的學院公園市（College Park）州立馬里蘭大學（University of Maryland）。原因很單純，第一是我父母的朋友莫布魯和他太太富美子就住在馬里蘭大

學附近的銀泉市（Silver Springs），如果我能夠到那兒去求學，最起碼剛起步時會有人幫忙照應。另外第二點是我在合歡山上認識的那位朋友凱倫諾以斯也大力推薦馬里蘭大學，甚至已經幫我拿到申請書。馬里蘭大學是一所很大的學府，學生的總人數超過四萬人，成立於1856年，是美國大學學生人數最多的前十名。此外，如果能夠到美國的首都去求學也未嘗不是一件很令人振奮的經驗。第二所大學是位於堪薩斯州曼哈頓市的堪薩斯州立大學（Kansas State University），原因是我在臺北工專的顧助教曾經大力推薦，據說這所大學是以理工科和農業技術起家的學府。成立於1863年，也是具有超百年歷史的大學，學生的人數在兩萬兩千人上下，是一所不大不小，很適中的學府，而且有事實證明它長年來對臺北工專的畢業生十分友善，因為我的校友過去獲得入學許可的概率甚高。據說它的土木系有一位很出名的交通工程教授，正中我的下懷。而且堪薩斯是知名電影《綠野仙蹤》（*Wizard of Oz*）裡面女主角桃樂斯的故鄉，所以無論如何我也要嘗試看看。第三所大學是位於賓夕法尼亞州伯利恒市（Bethlehem）的李海大學（Lehigh University）。我也不記得為什麼對這所大學情有獨鍾，只是曾經聽旁人談過這個學校的土木學系非常出色，而且它的校名聽起來十分清澈響亮。李海大學是一所比較秀珍型的私立大學，創始於1865年，剛剛過了一世紀的歲月，學生只有七千人左右，是由一位

工業先驅和企業家阿薩帕克（Asa Packer）創立的。雖然學費比較昂貴，可是學校內申請獎學金的機會也比較多，因為有很多企業家和校友在校內設置提供各類的助學金。也因為它是以工業學科起家的，所以學校也是以理工科教育為主，很適合讓我這種工程背景的學生就讀。第四所大學叫作東北密蘇里州立大學（Northeast Missouri State University），位於密蘇里州柯克斯微爾（Kirksville）市。可能是為了紀念密蘇里州名人杜魯門總統，這所大學現在已經改名為杜魯門州立大學（Truman State University）了。這所大學創立於1867年，也有百年歷史，是以訓練教師聞名的師範大學，學生人數只有五千名左右。我為什麼會挑選這個學校有個很有趣的原因。退伍之後因為開始準備出國留學，因此沒有想要找工作的意願。既然時間比較充裕，我決定到補習班去學習西班牙文會話。我想西班牙文是全世界除了中文之外最多人用來溝通的語言，學會西班牙文對未來的交際溝通會有助益，而且美國拉丁族裔的人到處都是，說不定以後能夠好好派上用場。就在補習班上課時有一天聽到一群年輕人圍繞在一起談論留學美國事宜，有人提到這個學校，據說這所大學對外國學生非常寬厚，申請者幾乎來者不拒，所以很多外國學生先拿到這個學校的入學許可來當個備胎，以便萬一其他學校全部落空時仍然能夠踏上美洲大陸也是個萬全之計。因為如此，東北密蘇里州立大學就被考慮在我四個申請

的大學之內。因為它並沒有工學院，我所申請的科系是工業設計系研究院。

　　為了能很整齊的填寫所有申請表格，我還特地去買了一部手動英文打字機來輔助填完表格和附在申請表內的短文，那部打字機後來跟著我來到美國，不久之後當我買了另一部電動打字機之後就被我封機。過了五十年，目前我將它擺在書房裡當作一件古董欣賞。我可愛的孫女特別喜愛它，因為當她按下字母鍵的同時機器會發出很合諧清脆的聲響，她覺得挺好玩的，她大概無法想像在發明電腦和打印機之前打字機是除了手之外唯一的書寫工具。我將四份研究院申請表一氣呵成之後在八月底同時寄出，胸有成竹的開始漫長的等待遊戲。

　　退伍之後不久我的每個同學幾乎都找到專業工作開始上班。1960年代末期到1970年代初期在蔣經國先生策劃下的十大建設陸續開始出爐，包括中山高速公路、桃園國際機場、臺中港、縱貫鐵路電氣化、中鋼煉鋼廠，核能發電、北迴鐵路、蘇澳港、中船造船廠等重大基礎工程項目，需要很多土木工程和其它專業人才，所以同學們要找一份好的工作非常容易。大部分同學們都被各級政府的工程單位和各個公營的工程設計顧問公司（中華、中興、中鼎等）優先羅致就位，其他少數同學則到私人營造公司擔任工程師。全班只有我整天無所事事，等待出國。幸好家裡經濟環境尚好，父親也沒有要求我幫助家庭生計，所以我的日子過得悠哉遊哉，十分快

樂。在臺灣二十年，除了在臺視演電視劇那個月賺了一些外快之外，我從來沒有賺過一分錢。甚至於到現在我仍然爲這件事實感到內疚。

　　既然時間很充裕，我就決定花點時間去研究美國文學，讓我更深一層的去瞭解美國社會的人情事故，以準備進入美國之後能夠儘快融入那個社會。當時臺北館前街附近有幾家專售美國書籍雜誌的書店，我花了整個下午逛過所有洋書店之後買了三本小說打算在這幾個月內用心的讀完它們。第一本書名是《教父》（*Godfather*），作者名叫馬里歐普哲（Mario Puzo），它是當時剛剛出版，描述在紐約的義大利黑手黨幫派鬥爭廝殺的故事，據說故事有一些事實的基礎。這本書後來成爲美國歷年來最暢銷的小說之一，還在1972年改編拍成電影，也成爲美國史上最賣座的電影之一，甚至之後還接著拍了兩部續集。我一口氣花了一個月不眠不休的讀完《教父》之後，除了領教到黑手黨心狠手辣的特性以外，也讓我瞭解到所謂盜中有道的意義。書上許多哲學名言到現在仍然繼續有普羅大眾在引用，比如「我會給他一個他無法拒絕的提議」（I'll make him an offer he can't refuse）、「偉人不是生下就是偉人，他們是成長出來的」（Great men are not born great, they grow great），或是「永遠不要憎恨你的敵人，它會影響你的判斷力」（Never hate your enemies. It affects your judgment）等許多書上的對話和引言。沒

想到我讀到的第一本美國小說後來竟然變成轟動全球的暢銷小說，更沒有想到後來派拉蒙電影公司在1971年將這本當年最暢銷的小說改拍成電影，並且在紐約長島拍攝一個場景時，竟然我也參與了拍攝過程。

我買的第二本書是約翰斯坦貝克（John Steinbeck）在1939年完成的小說《憤怒的葡萄》（*The Grapes of Wrath*）。約翰斯坦貝克曾經得過諾貝爾文學獎。這本小說被公認是美國文學史上最偉大的十部通俗文學小說之一，它敘述奧克拉荷馬州一個農夫家庭在美國經濟大蕭條時期因為農耕地長期被沙塵暴肆虐，土地乾旱無法耕作過活而全家跟隨大型馬車隊往西遷徙到加尼福尼亞州的故事。1930年代初期在奧克拉荷馬州西部緊臨北邊堪薩斯州和南邊德克薩斯州的地方遭遇到百年罕見的沙塵暴，就是俗稱的「塵碗暴」（dust bowl storm），導至農作物全毀，有五十萬人因為飢荒而無家可歸。其中有超過十一萬六千個家庭舉家西遷前往加尼福尼亞州尋求新生活，最終大部分的移民都流落在加州中部的農業地帶。這些難民占有整個加州人口的八分之一。當地人給了這一大群難民一個帶著蔑視的稱號叫作「奧仔」（Okie）。甚至到了今天這些奧仔的後代在加州中部有些小城市仍然每年定期舉辦「奧克拉荷馬日」來懷念他們祖先偉大的遷徙壯舉。因為這是根據真實時空背景寫出的一本有血有淚的小說，它反應了人性在絕望環境下顯現的自私和殘酷，家庭之間的親情和人

性的尊嚴。有一陣子不知爲什麼這本書在美國還被禁止出版，也許是它揭露了美國醜惡的一面吧。我讀完《憤怒的葡萄》之後久久不能自己，深深的感受到人類在絕望時刻唯一剩下的只有如何生存下去的幻覺是一件多麼殘忍的事。當時的我還很年輕天眞，無法想像這種殘酷的故事會發生在美國這個遍地黃金的國家。

讀完兩本稠密冗長的小說之後，我決定讀一本比較輕鬆容易消化的書來消磨時間。當初我考慮購買海明威的《老人與海》，可是因爲我已經看過這部小說改編過的電影，既然已知道故事大綱和結局，它的原著已經不太吸引我了。我的目光轉移到海明威另外一本出版於1926年聞名世界的名著《太陽照常升起》（*The Sun also rises*），它是敍述一群在巴黎的美國人和英國人，卽使在第一次世界大戰中受到永久性的創傷而頹廢、墮落的一代，曾經也是活潑、堅強的。海明威也在這本書上探索了人性中的愛、死亡、重生等主題，以及男子漢的瀟灑氣槪。這是一本很輕鬆，容易閱讀卻讓人回味的小說，也讓我第一次從書上無形的品嘗到巴黎的浪漫和法國人羅曼蒂克的情感。多年之後我曾經造訪巴黎幾次，也親自體驗到1926年書上形容的巴黎熱情和浪漫，直接感受到從1926年以來一成不變的氣氛。

這三本書不但啟發了我對美國大眾文學的興趣，也讓我藉著書籍能夠更深入的去解剖美國各階層社會的結構、互動，以及有形和無形的社會秩序、禮儀和矛

盾。後來我到了美國之後，閱讀英語大眾文學書籍成了一個業餘嗜好。幾十年下來我讀過幾百本書，主要的閱讀仍然集中在各類現代小說，除了十九和二十世紀的文學作品之外，我也嘗試了各種法律、驚悚和科技方面的小說，尤其喜愛現代作者麥可柯來頓（Michael Crighton）和約翰格里森（John Grisham）的作品。柯來頓原來是一位哈佛大學醫學院畢業的醫生。他放棄行醫，改行寫小說。他的小說混合科技、言情和懸疑情節，至爲高超。他最出名的一本暢銷書叫作《侏羅紀公園》，可是我最喜愛的卻是一本描述他個人傳記的書，書名叫作《旅行》（*Travel*），書裡談到的都是一些他在旅行途中碰到的奇奇怪怪的遭遇。很可惜柯來頓英年早逝，否則他會有更多好的作品問世。格里森是律師出身，寫出的幾十本書都是法律訴訟情節的懸疑小說。他很會說故事，而且讀過他的小說之後可以增進許多法律常識。他的第一本書叫作《消磨時間》（*A Time to Kill*），剛剛完稿時沒有任何出版商願意替他出版，但是當他成名之後據說這本書的電影版權賣了好幾百萬美金。在我美國職涯的後期我必須檢閱和準備許多英文法律文件，我的閱讀嗜好對我未來的英文寫作能力起了很大的助益。

雖然三本名著小說能夠幫忙打發時間，每天蹲在家裡無所事事也挺無聊的。我決定捲起袖子幫忙我家工廠的領班送貨。父親工廠內以生產水泥煙筒、瓦片等建

築材料為主。林姓的領班每兩天就需要用卡車把成品運到各處經銷商待售。當年這些產品的銷售地點非常廣泛，除了大臺北都會區以外，需求量還伸展到桃園、新竹、苗栗一帶。通常林領班都是早出晚歸，一個人負責上貨、運貨、下貨。有時候一趟旅程須要停駐在幾個不同的定點卸貨，甚為辛苦。我決定一個星期跟他出勤兩次，幫他上貨下貨，唯一的條件是卡車由我駕駛，雖然我沒有任何駕駛執照。林領班雖然有些猶豫，但是既然老闆的兒子開口，他也不便拒絕，更何況我還答應幫他搬運貨品，貢獻勞力。就這樣開始我每個星期投入兩天的勞力免費幫助父親賺錢。隨著重覆駕駛卡車的經驗，我的駕駛技術也愈加成熟。因為經常支付勞力搬運貨物，我的身體也變得更為強壯。有一天早上我和領班照例裝滿整卡車的貨品，一切就緒之後我躍上駕駛座，發動車子在和平東路上往東朝著六張犁的方相前進。行駛不到幾分鐘接近新生南路口時，偏偏有一個站在十字路口的交通警察舉起他的右手把我們攔下。臺灣的交警很擅長隨機路上攔車臨檢，甚至到了現在的2021年這個習慣仍然持續著。這位攔下我們的交警大約三十來歲，看上去是個很嚴肅的人。當他發現我是無照駕駛之後立刻要求扣押卡車的行車執照。當時我也不懂無照駕駛所犯的罪是何等輕重，說不定要被送去牢房服刑，所以只能眼睜睜的看著林領班求援。說時遲，那時快，林領班立刻從口袋掏出五百元新臺幣用力的塞進這位交警的褲子

口袋裡。當時的五百元新臺幣不是個小數目，因為一般公務員每月薪資也只有兩千元左右。當年的臺灣整個社會經濟結構仍然不夠健全，尤其跟任何政府單位掛勾時紅包文化十分旺盛，要解決任何困境最佳的策略就是跟隨紅包文化。如果純粹站在法律動機的觀點來評審，無疑的送紅包是一件賄賂行為，雖然一般的金額都不大。但是在深受日本文化和中華傳統薰陶下的臺灣民眾，有時候紅包所代表的也許只是一項感激，息事寧人的行為，雖然從紅包的交換時間地點可以解釋其背後的動機。

　　沒想到這位交警仁兄從他的口袋掏出五百元新臺幣瞧了一眼之後勃然大怒，開始破口大罵林領班，警告他並不是臺灣所有的警察都是污穢貪圖髒錢的，並強調林領班的行為已經違法。過了一陣子因為路人開始聚集看熱鬧，他把行車執照扣押之後要求林領班開著卡車跟隨著他的摩托車回和平派出所。在車上我們兩人都認為大事不妙，事情變大了。我們開始沙盤推演，絞盡腦汁來研究所有可行的對策，包括去找里長出面或打電話給我父親請他的一位國大代表朋友出面幫忙擺平等等方案。畢竟我們犯了雙重罪，我的無照駕駛和林領班的企圖賄賂。林領班則在車上開始破口詛咒「天下到處都是伸手要錢的警察，偏偏碰到一個清廉的」，可見他和警察周旋的經驗非常豐富。

　　到了派出所之後，我們兩人被那位廉潔的警官帶

進一個拷問現行犯的房間，要我們坐著不許動，然後把門一關就離開了。我們坐在房間裡面，心裡忐忑不安，不知道下一刻會被如何處置。就這樣在房間裡坐了將近三十分鐘之後，房門開了，由一位年紀稍大的警官帶頭，四個警察一齊走進房間來，其中包括那位廉潔的仁兄。我內心一涼，感覺大事可能不妙。心想區區這種小事難道值得動員整個派出所來辦案？帶頭的警官先自我介紹他是和平派出所所長之後就毫不留情的對我們破口大罵，痛斥我們藐視警察的尊嚴和清廉，就是因為我們這種社會敗類才導致世風日下等等不堪入耳的言語。所長訓斥完畢之後，其他三人也接踵而來加入叫囂的陣營，感覺上好像長期累積下來的冤屈完全在這一刻對我們吐個精光。他們訓斥的重點是企圖賄賂警察的舉動，卻絲毫沒有提到我無照駕駛的罪行，也許前者比起後者罪高好幾等，他們忽略了前者是因為後者罪行引起的。經過一陣冗長的連番訓斥之後，大家似乎稍微平靜下來。林領班終於開口說話，他先向四位警員深深一鞠躬，致歉因為他的行為造成諸位的困擾，他說他瞭解警察職務的崇高、辛勞，以後絕對守法，不再犯法，希望諸位能夠原諒他的無知。說完之後雙方停頓了一下，所長從他口袋裡掏出了犯罪證據五百元新臺幣丟在林領班面前的桌子上，要我們立刻滾蛋。當然我們兩人毫不猶豫的站起來說聲謝謝，拿起五百元之後轉頭就離開。

那次事件之後我再也不開車了。我仍然斷斷續續的

幫忙家裡的工廠上貨和下貨，但是我不再是司機。那件遭遇給了我很大的啟示，走在法律邊緣只能貪圖僥倖，但是僥倖並不是豁免，等到觸犯法律之後再來後悔就太遲了。我也很慶幸在臺灣有血有淚，正直而有人性的執法人員比比皆是。我也感謝臺灣的警察和他們的人情味。

　　1969年十月分我陸續接到申請美國大學的回函，很幸運的我所申請的四個大學都同意接受我，發給我春季的入學許可，每個學校制度不同，春季學期大約是1970年一月底到二月初開班。我非常興奮，因為這一年來的努力計劃籌備並沒有白廢，美國我是去定了，現在的問題是去那裡？這是件滿棘手的決定。學費最貴的是私立的李海大學，雖然校方同意給我申請獎學金的機會，但是有沒有獎學金仍然是未知數。學費最便宜的是東北密蘇里州立大學，可是它並沒有我的專業科系。經過徵詢父母和各方意見之後我決定接受馬里蘭大學的入學邀請，到華府郊區就學。這個決定多少也受到父母的影響，他們希望我能到馬里蘭州，因為他們的朋友莫布魯和富美子可以幫忙照顧我。雖然已經決定到華府求學，為了萬全起見我並沒有直接拒絕接受堪薩斯州立大學和東北密蘇里州立大學的入學許可。萬一到了馬里蘭州產生任何差錯，最起碼我還有退路可走。雖然李海大學是一所頂尖的工程學府，我還是決定不考慮它，學費昂貴是一個因素，而且我對它也比較陌生，也許將來後會有

期吧。對求學前途作出決定之後,心中好像放下一塊大石,心情開懷許多。

　　1969年間一般平民要離開臺灣出國是很稀罕也很麻煩的事,當時國家仍然處於戒嚴狀態,如果想離開臺灣需要辦理很多手續和證件,最重要的證件叫做出境證,是由警備總部發放的。想取得出境證必須要具備兩項文件;第一個文件是由保證人公證的保證書,保證申請人出國之後不會作出任何顛覆政府、傷害國家的舉動。如果有上述行為發生,保證人要連帶負起責任,而且保證人不能和申請人有任何血緣關係。在這種連坐法的要求條件下要找到願意挺身而出的保證人是件滿艱難的事。旁敲側擊之後我父親終於連絡到一位遠親表姑的丈夫楊治宋先生,當時他是宜蘭市一所小學的校長,在地方上信譽良好,是一位受人尊敬的教育家,為人和藹可親。我們偶而會到彼此家中作客。更重要的是楊先生是外省人,在當時族群衝突對立仍然深刻的時代,如果想順利取得出境證,這應該是個加分的因素。在保證書上蓋章之前,楊校長邀請我到他家喝茶閒聊,我猜主要是要確認我的政治思想正確,日後不會給他和他家人惹來不必要的麻煩。因為我們原來就很熟悉,他也一直認為我是個上進正直的年輕人,所以當我在他面前保證到國外之後一定好好念書不作壞事之後,楊先生就很大方的在保證書上蓋章了。我十分感謝他對我的信任。到了美國初期也經常寫信向他請安。

第二個必須具備的文件是良民證，它是由管區的派出所核發的。良民證顧名思義是證明申請人沒有任何不良的治安記錄，出國之後不會造成國安和社安的疑慮等等。我的戶口管轄區是臺北市古亭區的和平派出所，就是我不久前和林領班因為無照駕駛被帶進去訓斥一頓的地方。我按照規章帶著戶口名簿到派出所填完申請表交給櫃臺小姐，並被告知三天之後來領取。三天之後派出所內的櫃臺小姐告訴手續尚未完成，要我再等三天後來取件。過了第二個三天之後我再涉足派出所，櫃臺小姐仍舊吱吱唔唔的回答證件尚未辦好，另外還補了一句聲稱手續有點小問題。我心想大事不妙，是不是我曾經不知不覺間惹到何許政治人物？回家路上我輾轉的回憶過去幾年的種種舉動，從學校、成功嶺、演電視劇、砲校、到上金門保衛國家，整個生命過程盡是循規蹈矩，沒有所謂的「越軌行為」。唯一一件可能觸犯到當時政府的行為是在臺北工專二年級時，有一次周教官在課堂上要求同學們加入國民黨，我是第一個站起來帶頭拒絕加入的學生。事後還被周教官訓斥了一頓。這個事件很有可能跟隨在我的治安紀錄上。想到這兒不免脊椎骨一陣冰涼，唯恐我的出國夢是否就栽在這件不足輕重，雞毛蒜皮的舉動。回家之後我立刻打電話到宜蘭向父親報告事件的來龍去脈。我父母親交友廣闊，朋友之中不乏達官顯要。父親聽完之後立刻找到在瑞芳有一大片礦場的李姓國大代表，請他幫忙解決這件小事。1969年的臺

灣，因為職位跟總統選舉有密切的關連，國大代表是一個舉足輕重的政治任務。當時聽說李國大代表和中央政府有非常密切的合作關係，我不清楚尊敬的李國大代表是如何去擺平這件事的，但是不到三天之後派出所就打電話要我去領取良民證。

有了保證書，取到良民證，我也順理成章取得警備總部的出境證。有了美國大學的入學許可和出境證，我也順利的取得中華民國護照和美國的入境簽證。美國我是去定了，誰也阻攔不住。

為了照顧即將出國的學生，當年臺灣的教育部費盡心思，提供培訓機會讓將要出國求學的年輕人培養健全的心理狀態以便挑戰未來。取得護照和簽證之後不久，我收到教育部的來函，聲稱將於十二月初在金山反共救國團的育樂營內舉辦三天兩夜的免費留學生講習會，希望我報名參加。有如此好的機會我當然義不容辭地去參加。我記得當時大約有接近兩百位準留學生報名參加，而且大多數是去美國的，也有前往日本和歐洲的學生。培訓的內容除了敦促大家不要忘了愛國之外，也包含許多有意義的課目，比如教授國際禮儀、各國不同的風俗習慣，和在外遇到困境時的反應以及如何跟駐外領事館聯繫等重要知識。最有意義的是第一天大家到齊後每個學生要分享他或她要去的學校，念何種專業和將來的抱負。如此一來要去同一個學校或地點的同學就能彼此認識，可以互相照應。很不巧，整個團體除了我之外沒有

其他學生要去馬里蘭州求學。我倒是碰上了兩位要前往密蘇里州柯克斯微爾市的張先生和簡先生，我們彼此以「老」字輩稱呼。老張畢業於臺北醫學院牙醫系，可是他很討厭當牙醫，想改行學醫。他希望先到東北密蘇里州立大學註冊之後再嘗試申請到柯克斯微爾市一家很小的私立醫學院重新念醫，他也已經有一位在臺灣的未婚妻。老簡好像是中興大學財經系畢業的，已經有點歲數，也結婚生了兩個小孩。他到柯克斯微爾市的動機純粹是聽說要獲得東北密蘇里州立大學的碩士學位非常容易，他希望去繞一圈花個一年半拿到碩士學位回來之後能夠開始賺大錢。這三天下來我們三人結成好朋友，並且相約一起離開臺灣，時間訂在1970年一月二十三日，這一天是韓戰之後在1954年被美國俘虜的14,235名中共解放軍軍人，俗稱的反共義士，因為不願回去中國而被遣送到臺灣的日子，是臺灣官方訂定的「123自由日」。

離開臺灣之前的一個月是既興奮，又惆悵的日子。高興的是我能夠有機會去挑戰一個很有前途的未來，難過的是我必須拋掉我心愛的家人和這塊土地，不知何時才能再相見。古今中外有千千萬萬的人在我之前自願或被動的作過同樣離家的抉擇，就像在軍中認識的老軍官、士官一樣。可是當輪到自己要踏上同一個旅途的時候才深深的感受到心裡的困惑和矛盾。我父親年輕時也曾經離家前往香港，但是四年之後他就返家。我這一趟

美國求學之旅，卻不知何時才能歸來。

1970年元旦我臺北工專的同學在臺北一家飯店替我餞行，全班除了在中南部不刻出席者之外幾乎全部都到位了。這是我們畢業退伍之後第一次聚會，一方面開第一次同學會，另外也替全班第一位出國留學的我說聲保重。我很感謝他們的祝福。雖然感激大家的熱忱敬酒，我只有形式上用酒杯沾唇回敬，想到在金門酩酊大醉過兩次，我無法重踏覆轍。

林家的親戚朋友很多，而且每個人都要替我餞行。因為時間不多，我只好請母親當我的公關，謝絕有些人的邀約。我倒是抽空回宜蘭和我的籃球弟兄們見了最後一面，在媽祖宮前面的攤販豪爽的吃了一頓瀟灑的晚餐，連在金門服役的蛙人「火雞」都趕回來見面。

我記得很清楚在我離開臺灣的前兩天，我們全家到當時臺北數一數二位於中山北路和南京東路口的著名日本料理店「桃太郎」吃了一頓昂貴的晚餐。父親給了我一張美金三千六百元的銀行本票，足夠我支付一年的學費和生活費，他並告訴我萬一經費不夠用他會另外匯款給富美子。當時的臺幣不值錢，四十元新臺幣才能換到一塊錢美金，三千六百元美金已經超過一般人整年的薪資。天下實在找不到比我爸爸媽媽更偉大的父母親。

在我準備的行李裡頭，有兩件東西特別重要。第一件是母親特地到委託行替我買的一件羊毛長大衣。那件大衣在臺灣可能沒有發揮功效的舞臺，可是到了冬季的

美國寒帶可是大大的派上用場。那件長大衣到美國之後陪伴我度過十個寒冬。另外一件至寶是大同電鍋，當時留學生出國大同電鍋幾乎是必備的配件。事實也證明我從臺灣帶來美國的電鍋一直陪伴到1973年結婚之後仍然不罷休。來美五十年目前使用的是第三個大同電鍋。對在外遊子而言，大同電鍋是二十世紀一項偉大的發明。

　　123自由日當天早上，我、老張和老簡搭日航的波音727飛機先飛往東京。母親童年的好友陳玉鶴女士和我一位表舅媽純子（Junko）都住在東京，因為我們已很久沒見面，她們堅持我必須停留在東京幾天和她們見面團聚。所以我的出國行程包括在東京停留兩夜，反正大家都是第一次出國，老張和老簡也義不容辭的要跟隨著我行動。當天到松山機場替我送行的人將近有三十個人，包括我全家父母弟妹、外祖母、姑媽、姨媽、舅舅、表哥、表弟、表妹和我好幾位要好的同學，情況非常熱鬧，大家還一齊在機場航廈內大聲歡呼「錫智加油」。那個景象五十年後的今天仍然深深的雕琢在我心中。也因為大家的興奮喧嘩交談，沖淡了一些離別的傷感。現代的世界因為交通發達，旅遊便利，出國留學其實已經不是一件了不起的大事。可是在五十年前因為交通不便，出國困難，離開國門幾乎等同生離死別，所以機場內到處都是一群一群送行的人潮。臨前我的大舅塞了一張一萬元日幣到我口袋讓我到日本花費，這種親情也只能夠在這種時刻才能領悟到。

飛機起飛之前我必須進入航廈內部辦理離境手續，當準備跟大家道別時，卻發現我父親不見了。我只好站在關口等著和他道別。大家等了許久，幾乎接近登機時刻，父親終於出現。大家都很疑惑怎麼他忽然消失了十五分鐘。我看見他之後心裡忽然產生一股莫名的惆悵，緊緊的擁抱著他，希望他保重，然後跟大家揮手道別之後就進關。萬萬沒有料到這一刻竟然是我跟父親的永別，我以後再也見不到他了。

　　日航飛機離開臺北三個多小時之後到達東京羽田機場。對我這是嶄新的經驗，因為我這是第一次搭飛機，第一次出國，也是第一次到日本，很多第一次。出了東京關口之後，玉鶴女士、她的大女兒淑美，和純子已經等在外面。上次見面已經是好多年前了。玉鶴女士和母親是中學同窗，是一位個性很瀟灑的女人。她嫁給一位牙醫之後全家移民到日本已經有一段時間。純子是日本父親和阿根廷白人母親的結晶，我的表舅在日本留學認識她，娶她為妻後一齊返臺定居。我的表舅四年前突然因為心臟病過世之後她就帶著三個孩子回去日本，雖然長得比較像白人，舉止上卻是一位典型的日本女性。我們被安排住進銀座的帝國大飯店，這是個非常高檔的觀光旅館。感謝三位女士精心安排，讓我們有機會遊覽許多東京著名的景點，包括銀座、皇宮、鐵塔、新宿、明治神社。鄉巴佬第一次訪問大都市，興奮之情無以倫比。純子還特地買了一件純毛的夾克讓我帶往美國，

五十年後我仍然保留著那件夾克。

　　兩天之後，帶著疲憊但是精神抖擻的身軀和三位女士在羽田機場道別，感謝她們熱忱的招待之後，我們三人繼續踏上旅途，往美利堅合眾國前進。日航的飛機離開東京之後，航行六、七個小時抵達阿拉斯加州的安克雷治（Anchorage），稍作停留加油之後就直飛舊金山。當天清晨抵達舊金山出關以後，我和老張、老簡互道珍重再見就分道揚鑣，他們兩人要搭機到密蘇里州聖路易市，然後再轉搭小飛機到柯克斯微爾市。我則是轉搭一班直飛華府的汎美航班。第一次踏上美國土地，安頓完行李之後，我緩緩的漫步在舊金山機場航廈外面的廊道，深深地吸進幾口異國的空氣，心裡的感覺非常交錯。我已經二十一歲了，必須要開始為自己的生命負起責任。既然已經踏上這條陌生孤獨的道路，只能夠往前直衝，已經沒有回頭路。希望我的選擇是正確的。

　　舊金山機場航廈外面的廊道上分別有許多三五成群的年輕男女坐在地上圍成小圈圈，有些彼此小聲交談，有些彈著吉他唱歌自娛。每位男女都是披頭散髮，奇裝異服，有些看起來醉薰薰的靠著友伴的肩膀閉著雙眼休息。女士們都在自己耳朵上插了一朵不同顏色的鮮花，令人耳目一新。我領悟到這就是俗稱的嬉皮士（hippie），而且嬉皮士運動就是從舊金山這個自由派城市起源的，難怪連機場都被他們占據淪陷。他們是反抗習俗，傳統文化和當時政治現實的一大群年輕人。嬉

皮士並不是一個統一的文化運動，它沒有宣言或領導人物。嬉皮士用公社式的和流浪的生活方式來顯現出他們們對民族主義和越戰堅決的反對，並且蔑視中產階級的價值觀。有幾群人手裡拿著手寫的招牌，上面寫著「作愛，不要創造戰爭」（Make Love, not War），甚為顯眼。對一位剛踏入美國的外國人，這是一個非常奇特可是很新鮮的社會現象。這一些人其實是很平和的群眾，當我從一小群嬉皮士身旁穿過時，一個女孩看到我帶著好奇的眼光對著他們目視，她立刻站起來，微笑的送給我一朵康乃馨，順口一句「和平」（peace）。那朵花使我憶起當時正在流行的一首歌〈舊金山〉，歌詞內容開頭就說「如果你要去舊金山，請務必在你的頭髮上插一朵花」。身臨其境，感受到那首歌的薰陶，雖然沒有把花插在頭上，我還是把它插在胸前的口袋。到達美國之後的第一件遭遇雖然奇特，卻很喜悅和耳目一新。

經過五個小時的飛行，氾美航空公司的飛機終於把我從舊金山載到華盛頓郊區的杜勒斯機場，到達杜勒斯時已經是晚間八點。在航廈入境大廳裡面等我的就是富美子本人。八年不見，她不但蒼老許多，也已經洗盡鉛華，失去往日酒吧經理的那種亮麗和妖豔。站在她旁邊的還有一位嬌瘦的老婦人，看起來大約有六、七十歲。經過介紹後知道她是富美子的母親，已經移民來美國幾年了。大體上她們對我還算是和氣，讓我心情輕鬆許多。拿了行李上了富美子的車我們就離開機場。

一月分的馬里蘭氣候冰寒，想必剛剛下完一場大雪不久，因為遍地鋪滿一層白雪。道路兩旁堆滿被推雪機犁過堆積起來的雪堆，成為幾乎有兩、三英尺高的鬆雪坵。我們三人在車上寒喧了幾十分鐘之後到達一棟小巧玲瓏的獨棟兩層樓房，裡面有三間臥房。進入房內安頓之後富美子請我坐上客廳的沙發，要和我談點正事。首先她說這棟房子是她買給媽媽住的，我暫時就定居在此，直到日後我有其它安排之後再搬走。其次，她告訴我她在幾年前已經跟莫布魯上校離婚了。據她說莫布魯回到美國之後就正式從軍中退伍。退伍之後無所事事，整天酗酒，喝得酩酊大醉，也不願意去尋找別的就業機會。富美子在忍無可忍的情況下只能選擇跟他離異。離婚之後莫布魯自己搬到一個公寓居住，彼此已不來往。之後富美子靠著自己一點積蓄在銀泉市開了一家中國餐館，名為「臺灣飯店」，請來大廚，兩位半職的女侍，加上媽媽和她自己就開始營業。我剛住進來的這一棟房屋是她原來的住屋，後來她在飯店裡認識一位客人，是當地電視臺的新聞主播。兩人熱戀決定結婚之後，她就搬到新郎家去了。這個消息使我非常震驚，因為雖然他們已經離婚多年，父母親也經常用書信和富美子通訊，但是兩人分手的事實她卻在信上隻字不提，一直等到我到達她家之後才向我表白，到底是什麼原因？

　　富美子在離開房子之前，順道提起希望我能在課餘到飯店幫忙。她的意思很清楚，在美國沒有白吃的午

餐，既然她讓我免費住在她的房子，我也必須回饋一下。我這輩子到目前為止雖然還沒有真正上過班，賺過錢，但是我瞭解隻身在外做人處事的道理，只是在我抵達她家的第一天就對我表態聲明她的家規未免太過猴急。所以自從到達馬里蘭之後的第一天我就有一股寄人籬下的感覺。

到達美國的第二天大約十點鐘左右，富美子就來載我和她媽媽到她的臺灣飯店去上工。飯店位於銀泉市的市中心區，裡面容積不大，只有擺上十張方桌和在最裡面的一張大圓桌，算是一家典型的小餐館。她媽媽的任務是負責整理蔬菜，像是剝掉碗豆梗、四季豆頭尾之類的工作，我則幫忙飯店處理除了炒菜以外所有的雜事。飯店裡面除了我們三人還有一個美國白人姑娘幫忙侍候客人，以及廚房內的大廚和二廚。一切準備就緒客人從十一點半陸續出現，一直忙到一點半之後才有一些喘氣的空間，也必須等到兩點鐘所有工作人員才能坐下一齊吃頓遲來的中飯。飯後利用三點到五點的空檔我一個人緩緩地在市中心的老區徘徊。外面的氣溫在攝氏零度上下，雖然沒有下雪但是人行道上堆滿了積雪。我穿著母親買的毛大衣，帶著套頭毛帽和皮手套，全身的行頭已足夠禦寒。在冰寒的環境裡人的腦筋特別清醒，我開始檢討到富美子屋簷下委屈求全是不是一個正確的選擇？心裡雖然猶豫，但是我最起碼要投資一些時間下去才能夠比較客觀的作出抉擇，因為畢竟這只是我接觸當地環

境的第一天。

　　臺灣飯店處於市中心區，主要顧客來源是上班族，所以晚餐的客源比較清淡，相對的工作人員也比較輕鬆，不像中午那樣忙碌。下午五點鐘左右富美子的新丈夫在前往電視臺之前先繞道來了飯店，富美子請廚房先準備好兩道精緻的中國料理讓他品嘗填肚。我有機會坐下來和他聊了一陣天，他叫麥克（Mike），是個白人在當地電視臺負責周日晚間新聞主播，聽起來像是一份很顯著的職位。也許是天賦或是專業的需求，他的講話口齒咬字非常清晰，年紀大約五十來歲，也長得很標緻。他說上班的電視臺就在附近，因為喜愛中國菜，常常來這家飯店吃飯，因此認識富美子。日久生情墜入愛河就在兩年前結婚了。聽起來雖然不是灰姑娘的遭遇，但是對於中年男女而言好像也很浪漫。

　　臺灣飯店的晚餐開放時間只到八點半，晚間客人稀疏，到八點鐘就幾乎沒有客人了。我們工作人員吃完晚餐，和老太太回到住所也已經九點半。反觀這整天的行事曆，富美子其實過的也不是多麼舒適的生活。憑她擅長交際的本領，她能夠替飯店招來一些固定的客源以維持生意的運轉，可是要靠這家飯店來聚集財富大概也是很吃力的事。她的生活常規裡面忽然增加了我這個外人何嘗對她也是個心理負擔。

　　來到馬里蘭的第三天之後我必須到學校報到。我的住所離開馬里蘭大學大約有四、五英里之遙，當時除了

開車之外，只有搭公車和走路兩種選擇。我一大早準備就緒，穿上大衣、帽子、手套帶著背包就出門前往公車站。公車站離住所仍然有一段距離，大約四條街左右。氣溫仍然冰寒，地上的積雪尚未融化，加上因為颱風，顯得更為寒冷，我從臺灣帶來的大衣勉強還招架得住劇寒。我走了兩條小街之後已經感受到寒風的威脅，街上除了我之外沒有一個行人，大家不是在車內就是躲在家中取暖。忽然有一部黑色的轎車停在我身旁，車窗搖下之後一位穿著整齊的黑人問我要去哪裡？告訴他去處之後他立刻叫我上車，答應送我到大學。我停頓了一下就不猶豫地上他的車。這位仁兄是聯邦政府的員工，上班地點離馬里蘭大學不遠。在車上他持續對我抱怨現代美國世風日下，人跟人之間的互信淡薄。有時候好心想幫人一程還讓人嗤之以鼻。整個行程花了十來分鐘就抵達大學校門口。我向他表示謝意之後，再次踏入冰寒的世界。1970年的美國社會結構比較緊密，罪犯沒有現在如此猖獗。加上貧富不均的現象沒有二十一世紀嚴重，社會秩序比較平和。搭便車現象是很平常的事。對我來說，第一次遭遇到如此友善的待遇倒是非常受寵若驚，尤其對方是一位黑人陌生人。也許因為如此，日後我在美國的種族糾紛和衝突糾葛之間，我總是比較偏袒黑人種族，當然他們當初是以奴隸的身分被賣進美國的，雖然在1863年林肯總統宣布廢除奴隸制度，還給他們自由身，可是至今他們仍然是社會的弱勢。

我在馬里蘭大學辦完入學手續之後順道前往物理系去找一位也是從臺灣來的博士生。在臺灣的留學生講習會我們收到一份世界各大學的中國同學會會長姓名連絡電話地址。這位博士生是馬大的同學會會長，我前天已經聯絡上他。他很客氣地把馬大情形和中國留學生的情況跟我解釋了一遍。當年的中國留學生指的就是從臺灣來的學生，因為政治因素中國大陸一直到80年代才陸續有留學生抵達美國。香港來的學生偶而也會參加同學會，大多數則因為語言跟生活背景不同而放棄。當年的馬大有四百多位臺灣的留學生，陣容浩大，而且以學理工居多因為找事容易。會長提醒我此時正逢越戰高峰，除了嬉皮士抗拒徵兵，整天示威之外，反動情緒已經漫延到大學校園，學生也開始群聚示威，甚至採取武力暴動。馬里蘭大學因為位於華府郊區，離白宮只有九英里之遙，所以學生對示威抗議的參與也比較熱衷，他希望我能謹慎小心，不要被捲入示威運動。簡報結束之後會長很客氣地主動提出要用他的一部破車子送我回家。除了感謝之外，我義不容辭地接受了。我不敢想像重踏那冰寒旅途的滋味。

　　此後的一個月我的生活就在居所、學校、臺灣飯店的三個定點打轉。在居住的房子裡老太太和我相安無事，河水不犯井水。因為兩人也沒有什麼可交談的話題，所以大部分時間都是以沉默是金相對。至於飯店，我大約一個星期去打工三天，多半在周末。雖然我很不

情願放下身段去讓人使喚在餐館打雜，但是這也是一個磨練自己毅力的機會。再方面因為我的工作是沒有得到金錢報酬的，所以大家對待我也比較和氣。我在飯店裡仔細端詳富美子，覺得她的生涯也滿值得同情。從小家裡貧困，從南部到臺北討生活，在風塵裡打滾了一上輩子，好不容易釣到一個洋金龜婿帶她來美國淘金，現在卻要靠自己的本領來賺錢過活，膝下無子女，將來就慢慢地凋謝了。想到這兒不自覺地對她起了尊敬。

馬里蘭大學校園很大，幸好氣候稍微提升，走在路上也沒有寒風刺骨的感覺。我每天的單向公車加上走路的行程花費掉將近四十分鐘上下。土木系的規模不小，師資也很健全，可是潛意識裡我總覺得這個學校和我不太對稱。不清楚是否跟越戰情緒有關，老師和學生好像都有些心不在焉。指導教授也好像有氣沒力的。校園裡每天總有大大小小的群聚在叫囂，用擴音器高呼反戰口號。有時候領頭的學生會在校園內分發傳單號召群眾前往華府白宮向尼克森總統示威抗議。有一個周末我受好奇心所趨，根據傳單註明的時間地點輾轉到達華府白宮。當時華府還沒有地鐵，從銀泉市必須轉換幾班車才能到達華府市中心。展現在我眼前的有上千的年輕男女，有學生，也有披頭散髮的嬉皮士，他們群聚在白宮前面小小的拉法葉公園，唱著反戰歌曲，高呼停止越戰和尼克森下臺的口號，甚為壯觀。白宮前面則排了一整排的大型公車，一部緊接著一部，不留任何可以滲透的

空隙。公車前面站滿荷槍實彈手持盾牌的國民兵部隊，很冷靜的觀察眼前的動態。從這一大群軍人的眼神可以瞭解到萬一群眾的情緒失控他們是絕對不會手軟，會立刻動用武力對付暴民在所不惜。軍隊的信息很清楚，美國的公權力是不容挑釁的。有一陣子群眾的情緒高昂，有點失控，有一股打算衝進白宮的趨勢。國民兵則整裝待發，咄咄向前逼近。雙方僵持了兩個小時之後終於在很不情願但是和平的叫囂之下結束了對峙。這是我到美國之後接受到的第一堂現場公民課；只要你不妨礙到別人的自由，人人都有言論自由。這一類的抗議活動在1970年一月分之後變本加厲，愈加頻繁，武力衝突也提升，一直到五月四日俄亥俄州的肯特大學（Kent State University）發生國民兵開槍殺死四名學生並重傷另外九位之後達到全國反戰的高潮。

在馬里蘭大學學習一個月之後，經過仔細的分析思考，我毅然決然要離開此地。我覺得這個大環境對我求學的前途並不適合。我通知堪薩斯州立大學將會在九月分的秋季班入學，請他們幫我保留名額。我也通知東北密蘇里州立大學，希望能立即前往旁聽這個學期的課程。兩所大學都同意我的要求。決定之後心裡如釋重擔，頓時開朗許多。我把這個決定告訴富美子，感謝她和家人這一個多月來的照顧。在馬大把休學手續辦完之後，我就立即動身前往密蘇里州。離開華府之前我打電話給在柯克斯微爾市的老張，通知他我抵達柯市的時

間。

三月初的華府氣候已經轉暖，地上的積雪也幾乎已經全部融化，地面仍然到處沾滿融化後的雪水。波托馬克河旁的櫻花樹也躍躍欲試，含苞待放。富美子把我載到華盛頓特區的灰狗巴士車站，我們彼此擁抱互道珍重之後我就扛著唯一的行李袋上了灰狗巴士。灰狗巴士是當年最價廉的州際公共交通工具，從華府到密蘇里州柯克斯微爾市需要轉三班車。從華府出發，在俄亥俄州的辛辛那提市轉車，然後抵達密蘇里州聖路易市後改搭區間車前往柯克斯微爾，全程連中途休息和轉運總共花掉四十個小時左右，是一件有趣的經驗。我記得車資只需要十幾元。巴士沿著70號州際高速公路行走，沿途上觀看美國東部的景象，經過維吉尼亞州、西維吉尼亞州，越過阿巴拉契亞山脈（Appalachian Mountain），到達俄亥俄州的辛辛那提，翻山越嶺之後終於抵達美國中部的大平原，也見證了美國城市裡一成不變。單調卻很有規律的建築，以及鄉村茂密的森林和綠油油的農田。1970年的美國州際高速公路仍然在興建之中，沿途經常碰上修路改道，延遲行車時間，也因此讓我見識到美國駕駛人守法的精神。經過十八個小時到達辛辛那提已經是深夜，在車站逗留一個小時之後轉搭前往聖路易市的班車。第二班灰狗巴士是往南邊沿著64號州際高速公路經過肯塔基州、印第安那州、伊利諾州，最後抵達位於密蘇里州最東邊的聖路易市。沿途也是到處在修路，整

個行程像是行駛在平板上，地形沒有太大的起浮，也沒有經過大城市，可是沿路目擊的都是農田，有小麥、玉米，還有一些看不出頭緒的農作物。在1970年一個美國農夫可以養活七十五人，現今因為科技比較發達，一個美國農夫可以養活一百六十人。從大平原目睹的農作物就能可見一斑。

　　經過十五個小時的再次長途奔波終於抵達聖路易市。聖路易市是密蘇里州第一大城，讓我覺得最震撼的是它在1965年建造完工的不鏽鋼半圓型拱門，高度六百二十英尺，跨徑也是六百二十英尺，聳立在密蘇里河畔，它象徵美國十九世紀開拓西部時要穿過的大門。其設計之巧妙可以坐圓形電梯求直接爬上拱門頂端，俯覽整個市區和郊外的景色。巴士要進城之前的好幾英里處就能夠清晰地看見這一座象徵美國精神的龐然大物，獨一無二的不鏽鋼建築在日光下閃閃發亮。灰狗車站距離拱門不遠，但是因為轉車時間緊湊，無法親臨其下朝聖。幾年之後因公經常到聖路易出差，每次看見這座雄偉的建築仍然讓我震撼不已。

　　從聖路易市到柯克斯微爾的灰狗巴士行程只花了三個多小時，抵達目的地之後已經是晚間七點多了。柯克斯微爾是一座小城，車站小巧玲瓏。下車之後正眼就看見老張站在車站外，旁邊站著一個金髮碧眼的年輕人。寒暄之後老張介紹那個年輕人叫作麥克（Mike），是他宿舍的室友。因為麥克有車子，就拜託他順道來接我。

麥克有一部鮮藍色，很昂貴的雪佛蘭Corvette跑車。這種跑車的車身是人造纖維塑造成的，和一般金屬車身有別。我很訝異為何一個學生竟然能夠擁有如此珍貴的交通工具。我們上車之後沒有幾分鐘就到達目的地。多虧老張替我辦理一切必要的手續，我已經能夠立即搬進宿舍。

我的室友也是一位從臺灣來的學生，他的名字叫作鄭經文，是臺大外文系畢業生，聽說曾經擔任過臺大青青社社長。鄭兄是一位非常有趣的人物，他的主修是特殊教育，也已經結婚。可是太太還在臺灣，可能要等到暑假之後才能前來團聚。他告訴我因為在臺大青青社時過於活躍，曾經到處被特務跟蹤，甚至還對他吐痰。雖然他有一副開朗的個性，我覺得他有一絲歇斯底里，彷彿受過心理的創傷。我們兩人相處得非常融洽，甚至成為好朋友。我從臺灣帶來的電鍋派上了大用場，尤其在周末期間因為宿舍不開伙，我們彼此能享用從電鍋烹飪出的變相中國菜，有時候還邀請其他老中來一起共享飯餚。

柯克斯微爾是一個小巧玲瓏的小鎮，1970年時的人口只有一萬五千五百人左右。甚至於到了五十年後的今天仍然也只有一萬七千人。柯城位於密蘇里州北部，接近愛荷華州，民風樸實，經濟以農業和教育為主，它是美國中西部很典型的小縣城，城中心是一棟縣府大樓和法院，大樓四周圍繞著四條寬敞的道路，四方道路外側

聳立著各種不同的商店，道路兩旁劃滿四十五度停車格以便縣府和商家的顧客泊車。中西部的縣城幾乎都是採取同樣的市區規劃藍圖。密蘇里州是個很獨特的地方，它的北半部以農業為主，人們的思想比較先進。北密蘇里產生了三位近代美國的偉人杜魯門、華德狄斯耐和馬克吐溫。南密蘇里因為地理上佈滿山丘湖泊，就是有名的奧扎克山跟奧扎克湖（Ozark Mountains and Lake of the Ozark），民風趨於保守孤立，傾向於抗拒外人和抵制變化。美國惡名昭彰的白人至上主義仇恨集團3K黨（Ku Klux Klansman）的訓練基地就座落在奧扎克山上。

　　東北密蘇里州立大學的校區範圍包含宿舍大約有一百英畝，在美國大學裡頭是屬於嬌小精緻的校園。學校建築群外觀以紅磚色彩為主，非常整齊美觀而且帶有濃厚的學術氣息。對臺灣來的學生而言，柯克斯微爾是一個臥虎藏龍的地方。大部分的學生都是來此地落腳一陣之後就轉往其他比較大也比較出名的大學就讀。當然也有像鄭兄一樣拿到學位之後才離開的學生。1970年在柯克斯微爾就學的臺灣學生有一百五十人上下。由於學校裡有一位非常友善而熱心的女性外國學生顧問負責同學間的協調合作，所以中國同學會也十分活躍，同學們也發揮濃厚的向心力。我在柯城先後認識的中國朋友包羅萬象，除了鄭經文之外，有一位戴以寬，是民國30年代中華民國特務頭目戴笠先生的孫子，據說他在學校註

冊表格上面塡寫的監護人是蔣介石。中國同學會的會長是一位高先生，年紀稍大，有三十來歲，是年輕學生的媬姆。另外還有無數個有錢財和權勢人物的後代也都暫時歇在此地整裝待發。在那期間我也認識了兩位號稱臺大社會系四美女的其中兩位，陳南萍和施凱琳，大家相處得非常融洽快樂，也發展了一些私人感情。另外還有兩位從巴西來的華人，一位叫羅伯徐，長得一表人才，英俊瀟灑。他全家從臺灣移民到巴西之後，他自己又輾轉來到密蘇里求學。另外一位我們稱之爲巴西李，他年紀很輕，可是非常老練。除了念書以外，他在柯城郊外開了一家規模不小的養雞場。我猜想有可能是他在巴西家族投資的企業。偶而一大群臺灣學生會到他的農場開派對，吃他自家養的雞。總之，柯城是一個實質的讓臺灣留學生踏入美國之後養精蓄銳，整裝待發的好地方。

在美國如果沒有車子代步就等於沒有腳走路一樣。到達柯城之後我找到老張、老簡和另外一位從淡江文理學院前來求學的錢理均，每人出資一百元買了一部二手的1963年福特轎車來提供給四個人作共同交通工具。車子到手之後第一件事就是去考駕駛執照。四個人當中只有老簡必須嘗試三次路試之後才勉強過關。因爲錢理均來到美國時間早一些，對道路和方向比較熟悉，所以被我們三人任命爲「指定駕駛人」（designated driver）。有了車子之後生活也變得比較活絡一些。

柯克斯微爾市附近有一個很美麗的人工湖，名叫

千丘湖（Thousand Hills Lake），是州政府設立的公園，整個公園包含湖的面積有三千英畝。顧名思義，此湖被無數小山丘環繞著，山丘上長滿了密密麻麻的寒帶樹林，有松樹、橡樹、桑樹，還有一些叫不出名字的樹木。因為正逢初春，除了松樹之外枯乾的樹枝幹長滿了嫩葉，整片環繞著千丘湖的樹林充滿了新生的活力。湖邊有沙灘供遊客戲水游泳，也有一個小碼頭可以讓小船出湖遊蕩垂釣。這裡是男女談情說愛的天堂，也是東北密蘇里州立大學學生課後最常拜訪的景點。臺灣學生也常成群結隊熱衷到此地放開胸懷，開拓心思地享受自然。有時候一大群人在湖邊垂釣跟烤肉，很容易的就消磨掉一個歡樂的下午。在碼頭旁邊有一家私人經營的鄉村酒吧，是大學生和當地鄉巴佬最喜歡光顧的娛樂場所。偶而臺灣學生也會三五成群到此湖畔酒吧飲酒作樂，大家和白人酒客相處甚歡。周日的酒吧客人比較清淡，裡面只有一部投幣式的唱片演奏機（jukebox）能夠提供音樂欣賞。客人可以丟進一個二十五分的硬幣，按下兩首喜愛的歌名，機器就會按照客人投幣順序播放音樂或歌曲。音樂的種類以鄉村和西部歌曲為主。周末時段因為客人多，生意興隆，所以酒吧提供真人樂隊的現場表演。也因為如此，往往酒吧內酒客擠得水洩不通，熱鬧非凡。戴笠先生的孫子戴以寬是這家酒吧的常客，偶而也邀請鄭經文和我加上幾位華人女伴一齊前來尋樂。通常整個酒吧也只有我們一群東方人，其他酒

客幾乎清一色是白種人。大家一齊在酒吧內作樂，井水不犯河水，偶而也會彼此寒暄幾句。有一個周末晚間戴以寬老兄又約了我和鄭經文，和另外兩位臺灣女生前往湖畔酒吧飲酒作樂。我們抵達時酒吧幾乎已經客滿。好不容易在牆角覓到一張圓桌恰好讓我們坐下。樂隊是從七點鐘開始表演的，當晚的主唱是一位長髮穿著緊身牛仔裝的女歌手。一個小時之後整個酒吧已經擠得水洩不通，熱鬧非凡。剎然間酒吧的大門被拉開，隨即進來四個年輕的黑人男士，一眼望去不像是本地人，有可能是從外州來柯城求學的學生。瞬間酒吧內多數的白人顧客不約而同地對著這四位黑人行注目禮，彷彿遇見一個奇怪的景象一般。四個黑人在擁擠的人堆裡想要插身前往吧臺的同時，有四、五個白人壯漢靠近把他們圍堵住。雙方開始產生口角。因為我們的座位在牆角邊，加上音樂和人群的噪雜音，所以並聽不清楚他們口角的內容。過一陣子之後爭論的聲音越來越大，也有更多的白人參與爭論，並且把黑人團團圍住。再過幾分鐘之後大家不希望發生的事終於發生了，雙方人馬開始動手毆鬥。只是黑人弟兄只有四位，要對付整個屋子的白人壯漢當然寡不敵眾，沒有多久就被打出酒吧大門。之後兩群人繼續在外面的停車場相互叫囂了一陣，終於結束了這場荒唐的事件，黑人弟兄們也氣憤地離開了。這是我到達美國之後第一次親眼見證的種族歧視事件，沒有想到在密蘇里北部的一個大學城會發生這種強烈歧視黑人的行

動，實在不可思議。反觀我們這幾個中國人，雖然似乎讓其他白人在這個專屬白人的娛樂場合內能夠將就承受，但是種族糾紛永遠是一顆不定時的炸彈。亞洲人在美國和黑人在社會上最基本的差異是我們並不是以奴隸的身分來到這個國家，而且大致上亞洲人的人口總數還沒有達到一個能威脅白人社會結構的程度。同時亞洲人也比較能夠認同和適應白人的生活方式，在財務上不會成為社會的負荷。五十年來從書報視訊上所瞭解的白人針對亞洲裔歧視事件也僅限於言詞上的觸犯，沒有強烈的暴力行為，如果產生暴力也只是少數的個案。我日後從事的專業需要深入美國的基層社會跟基層民眾來往打交道，從目睹這一次種族歧視事件之後的五十年之內，我再也沒見過或親身經歷過受歧視的經驗。我不清楚是我的幸運還是社會在進步，但是我肯定現在那家湖畔酒吧裡頭應該會有不少黑人常客了吧。

　　張文雄的室友麥克是個剛滿二十歲的年輕人，來自愛荷華州，是一位農村子弟。因為我時常去找老張聊天，久而久之我跟麥克也混得很熟。老張是一位比較嚴肅的人，麥克對待老張的態度也相對的謹慎，他對我則比較放任，我們無所不談。我一直很困惑一個年輕農家子弟為何買得起最新款的Corvette跑車，有一天答案終於揭曉，他對老張和我說他是業餘的娛樂藥物的經銷商，兜售對象以東北密蘇里州大學生為主。所謂娛樂藥物說穿了就是非法藥品，舉凡大麻、可卡因，或其他比

較便宜的化學製品都在他的庫存產品之內。他平均每兩個星期要飛到奧立岡州去辦貨。反正從70到90年代在911事件發生之前上飛機根本不檢查行李，任何人要帶幾箱毒品上機也沒有人會干涉。麥克從外表談吐表現上的是一個很誠懇和氣的人，很難想像他在從事這類賺快錢和大錢的非法副業。暸解1970年代社會背景的人都很清楚，因為越戰的拖累，美國國內的社會衝突已經昇華到不可自拔的境界，尤其是年輕人和權勢當局的對抗日益升溫。年輕人消極地以使用非法藥物來反抗當局，一方面也藉此麻醉自己，所以校園內非法藥物使用十分猖獗，相對的像麥克這類掮客非常普及，生意也非常旺盛，難怪他有錢購買一部Corvette跑車。有一天傍晚我到老張的寢室約他去學校的劇院看場滿出名的舞臺劇《回來吧，小希芭》（*Come Back Little Sheba*），是描述一個中西部家庭感情因為外人介入而產生衝突的故事。我在寢室裡碰見麥克，他剛從奧立岡州回來，身上很多貨源。言談之間他忽然塞了一顆白色小藥丸在老張和我的手裡，並且很誠懇地強調要我們兩人試試看，因為它會帶給我們很意外的美好經驗，而且沒有副作用。起初我是相當猶豫不決，我一輩子沒有服用過非法藥物，而且在臺灣的教育和社會背景薰陶下服毒是一項重大的罪惡。可是從另一個角度來分析，任何事物最起碼總是要嘗試一次才能決定其中奧妙和對錯。最後我們同意把一顆藥丸切成兩半，老張和我各吞下半顆。之後老張和我

就離開寢室前往劇院。

　　我們離開宿舍不久老張就張口把他的半個藥丸吐掉，原來他根本沒有吞下肚。頓時我明白我是唯一的實驗室白老鼠，只好走著瞧吧。我們到達劇院坐定，裡面座無虛席，大家都是慕名而來。舞臺劇開演之後一切仍然很平和，第一場景結束之後我的生理狀況仍舊正常。到了第二場景開始之後，我開始感覺眼前的整個舞臺開始在我眼前浮動，舞臺上的演員忽遠忽近的漂浮著，而且我開始有些昏昏欲睡的酒醉感。隨著劇情的發展，我的虛幻感覺愈來愈強烈，而且耳朵的聽覺也愈漸模糊。終於我達到一個不能忍受的酒醉狀態，立刻請老張送我回寢室休息。老張的塊頭很高大，在他扶持之下，我蹣跚地走了十幾分鐘校園的步道回到宿舍，老張和我室友鄭經文一齊把我扶上床，也沒有寬衣就直直地躺在床上。躺上床之後的感覺開始變得很奇妙，好像靈魂已經出竅，身體不由我自主。眼睛雖然閉著，可是眼前能夠見到比萬花筒顯現出來的五彩繽紛的色彩還要美麗的景象。不但如此，它的色彩一直沒有重複的在變化。同時耳朵所持續聽到的像是佛教誦經時使用的一種樂器叫作「引磬」所發出來的清脆而尖銳的銅棒敲打小圓形銅杯的聲音。那種意境實在很難用言語形容，好像是一個人的靈魂漂浮在天堂一般，身體周遭的一切人物都無法把你拉回現實。這個境界持續了有一、兩個小時之後終於在不知不覺中睡著了。

第二天我睡到將近早上十點才起床，足足睡了十三個鐘頭。醒來之後頭腦劇痛，就像是酒醉之後第二天生理產生的宿醉狀況。幸好漂浮在虛迷世界的感覺已經消失，眼前看到的、耳朵聽到的都是真實的事物，不是虛幻的景象。當天下午在宿舍裡找到老張和麥克之後，我痛斥了麥克一頓，原來他給我服用的是迷幻藥（LSD），LSD是美國1938年一個科學家發明的，它雖然不會上癮，但是服用之後可以讓人產生幻覺長達十二小時之久。幸好我只服用了半顆，要是整顆吞進去則後果可能不堪設想。這是我這輩子第一次也是唯一的一次服用禁藥的經驗。我的生命哲學一直是「任何事要嘗試一次」，包含禁藥在內。有了經驗之後才能認知任何事情的嚴重性和可行性，進而好自為之。

　　我到柯城之後也不僅是遊樂玩耍的，我修了兩門關於人體工學的課程，是研究人和機器、環境的相互作用及其合理結合，使設計的機器和環境系統適合人的生理及心理等特點，以達到在生產中提高效率、安全、健康和舒適目的的一門學問。雖然我有工程教育背景，但是我對人文科學也有濃郁的興趣。人體工學的宗旨是如何利用工程設計來創造最佳的人類生活環境，是一門很有趣的學問。日後對我專修交通工程理論也有很大助益，因為交通工程和人類行為的互動有直接的影響。一個學期下來雖然因為半途切入，沒有獲得學分，但是這兩門學科讓我吸收到的知識無以倫比。

四月分的柯城樹木已經綠葉成蔭佈滿枝頭，校園裡到處花紅柳綠，五彩繽紛。樹木花草盛開，奼紫嫣紅，準備迎接炎熱的夏天來臨。中國同學會的會長高先生有一天召集幾個比較活躍的同學，希望利用這一陣溫馨的春季舉辦一個餐會來感謝外國學生顧問和其他幾位對臺灣學生提供龐大協助的教職員。這個餐會預定在當地一個教堂的地下室舉行，場地可以容納五十人左右。除了教職員和他們眷屬總共八人之外，我們也打算邀請四十位臺灣同學參加，晚餐食物以中餐款待。我當場大方地同意接受負起整個晚餐大廚的任務。五十年前在任何美國小鎮上要烹飪中餐最大的挑戰是沒有食材，往往在超市裡面連醬油都無法買到，更何況其他配料。柯城有一家中餐館，老闆兼大廚是第三代華僑，不會說中文，它賣的是清一色不三不四的美式中餐，像是雜碎、富陽蛋之類的食物，實在無法入口。聽說雜碎（chop suey）是十九世紀中國華工在美國蓋鐵路時，因為工人眾多，為了煮食方便，大廚把所有食材丟進大鍋裡頭一齊烹飪而成。如果在柯城要準備地道的中國菜餚，唯一的辦法就是往東南方向開三個小時車程到聖路易市的一個小中國城去購買食材。所以同學會決定舉辦餐會之後我們四位福特轎車的共同車主就選擇了良辰吉日一齊動身前往聖路易市。從柯城出發到聖路易最快速的路線是南下沿著63號州內公路先到達哥倫比亞市，之後再轉上東向70號州際高速公路。哥倫比亞市是密蘇里大學所在地，它

是密蘇里州最大的大學，也有許多臺灣來的學生，偶而我們也會一起交誼。

　　聖路易市的中國城充其量也只是一條小街，位於城中心附近一個很髒亂不起眼的社區，街上零星的開著幾家雜貨店、食品糕餅店和幾家其貌不揚的中餐廳。我們把正事辦完，在雜貨店內買了許多調味醬、調味料諸如海鮮醬、沙茶醬、蠔油、蝦米之類的補給品之後，特地到附近聳立著，一個陳舊的專門表演脫衣舞的劇院門前晃了一圈。之後四人決定到中國城其中一家中餐館吃頓中飯。很遺憾的是，中餐館的食物品質和在柯城的飯店相差無幾，不是太甜就是太鹹，而且菜餚裡面基本上只用兩種苟芡的調味醬，不是棕色醬就是淡色醬。我炒出來的菜相信比眼前的中餐好吃許多。正事辦完之後我提議去參觀著名的拱門。拱門的不鏽鋼外表在豔陽下閃閃發亮，它的地下有一個規模龐大的接待中心和展覽館。我們決定排隊搭電梯到拱門頂上去參觀。拱門的電梯是全世界獨一無二的圓筒式電梯，每一個電梯可以坐五個人。雖然電梯是隨著拱門的彎度往上爬坡，可是在電梯內的角度永遠是處於和地面垂直的方向，真是一項很創新的設計。我們抵達電梯高空的終點之後還需要爬一小段階梯才能到達最頂端平坦的觀望臺。站在上面可以感覺到拱門在空中兩側的輕微擺動。從六百二十英呎高空中遠眺美國第一大河密西西比河從北往南縱向的流動，和從西邊前來會合的密蘇里河交會之後穿越過的城市，

甚為雄偉壯觀。進入這棟建築物之後才深深的體會出這棟奇特的紀念碑所代表的是美國的建國和開拓西部的精神。

返回柯城之前大家決議要回到中國城去看一場脫衣舞秀。脫衣舞表演在那裡大致上都大同小異，都是小姐們穿著厚厚整齊的衣服走出舞臺，一件一件把身上的衣服脫掉，脫完之後再誘惑性地扭動一下身體就下臺了。聖路易劇院的脫衣舞秀比較特殊的地方是小姐們出場時穿的都是西部時代的全套服裝，紅白，綠白或藍白交加，套上蕾絲、頭套或帽子，給人投射出一種很經典的印象。加上背景音樂都是很古典的西部開拓時期酒吧裡演奏的鋼琴樂，讓人回味生存在另一個時空中。只是當小姐們把衣服一件一件脫光之後，經典的印象卻又轉成另一個境界了。看完節目離開秀場動身回到柯城之後已經是清晨一點。

舉行晚宴派對當天上午十點主廚團隊已經在教堂地下室集合，整個隊伍加上採購人員總共有十人左右。因為菜單在前兩天已經由委員會決定，食材種類和分量也已擬定，所以整個作業流程比較通暢。身為大廚的我這輩子唯一的烹飪經驗只是在宜蘭的宜興飯店短暫的觀摩和有限的親身實地操作。我的幫手都是一群大小姐，在家其實也是茶來伸手飯來張口的人物。幸好大家都有一股熱情要把這件重大的事美滿完成，所以格外用心。教堂的地下室有一個廚房，烹飪道具齊全，想必是教友們

經常在此舉辦餐聚。整個廚房在我的督導之下大約下午四點已經把所有食材切好剁好歸類。因為顧慮到洋人的口味比較傾像炒菜，另一方面我也不太懂得中餐其他的烹飪方式，所以準備的八道菜都是從大鍋中炒出來的。除了從聖路易中國城買回來的豆腐之外，所有食材都是當地超市買得到的。豆腐是用來創造麻婆豆腐用的。當晚的主菜不外乎是蔥爆牛肉、宮保雞丁、魚香魚片之類的大眾菜加上蝦仁炒飯，但是我最得意的兩道菜是用海鮮醬和醬油、酒醃過之後的烤排骨，以及我用罐頭鳳梨和瓶裝櫻桃果實跟青椒炒出來的糖醋里肌。洋人喜歡甜甜鹹鹹酸酸的食物，這道菜不但與會者大為讚賞，連我自己都很喜歡。日後幾十年我經常準備這道林氏糖醋里肌宴客，而且總會告訴賓客這道菜餚的來源。

派對準時在七點開始，主客是外國學生顧問那位女士，因為她曾經去過臺灣，對臺灣學生特別友善，所以我們也趁這個機會回報一下。除了八位洋客人之外竟然出現了五十幾位同學。幸好我們準備足夠的食物，不但餵飽了每一位賓客，還能夠讓大家攜帶剩菜回寢室宵夜。餐後再外加一客經典的美國蘋果派和紅茶達到這頓豐盛晚宴的高潮，使主客盡歡。這件事一直銘刻在我的記憶中，因為這是我人生中唯一一次煮給六十幾個人吃飯的經驗，更不可思議的是除了目睹觀摩之外我從來沒有親自下廚的經驗。我也必須感謝那一群大小姐們的熱忱協助讓我們成功的完成這個使命。

隨著五月的來臨，學期也告一段落。美國大學的暑假有足足三個月，一般學生都是利用暑期打工來賺取下學期的學費。臺灣來的學生也不例外，除了少數人留在柯城繼續半工半讀以外，許多臺灣同學都選擇前往內華達州的小賭城雷諾市（Reno）或是紐約市打工。通常都是因為有少數人開先例在某個城市找到工作，然後相互報信，一大群人就跟著上路。我的室友鄭經文決定留在柯城繼續修暑期班，在學校半工半讀。戴以寬則因為經濟寬裕，沒有必要為五斗米折腰。老簡則希望留在學校全職念暑期班以便早日畢業回臺灣賺大錢。大小姐們有些起程回臺灣看父母，有些則前往雷諾賭場上工。我和老張商量的結果決定一起前往紐約打工，一方面因為它是美國第一大城，找工作應該容易，另一方面也因為從沒去過，受好奇心所趨。老張有一位親戚住在紐約布魯克林區，我們抵達之後可以先在親戚家歇腳。五月初學期結束第二天，我把行李暫放在鄭經文的寢室裡，我們就攜帶簡易行李搭上灰狗巴士往紐約前進。

　　從柯城搭灰狗巴士前往紐約需要經過芝加哥轉車然後繼續沿著80號州際高速公路直達紐約。芝加哥是以大湖和雄偉創新且秀麗的高樓建築聞名。從芝加哥上路沿途前往紐約的公路兩旁人口似乎比較密集，城鎮之間的距離也縮小許多，房屋建築的密度也較為稠密。經過三十小時的行程我們終於抵達紐約曼哈頓中城的客運車終點站。70年代的紐約市治安並不理想，車站附近

和路上騙子很多，也時候也會發生搶劫意外事件。所幸我們兩人身上沒有幾文錢可騙，三教九流的人趨前來邂逅，用簡短兩句話就把這群人打發走了。當時街上的痞子靠近無辜的行人時最常開口的第一句話是「老兄，可以騰出二十五分錢嗎？」（Man, can you spare a quarter?）我們只要微笑搖搖頭就能甩開這群人的困擾。下車之後，我們搭上地鐵直奔布魯克林區老張的親戚家，經過三十小時的長途巴士旅行，終於能夠在一個堅硬而不會搖晃的床上睡一覺也未嘗不是一件讓人盼望的事。老張的親戚是一對夫婦帶著一個正在襁褓中的男嬰，是一對很和氣誠懇的夫婦。他們也是經過留學畢業剛剛踏入社會職場不久的年輕夫婦，甚爲瞭解我們的處境。招待我們吃完晚飯後親戚告訴我們在紐約長島的南邊有一個海邊城市叫作長堤市（Long Beach），是紐約的避暑勝地，旅館林立，夏天打工找事非常容易。他建議我們去嘗試看看。他們住的老公寓只有兩個臥房，飯後我們兩人擠在嬰兒的臥房內也勉強能夠安穩睡個好覺。紐約的公寓大多數位於馬路旁，晚上車水馬龍噪音不斷，不像中西部的城市住宅區晚上靜悄悄，一點蟲鳴都聽得見。這種住家環境倒是和臺北很相近。

第二天一早我們就動身前往長堤市。從紐約到長堤需要到賓夕法尼亞車站搭乘長島火車公司（Long Island Railroad）的區間火車，行程大約一個鐘頭就能抵達終點站長堤。長堤是位於紐約長島最南方緊貼著

長島的一個狹長的島嶼，東西向的長度大約有九英里，可是南北向非常窄小，寬度只有在最窄的兩千五百英尺到最寬的三千九百英尺上下。島上有兩條很重要的東西向道路，公園街（Park Ave）是位於島中央的一條東西向幹道把長堤分隔成南北兩半，另一條東西幹道是百老匯街（Broadway），位於公園街南面一條平行的道路。因爲百老匯街緊鄰著大西洋白色的沙灘，是前來沙灘戲水尋樂的遊客必經之地，所以在夏季期間車流旺盛。緊貼著白沙灘的是一條高架三十英尺的木板漫步橋（Boardwalk），沿著大西洋蔓延了幾英里長。橋上南側緊鄰的沙灘，北側則有賣些食物、飲料、遊客紀念品之類的商店。橋上也有一些小攤販推著食物車賣些熱狗漢堡之類的街食，還有街頭藝人在木橋上獻藝，表演樂器、變魔術、唱歌跳舞，樣樣都有，用渾身解數來賺取一點犒賞。白沙灘上則擠滿曬日光浴和前來游泳戲水的人潮。木橋上和沙灘的群衆相互呼應，非常熱鬧。長堤的夏天是紐約客最愛光顧的地點之一，因爲從紐約搭火車一個小時下了終點站之後走幾步路就能抵達沙灘，面對大西洋，吸進鹹鹹的海風。如果沒有外來的遊客，長堤充其量也只是一個三萬多人口懶散安逸的海邊小鎮，遊客們替長堤帶來許多活力跟生氣。

　　從長堤火車站沿著公園街往東直走兩旁幾乎有許多和遊客有關聯的店舖和商店，也有不同口味的高級餐廳林立，感覺上是迎合外來觀光客所開的，一眼望去

就是暑假打工的好地點。繼續沿著公園街往東走大約一英里左右就到達另外一個地區，叫作麗都灘（Lido Beach）。麗都灘不是一個城市，它只是另外一個城市內的一個小區，是以觀光飯店、鄉村高爾夫球俱樂部、海濱俱樂部等遊樂設施聞名。其中又以位於百老匯街東邊盡頭的麗都灘渡假大飯店尤其著名。麗都灘渡假大飯店建造於1929年，是一種所謂慕里旭式（Moorish Style）的建築，帶點北非伊斯蘭混合西班牙式的五層樓大飯店，它是一棟東西向的長形建築，在建築物兩末端又分叉出兩扇Y字形側翼，體積十分龐大。它的外表從1929年開幕之後就持續保留著很鮮豔的粉紅色。飯店緊鄰著大西洋，占地十三英畝，並且擁有它自己的海灘。飯店內部最特殊的一棟建築物是位於後方游泳池旁側的半球型的夜總會，它的拱圓式屋頂是可以活動的，在炎夏的夜晚可以很機械性的操作從正中央掀開整個屋頂變成一座露天劇場。這家大飯店自從開幕營業之後一直是炫耀財富和權勢的場所。在1970年美國的最低時薪大約是二點七五元美金，辛苦工作一個星期也只能賺到稅前所得一百一十元。相對的，麗都灘大飯店當年每晚的最低房價是九十元，可見這是一家只有富人才能消費得起的飯店。每年的五月到九月是紐約最炎熱的季節，也是麗都灘大飯店的旺季，因為城裡的富人都擁簇到這兒避暑渡假。所以飯店需要很多幫手，也是學生暑期打工的天堂。

老張和我沿著公園街一路漫步走過，碰見比較高檔的餐廳就直接闖入詢問經理需不需要幫手。剛開始還覺得滿尷尬，畢竟這是我們兩人此生第一次放下身段請求陌生人賞賜一份最基層的工作。沿路走過去被拒絕了幾次之後非但沒有氣餒，我們的臉皮反而變得更厚，跟不同的餐廳經理面談的態度也顯得從容許多。最後終於在嘗試並被十幾家餐廳回絕之後，當快要走到公園街盡頭的時候，我們兩人在一家希臘餐廳找到一份侍者幫手（busboy）的工作。所謂busboy充其量就是餐廳侍者的助理，專門負責侍者不願意作的差事，比如倒水、倒咖啡，以及收拾客人吃完飯後桌上狼狽不堪的碗盤酒杯。Busboy身處在餐廳的地位只比廚房內洗碗工稍微高一些些。這家希臘餐廳的老闆是一位腦滿腸肥大約有六十來歲第一代希臘移民。因為他本身沒有什麼特殊才華，完全依靠餐廳其他人替他賺錢，所以他對待員工的態度也還算和善大方。這家希臘餐廳的食物非常道地，像橄欖油、乳酪等食材都是直接從希臘進口的，所以它能夠吸引各方饕客前來朝聖。餐廳內部一側緊貼著小舞臺是一個木地板的舞池，夏季幾乎每晚都有小型樂隊助興演奏希臘和美國流行歌曲。每個周末餐廳前面盡是車水馬龍，如果沒有訂位根本無法進入。我們兩人的工作時間是從晚間七點到十二點，並且因為人手缺乏老闆要求我們第二天就必須開始上班。我們的工資不高，甚至低於政府規定的最低工資，但是老闆承諾每天都能在侍

者身上分到小費。既然好不容易找到第一份工作，在惜福的同時先嘗試一下，同時也可以繼續騎驢找馬。

找到一份工作之後，我們繼續往東漫走，不久就看見那一棟龐然大物的粉紅色建築物——麗都灘渡假大飯店。既然已經走到此地無論如何也要進去探個究竟。進入大飯店的大門迎面而來的是一個古色古香的大廳，面對著大西洋有一股地中海裝飾的風味。我們說明來意之後便被一位身著筆挺制服的領班帶進大廳右側的一個小房間。房間裡面坐著一位很優雅的中年婦女和她的助理，她看起來像是義大利裔的美國人，是大飯店的人事經理。我們說明來意之後她很客氣地問我們向意那一方面的工作？她進一步解釋因為暑假是旺季，大飯店需要許多各部門的幫手，從工程維修、客房服務、餐廳侍者、廚房幫手、泳池及海灘服務等都需要人手。她也提到大部分的暑期工讀生都是以在餐廳當侍者居多，因為能夠分到小費所以收入比較可觀。唯一的工作特性是侍者必須全天候服侍早餐、午餐和晚餐。我們兩人因為已經答應晚上到希臘餐館端盤子，所以很毅然地要求在工程部門上班。經過證件核對和填完申請表格之後，這位女士就直接帶我們搭員工電梯上頂樓，引導我們到頂樓靠海的一個小房間，裡面有兩張床。這個小房間就是我們今後三個月的寢室。之後又搭員工電梯直達地下室去參觀員工餐廳。最後才引導我們兩人去見我們的上司主管。我很詫異的是這位女士可以不用和部門主管協商就

自己作主雇用我們，大概我們兩人塊頭都很大，足以擔當工程任務，另一方面大概這位女士在大飯店內有很大的權力。

　　五十年前的美國社會是建立在一個誠信的基礎上，人和人之間的互信是交往的基本條件。我們兩人能夠在短短一個多鐘頭，從和一個陌生人交談到找到一份工作和得到一間免費可以看海的住所完全是歸因於她對我們的信賴。以前很少有雇主、房東或商業夥伴需要依靠徵信和信用報告來評價一個人的品德操守，因為每個人都很自然的預期彼此所說的、所寫出來的都是真實，不是謊言和欺騙，社會的根基也被誠信牢牢地相互環扣著。很遺憾這種相互之間的誠信美德在當今的社會裡已經喪失殆盡。

　　我們的工程部上司名叫約翰（John），是個愛爾蘭後裔。我們花了大約三十分鐘接受他的職前解說，詳細地敘述我們的工作範圍和內容。在冠冕堂皇的工程名稱籠罩之下，我們的工作性質其實只是維護和修理這一棟建築物。工作細節包含油漆、生水管和汙水管、馬桶、排水、空調等所有大小需要維修的基礎建築。如果工程部門無法解決問題，約翰再另行通知專業公司前來協助。咋聽起來好像是一份輕而易舉的工作，雖然薪資不高，我們欣然樂意接受這份挑戰。因為離大飯店夏季正式開幕只剩一個多星期，許多設施維護的工程必須如期完成，約翰叮嚀我們第二天一大早要立刻上工。我終

於瞭解為什麼我們能夠立刻找到差事並搬進宿舍。因為大飯店現在最需要的是設施維修人員來保障硬體部分能如期完工開幕。如果我們選擇的是在餐廳裡面工作，說不定會被要求過一兩個星期再來報到也有可能。上工之後我才瞭解麗都灘大飯店在西邊，大約半英里處靠近海洋的木板漫步橋附近租賃了一棟三層樓的紅磚大樓，用來專門提供給在餐廳內打工的男女侍者和侍者幫手暑期住宿之用。裡面擠滿著五十幾位男女大學生和研究生，以臺灣和香港來的男女居多，也有少數白人和從歐洲前來打工的年輕人。整棟大樓儼然像一個小社區，十分熱鬧。

　　暑期工作已經有著落，老張和我便匆匆地趕回長堤火車站，搭上回紐約市的火車。輾轉回到老張親戚在布魯克林的家之後已經過了晚餐時間。因為第二天要開始上工，我們已經打定主意當晚就趕回麗都灘。將簡易行李打包，向主人道謝告別之後我們又趕搭地鐵到賓夕法尼亞車站轉搭長島火車回到長堤。等我們再度抵達麗都灘大飯店的時候已經晚間十點了。

　　第二天我們起個大早，在飯店五樓的員工寢室打開窗戶對著大西洋深深的吸進一口鹹濕的空氣，準備就緒之後就直奔地下室的員工餐廳享用第一頓早餐。員工餐廳已經坐滿人潮，從穿著粗工工作服，以及紅色筆挺上衣配著黑色褲裙的男女侍者到警衛制服，各式各樣員工都有。麗都灘畢竟是一家高級避暑飯店，照顧員工也

是無微不至。早餐十分豐富，從麥片、麵包、香腸、火腿、培根應有盡有，配上牛奶、咖啡、水果讓大家能夠盡情享用豐盛的早餐。餐後我們兩人直接前往也是座落於地下室的工程部報到。約翰已經在裡面等待我們的來臨。同時等在房間裡面的還有一位看來六十來歲，身材微胖加上滿頭白髮，身著白色油漆工服的老先生。老先生名叫馬利歐（Mario），是第一代義大利移民，說得一口義大利式的英文。我們兩人的任務是跟隨馬利歐去重新油漆飯店客房。任務交待完畢我們就動身推著油漆推車和爬梯跟隨馬利歐前往第一間客房開工。馬利歐期待的進度是每天需要完成四到五個客房的油漆工作。既然這一組團隊有一位專業技工加上兩個東方壯漢，在一天之內漆完五個客房應該是可以達到的目標。馬利歐是一位很風趣也好相處的人物。他喜歡一邊工作一邊唱歌，除了舒壓之外也同時製造一點輕鬆的工作氣氛。他老人家尤其喜歡高歌一首著名的義大利名歌〈我的太陽〉（*O Sole Mio*），雖然並沒有頂尖的歌喉，聽起來也還很悅耳。聽了一個多星期的 *O Sole Mio* 之後連我都會唱了，甚至於偶而也和他和聲一番。我們第一天在八個工作小時內按照計畫達標完成了五個客房的油漆工作。之後平均每天都可以完成五間客房，甚至偶而還能達到六間。

下完油漆工梳洗完畢之後，我們兩人就前往大約半英里外的希臘餐廳接受第二份工作挑戰。相較之下在

餐館端盤子的辛勞程度遠超過白天的油漆工，因為整個餐館的一百多個座位只有老張和我兩人負責幫侍者端盤子和收盤子、酒杯。在用餐時間最高峰的時候，我們使用的大鋁盤上往往堆積上三層用過的碗盤酒杯和銀器，有時候還必須把鋁盤高高提起，穿梭在舞池之間以免碰撞到正在舞池內一群隨著音樂扭抖身軀的舞客。一個晚上從七點到十一點幾乎馬不停蹄的勞動著。第一天晚上工作結束之後我已經感到疲憊不堪，畢竟經過兩份工作總共十三個小時的體力折磨多少還是會讓我這副年輕力壯的身軀感到筋疲力竭。望著侍者分給我的三十元美金小費，心裡不禁產生一股噓唏。這是我這輩子賺到的第一筆錢，而且是用渾身勞力換來的。我從一個飯來張口茶來伸手的小少爺淪落到希臘餐館端盤子賺小費，雖然只是一份暫時的工作，內心仍然十分傷感。也許這是成長過程必須經歷的一部分吧！餐館的工作結束之後，我們拖著疲憊的身軀默默地走回麗都灘大飯店，倒頭就睡著了，因為明天一大早還有五個客房在等著我們去上妝哪。

　　除了父母以外，我這一輩子很幸運地在人生不同階段遇見三位不同的貴人。他們在我人生旅途不同的時空中幫助我，給我機會，甚至於造就我。有時候我會冷靜的回想，萬一我沒有在不同時段遇見這三個人，我的人生過程和境遇會有多大的差異變化？人生無法重新來過，對於這個疑惑也只能停留在想像的空間。中國人一

向比較感情用事，也比西洋人更會直接表達感激之情。我這三位貴人都是西洋人，而且都已經過世了。雖然他們在世的時候我也直接或間接的對他們表示過感激之情，但是我心中總是覺得沒有對這三位貴人報以適當的回饋而感到耿耿於懷。

　　我的第一位貴人是個英國裔的美國人，名叫鮑勃愛德華茲（Bob Edwards），他是麗都灘大飯店的警衛長，負責整個大飯店內一切跟治安有關的任務，旗下有十個員工分三班輪流擔當大飯店的安全任務。1970年當我認識他的時候，鮑勃大約四十五歲，未婚，一個人住在麗都灘的五樓宿舍。麗都大飯店的西側面對著百老匯大街有兩扇大鐵門和一個小鐵門，專門提供給運貨卡車和員工進出使用。鐵門旁邊有一個小棚寮，是飯店的警衛辦公室所在。鮑勃的辦公室就在裡面。鮑勃手下的十個員工有一半是紐約那紹郡（Nassau County）的警察晚間來兼差賺外快的，他們都是荷槍實彈，一副不可一世的警衛。其他五人則是一般的平民，他們雖然身穿深藍色警衛制服，頭戴警衛帽，可是身上只有佩戴著警棍和手銬。鮑勃警衛長雖然不是現役警察，但是他身上也配著一把手槍。我猜他可能是退役的警察，或著是擁有帶槍執照。因為我和老張每天傍晚必須經過鐵門離開麗都灘到希臘餐館端盤子，到了晚間十一點多又準時經過鐵門回來飯店睡覺，所以經常會在大門邊的小棚寮前碰見鮑勃，並順道寒暄幾句。久而久之我們談話的內容也

比較遼闊廣泛。鮑勃是個外表強悍但是內心柔韌的單身男人。他不太談及他的家庭，好像只有一個姊姊跟他比較親近。雖然脾氣有些古怪，但是骨子裡是一位很善解人意的怪胎。

　　老張和我經過兩星期在兩份勞力工作之間的持續奔波折磨之下，身心已經非常疲憊。我們兩人決定辭掉希臘餐館的苦力工。同時因為隨著麗都灘大飯店的暑期開張，油漆工作也告一段落，老張打算轉到大飯店的餐廳去當三餐的侍者。我對服侍食客不很熱衷，所以還是希望留在工程部門打雜。有一天當我經過鐵門外出時正巧撞見鮑勃警衛長。我告訴他老張和我的工作調整方向。鮑勃突然斬釘截鐵地看著我說：「既然你現在晚上已經空閒著，你就到我這兒上班吧！」就如此，我又有了兩份工作；早上八點到下午四點我仍然繼續服務於工程部，下午四點到午夜則換上警衛制服開始執行飯店的維安工作。因為警衛並不是勞力的工作，平時都是駐紮在大門邊的小棚寮裡，只有定時會漫步到海邊和大樓泳池周遭、海灘上溜達巡邏，工作相對的輕鬆許多。偶而員工發生爭執或是客人臨時發生意外事件時就必須立刻前往現場反映處理。我的兩項工作每星期各需要作息六天，所以除了唯一的休假日之外，我的其它六天幾乎都耗在麗都灘大飯店裡面。我很感謝鮑勃給我這個機會。這份警衛工作不只是提供給我賺學費的機會，它讓我在就職期間能夠接觸到不同種族、個性和思維的群眾，雕

塑出我日後爲人處事的態度。我在麗都灘大飯店度過1970年到1972年三個暑假，前後跟鮑勃也相處了九個多月。他對我的態度表面上雖然顯得冷漠，甚至於有些執拗，但是我強烈地感受到他對我的關懷。甚至於後來我的財務因爲突發事件而拮据之時，鮑勃還主動寄錢給我相助，讓我感動不已。幾年之後在我結婚後有一次帶著妻子和母親前來紐約，還專程一齊到麗都灘拜望他。當我唯一的兒子出生之後，我也將兒子的中間名命名爲鮑勃，表示對他的感激和懷念。

1970年五月底的美國國殤日，麗都灘大飯店正式開放暑期營業。在開幕之前兩天各路工作人馬已經全部到齊。麗都灘的營運主要分成幾個重要部門：行政部門包括財務出納和櫃臺人員屬於專業永久雇員。飯店代客泊車提行李的季節性工作是以一群黑人幫爲主幹，他們夏天到紐約幹活，冬天則南下轉戰佛羅里達的避寒勝地，過著漂泊卻很寫意的生活。客房部的主管是一位中年愛爾蘭女士艾爾西（Else），跟我交情甚好。她旗下的團隊以南美洲女性居多。工程部門和保全部門已經介紹過。廚房的陣容強大，大宴會廳加上小餐廳和室外用餐區等必須供應食物的場所總共雇用了五十幾位季節性員工，它的班底以波多黎各爲主。大廚名叫拉爾夫（Ralph），也是波多黎各人，燒得一手可口的猶太佳餚。飯店裡最大的部門莫過於宴會廳的員工了，麗都灘的宴會廳雄偉龐大，可以容納上六百人同時進餐，餐廳

經理（maitri d'）是個義大利人，名叫喬（Joe），他每年的暑假一定會回來掌管宴會廳的運作。聽說喬先生一個暑假下來就能賺到三萬元的小費。喬先生手下雇用了接近六十位季節性的領班、侍者和侍者幫手，其中以從臺灣和香港來的留學生居多，也有遠從歐洲來到此地打算賺些美金回去繳學費的臺灣學生，加上少許紐約當地的白人大學生。大飯店開幕之前幾天各路人馬已經陸續到齊，亞裔面孔頓然增加許多。有趣的是在人群裡也重逢了一些從密蘇里州柯城來的同學，可見麗都灘大飯店的聲譽遠播，確實是暑期打工的天堂。因為我的晚間工作職責大部分是守在員工進出的大門邊，所以幾乎大飯店裡面的每一個員工我不但必須識別，也都認識。有些人經過大門時會駐足一陣子跟我聊點家常，或是釋出一些當天工作的怨氣，希望能在我身上獲得一點慰藉。在侍者群裡面有一位年輕的金髮碧眼女孩，名叫珮姬（Peggy），是密西根大學的三年級生，長得非常漂亮。據她的同伴告訴我，珮姬是今年被選出的密大返校日皇后（homecoming queen），而且家境非常富裕。和她言談之中發現她是一位平易近人的女孩，很難想像會到這兒打工賺錢。因為她想開開眼界，所以和同伴相攜前來紐約打工。美國人的家庭教育注重人格獨立，不會因為家庭富裕就可以放縱。這一點讓我感觸很深。

麗都灘大飯店的管理階是以猶太人為班底，因為這個飯店不但屬於猶太人擁有，它的客人也是以猶太富人

爲主要對象。1970年整個暑假我從未見過眞正的大老闆，但是在現場的總經理是一位短小精幹的猶太女士賽登女士（Mr. Seiden）。她的丈夫總是跟在屁股後面不發一語。賽登女士是二次世界大戰納粹集中營的倖存者，據說全家只有她躲過納粹的浩劫。可能是因爲身經集中營的悲慘身世，她的個性極端暴躁。她一天要抽三包香菸，可是猶太教不允許教徒在星期五抽菸，所以每個星期五賽登女士的脾氣特別粗暴。有時候發起脾氣還會在廚房員工面前撩起她的裙子讓大家目睹被紋刺在她大腿上的納粹集中營號碼，用來警示員工她可不是好惹的人物。賽登女士之下有一位總管名叫金羅馬諾（Gene Romano），他是義大利西西里人，開著一部全新1970年金黃色的敞篷跑車。聽說他和黑手黨的淵源很深，可是表面上對人十分客氣，看不出任何端倪。因爲我在大飯店職務性質的關係，除了賽登女士之外我和每個人都能夠相處的融洽。

　　麗都灘主要的顧客是年邁的富裕猶太人，有些是夫婦，也有單身的老人。他們大多是住在紐約曼哈頓的城市居民來到海邊避暑的。有些房客一住就是一整個暑假，花上幾萬元美金在所不惜。這些富人早晨醒來就等待早點送到房間，吃完早餐之後換上海濱裝盤踞在泳池旁或沙灘上享受溫暖的陽光。猶太女人偏愛玩中國麻將，所以泳池旁邊擺滿四方桌椅，遠遠就能聽見切磋麻將牌的聲音。他們的午餐也能夠在泳池旁或海灘上被一

群華人的男女侍者照顧得服服貼貼。到了傍晚日落之前大家開始打道回房，梳洗完畢換上華麗鮮豔的晚禮服和戴上昂貴的珠寶首飾，就相攜來到一樓的大宴會廳去展現各人的榮華富貴和享用一頓豐盛的晚餐。我曾經親眼見到一位猶太老先生進入宴會廳那一刻，和經理喬先生握手之際塞進一張一百美金的紙鈔在老喬手上，期望可以坐在一處最顯眼的位置來炫耀夫人身上燦爛的服飾珠寶。70年代的奢華幾乎在麗都灘大飯店一覽無遺。廚房裡堆滿一罐接一罐的頂級波斯魚子醬，加上松露、鵝肝，配上最上等的龍蝦、牛排和高級葡萄酒，保證能讓賓客盡歡。餐桌上擺的都是整套的純銀刀叉餐具，每位侍者只負責服侍兩桌的客人。另外還加上五位領班在餐桌之間穿梭，以保證客人們能得到最高尚滿意的服務。這種餐廳的高檔服務水平無可媲美。晚餐結束之後所有賓客轉移到隔壁的半圓形夜總會，一邊喝酒一邊欣賞最頂級的娛樂節目，隨後在舞池內翩翩起舞，放鬆身心來結束美好的一天。從賓客的角度，他們要求的是天堂式的服務。從服務者的眼光來看，我們服務的代價是希望換取最高的報酬。最終，大家都達到目的。麗都灘不惜大撒千金邀請來當代最頂級的藝人來現場娛樂賓客。也因為這些重量級的藝人到臨，飯店需要派保安維護他們的安全。往往這件差事就落在我身上。我很感激鮑勃警衛長賜給我的機會，讓我能夠和美國當代最出名的藝人有近距離的接觸。我接觸過的人不計其數，包

括法蘭克辛納屈、甸馬丁和他的十位掘金女郎（Dean Martin and the Gold Diggers）、湯姆瓊斯、黛娜修爾（Dinah Shore）、保羅安卡、薩米戴維斯、亨利陽門等許多名人。這些名人有的非常平易近人，有些則不可一世，派頭很大。其中我對湯姆瓊斯的印象特別深刻，他是個非常和藹可親的人。我在化妝室和表演現場照料他一整晚之後，為了感謝，他堅持要賜給我一百元小費，當然我沒有接受。甸馬丁的掘金女郎們則在表演結束整裝離開化妝室的時刻輕輕地親了我的臉頰，讓我短暫地不能自我。

　　1970暑假的麗都灘生涯讓我印象最深刻的一件事發生在一個西西里女孩身上。這位女孩名叫瑪麗，在大飯店的美容院裡頭擔任美容師，負責替老太太們梳妝打扮，讓她們能夠容光煥發在同伴前炫耀。這位女孩長得很清秀，一頭典型的西西里黑長髮。每天下班之後她總是穿過飯店大廚房內的長廊捷徑離開。有一天晚上下班之後當她步行到員工大門時，我發現她在哭泣。我很關懷地問她發生什麼事之後她更是泣不成聲。原來是每次經過廚房時，有一個波多黎各籍的洗碗工總是喜歡調戲她，吃她豆腐，甚至偶而不經意地觸摸她的身體。今天晚上更是變本加厲地擅自靠近並且抓了一把她的胸部。這種事屬於維安管理，我答應會立刻去處理。可是她堅持不要我來插手，他說西西里人面子十分重要，像這種不肖的性侵行為一定會接受到應得的懲罰，他們自然有

解決的方法。西西里人信奉天主教，是有強烈家庭意識的保守群族，家庭成員彼此照顧得無微不至，合力抵抗外力入侵。聞名的黑手黨就是從西西里島家族之間因為仇恨鬥爭之下的產物。他們雖然心狠手辣，但是很講義氣，只要不惹到他們，一定彼此相安無事。同樣的，如果幫助過他們，他們會牢記在心，並在適當的時候回報你的恩惠。

我答應瑪麗不涉足她被性侵的事件之後，有三天她沒有回來大飯店的美容院上班。第四天之後她不再經過廚房走捷徑回家，而是繞道黑漆的游泳池來到員工大門。看到我的時候也顯得比較開懷。我想瑪麗這件不幸的事大概就到此告一段落。

一個星期之後有一天早晨大飯店的員工互相傳達一件大事，聽說廚房裡的那位波多黎各洗碗工在他的小公寓內被亂槍打死，身上中了十幾槍，當場斃命。傳說這個人行為不檢，在外結冤結仇，可能是被冤家報仇償命。當地的報紙也刊登了這個消息，並且認為這起兇殺案出於專業之手，現場沒有留下任何蛛絲馬跡。這件命案因為偵查不出頭緒也就不了了之。從此之後瑪麗每天可以大大方方地步過廚房的長廊走出大飯店，再也沒有人會騷擾她了。

麗都灘暑期營業展開不久之後，大飯店的早餐客房服務人手不夠。許多貴婦達人的年邁房客們情願在房間裡享用早點，不喜歡打梳妝整齊到餐廳用餐。我自告奮

勇地加入了客房服務的行列。因此我的作息時間從早上六點開始，一直到午夜十二點才能告一段落。除了假日之外平均一天的睡眠時間只有五個多小時。當時年輕，身體強壯，所以也沒有感覺到特別疲憊。整個暑假下來倒是賺到一些不吝的工資。只是在整整三個月內幾乎沒有踏出大飯店一步。唯一的享受是有兩次和老張利用假日搭火車轉地鐵去拜訪過紐約的中國城，品嘗許久沒吃到的中國菜。在麗都灘大飯店的員工餐廳食物雖然可口，偶而也有供應西洋式的米飯，但是畢竟沒有中國菜的味道。70年代的紐約中國城有一家滿出名的川菜館，取名叫四五六，據說是張大千的廚子開的餐館，三個暑假之間我曾經前往光顧多次。

因為工作性質迴異，加上住宿地點不同，我和其他華人學生相處的機會僅止於他們進出大門的那一刻，所以也無法建立比較深厚的感情。有幾次他們在下工之後成群圍在大飯店的沙灘上生火聚會，我也抽空前往同樂一番。大家在異地同舟共濟賺取明年的學費，彼此之間有一股無形的凝聚感。大伙裡面有一位從香港來到愛荷華大學念書的女生，名叫陳安琪（Anggie），彈得一手好吉他，大伙兒圍著營火聽她自彈自唱，興致來潮也一齊合唱一些家鄉的歌曲。在同樂解壓之餘也隱約帶點鄉愁。這也是我在麗都灘唯一和同胞們互動的機會。

警衛隊裡有兩位正職的警察，比爾庫恩（Bill Queen）和丹尼斯賀夫曼（Dennis Hoffman）。兩

位都是晚上下班之後來大飯店賺外快的。比爾是一位很和氣正直的執法人員，已經結婚生子。我們很容易就變成好朋友，有一次他甚至邀請我到他家烤肉，結識他的妻兒。我們的友情一直持續了好幾年，彼此以書信來往保持聯繫。丹尼斯是個光棍，個性有些衝動自大，而且在大家面前喜歡詳述他公安生涯的豐功偉業。我們之間的關係倒也相安無事，彼此尊重。有一天晚上我們兩人漫步在空蕩的沙灘上巡邏，一陣子之後他老兄決定越過大飯店的私人海灘往東邊的公共海灘前進。公共海灘上偶而會撞見稀疏的人群集聚在沙灘上享受大西洋畔的夜晚。我們走了一陣之後撞見兩位衣衫不整的年輕人正在吞雲吐霧。丹尼斯很熟練地靠近，打開手電筒直射這兩個人。我嗅到他們的煙味有一股濃厚野草的燒焦味。丹尼斯二話不說要他們把身上大麻全部交出，然後立刻指令滾出海灘。警察的威嚴畢竟非常有效，這兩位嬉皮士拔腿就跑。不到一分鐘丹尼斯的手中抓著從嬉皮士身上搜來的五、六根大麻煙就掉頭往回走到大飯店沙灘上的一堆大石頭間坐下，遞給我一根之後，點燃他手中的免費大麻煙開始深深的抽食著。沒收罪犯的毒品然後拿來自己享用是某些警察執法時的邊際利益吧，反正這些毒品沒收之後總是要銷毀的，也許丹尼斯利用這套理論來辯解他今晚舉動的合法性。希望在紐約只有少數的警察認同丹尼斯的特殊執法觀點。我這輩子從來沒有抽過大麻，而且在柯城經歷過LSD的身心煎熬之後，對於毒品

仍然心有餘悸。剛才在嬉皮士身旁聞到的一股焦草味感覺上像是燃燒野草的味道，並不很誘人。但是基於我凡事總要嘗試一次的生命原則，我點燃了手中的那根大麻菸。抽了幾口之後實在無法忍受那股刺鼻的焦味，我就把它扔了。因為並沒有把大麻菸深深地吸入肺裡再徐徐呼出，之後我的身體並沒有任何奇特的反應。

　　麗都灘大飯店的高潮是七月四日國慶日。飯店內層層客滿，高朋滿座，國慶日當天的晚宴更是極盡奢華。由於大飯店的賓客有許多第一代從歐洲移民或逃難到美國的猶太人，他們對美國的民主自由更為珍惜，所以國慶日對這一群人是很重要的日子，必須慎重慶祝。除了國慶日以外，大飯店內賓客們的盛事大概就是婚禮和猶太男孩轉十三歲的成人禮（bar mitzvah）儀式。跟中國人一樣，猶太人是個注重禮儀的民族，只是遵循方式不同而已。婚禮和男孩成人禮都是很顯著重大的禮儀。從旁觀者的眼光來衡量分析這個古老的猶太民族，它有幾千年遺留下來的傳統和強烈的凝聚文化，外人很難移除他們根深柢固的狹隘種族屏障而被融入接受。也因為他們的團結和互助，猶太人種在世界各地的財力和政治資源非常雄厚。希特勒在成長過程看穿猶太人的特性，掌權之後用盡心思要毀滅這個讓他心痛欲絕的種族，最後仍然沒有成功。其他歐洲的國家，甚至於美國人雖然表面上對猶太人沒有顯著的歧視，但是內心也存有濃厚的偏見。我在欽佩猶太人的韌性和族群凝聚力之餘，也

替這個眾矢之的的種族感到一些憐憫和悲傷。

因為麗都灘大飯店是以服務猶太人為主，所以有些餐廳的食材也需要經過猶太教士特別祭誦過再進行烹飪，就是所謂的猶太食物（kosher food）。如果要服侍正統的猶太教士（Orthodox jew），食物準備的程序跟種類更是複雜。正統的猶太人士不能夠吃魚類之外的任何海鮮，除了禽類之外，獸類只能食用反芻動物。豬、駱駝、馬等動物都不准食用。所幸大飯店內的正統猶太教士微乎其微，因此對於食物傳統的要求也比較客觀一些，諸如干貝、大蝦、蚌蛤、龍蝦等海鮮食物比比皆是。雖然如此，員工餐廳內也經常有猶太食物出現，想必是樓上主餐廳的廚房剩下多餘食物。經過幾個月下來的猶太食物薰陶之後，我對於猶太雞肉丸子湯（matzo ball soup）產生偏愛，也許是它的味道有點接近中國味吧！

人在忙碌的時候時間過得特別快，光陰似箭，三個月的暑假很快就告一個段落。麗都灘大飯店的暑期營業到九月第一個星期的勞工節之後才算是正式結束。可是美國一般大學也是在同一周內開始秋季班授課，所以我在勞工節的前一個星期就必須結束暑期工作打道回密蘇里州，然後再輾轉到堪薩斯就學。我十分感謝麗都灘大飯店給了我這個寶貴的賺錢機會和人生經驗，也感謝鮑勃警衛長對我無微不至的照顧，讓我能夠盡情地享受這段美好的時光。我答應鮑勃警衛長和約翰明年暑假會

繼續回來打工，希望他們能夠各自留一份職缺給我。三個月下來我存到三千多元血汗錢，到銀行關掉帳戶的同時，我要求銀行兌換給我三張一千元美金大鈔。1970年是美金一千大鈔繼續流通的最後一年，我很興奮能夠擺三張大鈔票在皮夾裡。

跟大家告辭之後，老張和我扛著小包行李上了一位義大利籍的土木承包工的敞篷車直奔紐約曼哈頓的汽車總站。這位義大利朋友名叫麥可，是一個很瀟灑的人物。因為他經常替公務部門承包工作，我們不但合作無間也成為好朋友。他自願要載我們前往紐約市搭灰狗巴士，我也很感激他的殷勤協助。搭上灰狗巴士，揮別紐約之後再次長途跋涉。這是我畢生最後一次搭乘灰狗巴士。在美國如果自己有了車子代步，搭乘長途巴士的機會就幾乎微乎其微。

巴士抵達柯城時，我的室友鄭經文已經在車站內迎接我們了。老鄭顯得特別興奮，因為他的妻子已經從臺灣前來和他相聚。鄭太太是一位很隨和的女性，他們同意讓我在他們的新眷屬宿舍內歇腳幾天，把事情處理完成之後再離開柯城前往堪薩斯。回到柯城的第一件事是必須買一部車子。在美國沒有車就像是沒有腳一樣，無法行動自如。第二天一早當賣車代理商一開始營業之後我就上門光顧，經過幾個小時的考量以及和車行磋商，試開之後，我決定花費八百元購買了一部1965年的別克萊絲柏爾（Buick Lesabre）中古車。這是一部大型的

白色轎車，有八個氣缸，加上三百立方寸的引擎，開起來馬力十足。唯一美中不足的是大車子非常耗油。只是在1970年代的美國汽油非常便宜，每一加侖只要花費十九分，加油站還替顧客提供加油和清潔擋風玻璃的服務，所以油費不是很重要的考量。每個月十元的汽油費用還能承擔得起。

成交之後我很興奮地把我的新車駛上公路，肯定下一步是找到一家保險公司去購買汽車責任險。這是我這輩子真正擁有的第一部車，所以無論如何必須好好珍惜。離開車行不到五分鐘之後，撞見前方有一家洗車場，靈機一動決定先去把新車洗得煥然一新，取個好兆頭再說。就在我決定左轉進入洗車場的剎那，因為過於興奮沒有注意到前方對著我直行而來的車輛，就唐突的一把撞上去。對方是一部小型的福特轎車，駕駛者是一位白人老太太。由於車禍的肇因是因為我的車子在左轉時車子左前方碰撞到她車子的左前側，對方的車身損失比較嚴重，而且引擎好像也受到損壞。老太太在激烈撞擊之下有顯著的腦震盪現象。幾分鐘之後警車和救護車不約而同地抵達現場，當地的文字記者也聞風而來。大概在小鎮上一件有人受傷的車禍就足以構成驚天動地的大新聞。救護車將老太太送往醫院之後，警察老兄留在現場蒐集證據和我的口供，一方面撰寫他的車禍報告。老太太的福特受到撞擊之後已經無法驅動，必須用吊車拖走。我的新車只有左前方的車身凹進一些，還可以行

動，所以警察偵詢完畢之後我也就很小心翼翼地把車子開離現場。回到老鄭家裡的一路上我全身雞皮疙瘩的顫抖，回憶從買車到車禍之間短短幾分鐘發生的不可思議事件，實在既愚蠢又無奈，彷彿是上天在捉弄我。我從紐約帶回來的激情和對前途的憧憬幾乎毀於一旦。我的人生第一次感到無助絕望。不幸中的大幸是我的身體沒有受到任何損傷，可是對方老太太身體的安危仍然是未知數。

第二天我在東北密蘇里州立大學的外國學生顧問陪同下到醫院探望那位受傷的老太太，她的頭上綁著繃帶，但是神情還好。外國學生顧問在問候之餘，告訴她我是個外國學生，在此無親無故，又因為剛買了車子來不及購買保險，我只能把身上剛剛賺到的兩千元學費用來補償她的健康和車子的財產損失。老太太算是一位知書達理的婦人，她欣然地接受我的血汗錢後也要我小心和祝我好運。我十分感激外國學生顧問的協助，這個大學城小鎮不但臥虎藏龍，也是個充滿人情味的園地。只恨時間不夠，否則我很願意再下廚煮一頓美味的中國佳餚來感謝她的熱忱協助。外國學生顧問還遞給我一份當天的地方報紙，果然不出所料，我的車禍事件被刊登在頭版新聞，上面還附上一張車禍現場照片，幸好我是背對著鏡頭，很難認出我的本尊。那份報紙五十年後的現在我仍然保存著。

動身前往堪薩斯之前，我把剛被撞凹的新車開到一

家修車場，花了五十元請技工把車身凹進的部分用工具敲回原形。敲擊完成之後左前方車身的破損仍然清晰可見。一則我沒有錢撤換整片左邊和前方的車身護板，二則我決定留下這次慘痛教訓的實質記憶，好讓我每次開車之前都能夠目擊這塊傷疤，無時無刻的警惕自己。這部帶著傷疤的別克萊絲柏爾前後跟著我三年，除了左前方長得醜一些之外，它從來沒有帶給我任何機械上的困擾，是一個很讓我信賴的伙伴。

柯城離堪薩斯州曼哈頓市的距離大約有三百英里，開車也需要四到五個小時左右。動身離開柯城之前，我一一拜會了所有的朋友同學。有些人這次離別之後可能再也見不到面，只好趁這最後一刻彼此珍重。跟我一起抵達美國的老張和老簡都決定留在柯城，我們在柯城揮別之後就再也沒見過面。我的室友鄭經文也繼續留在柯城完成學業，然後輾轉到過伊利諾州、中國、臺灣，最後在洛杉磯落腳，四十五年之後我們又在一個偶然的機會重聚。離開柯城之前我駛往千丘湖，緩緩地圍著湖邊繞了一圈，再會了，柯克斯微爾。

第五章 堪薩斯，我的第二故鄉

　　我在堪薩斯州定居了三十二年，比在臺灣居住的時間還長久，所以堪薩斯是我的第二故鄉。堪薩斯州處於美國的正中央，美國的地理中心就是位於堪薩斯州中部北邊的一座名爲「黎巴嫩」的小城。除了東北角和密蘇里州的邊界是由纏繞曲折的密蘇里河界定之外，基本上她是個長方形的地理領土型態，東西向的距離大約有六百四十八公里，南北向的距離大約是三百三十二公里。整個州的面積是213,100平方公里，是臺灣的六倍，但是在1970年代整州的人口只有兩百二十五萬，只有當年臺灣人口的15%。甚至於到了2020年整個州的人口也只增長到兩百九十四萬。整個堪薩斯州的地勢平坦無比，一望無際。也因爲如此，她是美國最大的農業州之一，盛產小麥、玉米、高粱、黃豆還有畜牛。在近代的美國歷史上，堪薩斯州產生了兩位知名的政治家：第34任總統艾森豪將軍和擔任過二十七年聯邦參議員，也和克林頓競選過總統的鮑勃杜爾（Bob Dole）。更重要

的是，美國家喻戶曉的童話故事《綠野仙蹤》的桃樂斯就是住在堪薩斯的小姑娘。堪薩斯的氣候四季分明，春夏秋冬的循環十分規律，冬天的雪季可以延續兩個月，夏天的七、八月氣溫也可能飆高到華氏九十度。她的另外一個特點是民性溫和，在美國內戰期間主動宣示為解放黑奴州，並且加入北方聯軍和南方作戰。她的東邊鄰居密蘇里的民情則迥然不同，內戰期間是投靠南方的奴隸州，農兵們經常越過州界到堪薩斯殺人放火。

　　從柯城開車到堪薩斯州曼哈頓市必須走上70號州際高速公路，並且經過位於密蘇里和堪薩斯邊界的大城堪薩斯市「Kansas City」。這個城市和它個衛星城市群被州界隔成兩半，分別處於兩個不同的州。從堪薩斯市到曼哈頓只需要兩小時的車程。曼哈頓因為和紐約曼哈頓同名，而紐約曼哈頓著名的外號叫作「大蘋果」，所以堪薩斯州曼哈頓市則稱自己為「小蘋果」。到達小蘋果之後我急於找一個地方安頓，正好撞見一個也是臺灣來的學生，名叫陳靜浩，我們兩人在學生中心佈告欄上找到一個離大學三英里外的活動房屋園區（mobile home park）裡面的一個活動房屋暫時安置下來。過去在臺灣只有耳聞過美國的活動房屋，偶而也在電影裡面看過。現在身臨其境親身經驗這種狹長卻是五臟俱全的活動空間倒也覺得非常新鮮有趣。住所雖然離學校稍遠，但是房租便宜加上有車代步，我們也就欣然承租下來。我的室友綽號叫作「耗子」，他是一位大而化之的漢子，和

我一樣不計較小節，我們相處得非常愉快。

　　堪薩斯州立大學正式成立於1863年，學校占地六百六十八英畝。她的特點是大部分的校園建築都是1910年之前建造的，所以校園內古色古香，有濃厚的古典味。土木系位於其中一棟老建築，名為希藤廳（Seaton Hall）。我和我的指導教授見面之後就很直覺的意識到我能夠在他身上學到很多知識。他名叫鮑伯史密斯教授（Dr. Bob Smith），是一位很嚴謹不苟言笑的學者，從普渡大學拿到博士學位之後就回到堪薩斯教書，在二十年歷程中成就了許多優秀的學子。史密斯教授是我這一生很幸運遇到的第二位貴人。他不但在學術上用心教誨我，畢業之後還協助我找到一份工作。畢業多年之後我們繼續保持聯繫，四十年後他和夫人還特地到洛杉磯造訪我，我們兩家人還相約到鳳凰城去觀看堪薩斯州立大學美式足球隊參與的大學聯盟錦標賽。當年史密斯教授旗下有六位碩士班學生，除了我之外都是白人學生。其中有三位跟我相處得比較熱絡，有一位後來任職於聯邦交通部公路署，還被提攜為管轄六個州的行政官。和我最接近的一位同學名叫格雷格哈丁（Greg Hardin），是一位個性開朗，聰明而充滿活力的年輕人。他有一位長得很可愛的女朋友，也是大學裡的學生。我們偶而會聚在學生中心一起吃頓中飯。很不幸的是在他將要畢業的1971年底和他的女朋友到堪薩斯市看完職業美式足球比賽之後的回程，在70號高速公路上被

另外一部違規行駛的逆向車輛正面碰撞，兩人當場不治喪命。我們在學校內聽到這個消息都大吃一驚，一位難得的人才就如此不幸年紀輕輕地被剝奪掉生命，真是一件很殘酷的現實。格雷格的父親是一位縣政府裡的總工程師，因為格雷格的不幸遭遇，我和哈丁先生竟然變成好朋友，也許在潛意識裡他把我看待成失去的兒子吧！我畢業之後搬到堪薩斯市，哈丁先生住在六十英里外的省城托皮卡（Topeka）。因為他要搬家到幾百英里以外的城市就任新工作，希望把剛滿一歲的小狗送給我。那時候我已經結婚，也有了一個小兒子，也就義不容辭地把那隻可愛的長毛垂耳可卡犬（cocker spaniel）帶回家，並且也保留了哈丁先生替她取的名字叫作「蝦米」（Shammie，意指長毛）。蝦米跟了我們十三年，她每天陪我慢跑四英里，前七年是她拖著我跑，後六年因為她的年歲漸大換成我拖著她跑。最後她因為年歲大無疾而離世，讓我們家失去了一位忠實的伙伴。這也算是我和格雷格哈丁所結的一個緣分吧。

在堪薩斯州立大學的研究院兩年半生涯裡我算是真實的下了念書的功夫。我接觸交通工程的領域之後就喜歡上這門學問，因為它牽涉到人類的舉止行為，而我對人類行為的研究也有充滿興趣。我尤其對道路設計、交通控制和車禍的直接間接關聯研究更具有濃厚的興趣。因為交通工程和都市計畫的環環相扣，我又決定再另外進修一個都市計劃的次學位。在這兩年半內所吸收的專

業知識讓我奠定了往後十分紮實的職業生涯，為此我必須對史密斯教授和所有教誨過我的教授們表達內心摯忱的感激。史密斯教授度過四十二年校書生涯，前後教誨過幾千名學生。好幾年後在一個學術研討會上相遇，他說他早期的一些學生都已經過世，大概他也應該退休了。1989年我很榮幸的攜帶妻兒被邀請參加他的退休晚宴，也在宴會上說了幾句祝福的話。史密斯教授的夫人「珍」（Jane）是一位非常優雅飄逸的女性，偶而也會邀請研究生們到她家作客。很遺憾，珍在六十幾歲就罹患阿茲海默症，幾年後就離世。史密斯教授也於2020年因病離世，享年九十四歲，他的許多公路設計規範的著作如今仍然被廣泛使用。

70年代的堪薩斯州立大學大約有一萬五千個學生，華人只有兩百人左右，包含從臺灣、香港和世界其他地區前來求學的學生。中國大陸的學生一直到80年代中期才開始陸續被准許進入美國的大學就讀。在堪薩斯州立大學的華人學生圈內以明顯的政治立場分成兩派，一派是擁護國民黨政權的中國同學會。他們和芝加哥的中華民國總領事館有很密切的聯繫，也經常舉辦活動在校園內推動和提升中華民國的知名度。大多數的香港學生因為反共立場雷同，也加入中國同學會。另外一派則是以標榜臺灣獨立為主旨的臺灣同鄉會，他們除了定期聚會之外也偶而利用機會在校園內宣導臺獨的理念。臺灣同鄉會的靈魂人物是化工系的系主任范良政教授，是一

位從臺灣來的客家人。范教授當年在鼓吹臺灣獨立運動的群體組織內十分活耀，也因此讓堪薩斯州立大學的臺灣同鄉會的政治立場特別顯著。兩個派系都是學校正式註冊的社團，雖然彼此井水不犯河水，但是在校園的活動中都爭相表達自己對臺灣正統的代表性。有一次在外國學生團體的同樂晚會上臺灣同鄉會安排六位同學表演一場臺灣山地舞，並且簡短的發表一些政治立場的言論。據說有幾位會員因此而被芝加哥總領事館吊銷了中華民國護照。這種動作從客觀的角度來分析是一件政府的不智之舉，因為它只有增加雙方的對立和仇恨，沒有產生任何正面的功效。我一向對臺灣的政治沒有強烈的立場，所以我加入中國同學會，也加入臺灣同鄉會。中國同學會因為有總領事館撐腰補助，經費充足，所以活動比較頻繁有趣。我們還大刀闊斧地舉辦了感恩節就近四個州立大學中國同學會的籃球錦標賽，邀請幾百英里以外的密蘇里大學、內布拉斯加大學和堪薩斯大學的臺灣學生前來曼哈頓比賽籃球，並共度佳節。這些外地來的學生都被分配在幾位教授家裡的地下室打地舖過夜，非常熱鬧，其樂無比。除了籃球賽，學會也經常舉辦同樂會，野餐烤肉，新年聚餐等活動來聯絡感情。臺灣同鄉會會員人數較少，大家聚在一起用鄉音溝通，聚會吃飯，偶而聽一些比較政治性的演講，其實也是無可厚非，並沒有值得大驚小怪的舉動。

　　因為加入這兩個學生團體，讓我認識了許多臺灣來

的同學，也結交了不少好朋友，甚至於有些在曼哈頓建立的友情持續了幾十年的光陰。我的室友耗子是研究穀類科學的。堪薩斯州農業發達，所以對於穀類的研究也是特別尖端，許多歐洲國家和蘇聯都長期派遣學生來堪薩斯州立大學學習如何優化穀物的品質和產量。因為耗子的學科處於農學院，他經常能夠到畜牧系免費取得當天解剖之後的豬牛肉和內臟回家烹飪享用。耗子也是一位烹飪高手，所以我們兩人不愁沒有食物可享用。

　　我在學校裡認識了一對夫婦，周劍歧和郭自玉。我們以老周和老林互相稱謂，朋友們則一概稱郭自玉為周媽，雖然當時周媽只有二十來歲。老周是一位才子，文化學院建築系畢業之後來到曼哈頓改念都市計畫。老周的父親是黃埔軍校第四期畢業生，跟林彪是同學。政府遷臺之後好像沒有受到重用。老周對各方面的知識都很淵博，有時候雖然討論的題材對他較為陌生，他也能頭頭是道蓋得天花亂墜。有時候為了要跟他辯論，我還得到圖書館去簽借幾本書以便在和他爭論的面紅耳赤的時刻能夠引經據典，贏得辯論。周媽是臺大社會系的畢業生，到此地改修電腦。她是個性溫順的女孩，我和老周爭論的時候她總是小鳥依人靜靜的坐在一旁，但是偶而也會發表理直氣壯的言論，而且她的理論經常會和老周背道而馳。兩人是一對和諧，沒有熱情但是內心恩愛的夫婦。老周住在學校正對面的布魯曼特大街（Bluemont Avenue）上一種老房子的地下室裡，走路

上學只要幾分鐘路程。他們的住處很小，大約只有十坪左右，每個月只要八十元房租，但是裡面卻很熱鬧，經常有人進去串門子。我也毫不客氣的時常在他家品嘗周媽的拿手好菜。老周沒有車子代步，我權充司機帶他們到超市買菜，偶而也主動買一些食材替他們加菜。逐漸的，老周和周媽成為我在美國第一對知心的朋友。當然我們仍然持續著面紅耳赤的辯論，只是從來不會因為爭論之後不歡而散。

另外一位新朋友名字叫作潘忠俊，是東海大學政治系畢業之後來到曼哈頓改讀都市計畫碩士，是老周的同學。老潘已經結婚，妻子和他一起以依親身分到曼哈頓，當時暫住在老潘的姊姊家中。老潘的姊夫是堪薩斯州立大學統計系的教授，住在一棟嶄新的獨立房屋。老潘也是位喜歡抬槓的人，只是他對爭論的題材比較有選擇性。往往在周末我們三人能夠從下午六點聊到第二天早上七點，消耗了幾壺茶和幾包香菸之後由我開車到通宵營業的餐廳用完早餐才散會。有時候老周的小地下室甚至會擠滿六、七個人，眾人大聲喧嘩，除了宣洩課業的壓力之外，也多少彌補一點在外遊子內心的空虛和孤寂。老潘的妻子來到曼哈頓之後不久就有身孕，因為一個財力薄弱的留學生無法供應產婦懷孕和嬰兒生產過程的龐大開銷，他毅然決然地把夫人送回臺灣托父母協助照應。老潘恢復單居之後心情十分落寞，所以造訪周家的次數也更加頻繁，我們之間的接觸也更加熱絡。另外

我在臺北工專的助教顧肇瀛比我提前一個學期來到曼哈頓，主修結構工程。我很感謝他提供給我的資料和信息，讓我選擇到此地求學，同時也有機會和他深交，成為知己，一年之後甚至合租房子成為室友。

離老周住所不遠之處，也是一棟老房子的地下室內住了另外三位臺灣來的留學生，都是建築系的研究生，名叫王允中、陳永男和另外一位高頭大馬長得英俊卻憂柔寡歡的男生。因為他們的住處離周家很近，所以大夥兒也經常到周家串門子。王允中是一位典型的北方漢子，瀟灑俐落。他對婚姻的憧憬是只要未來的老婆能夠准許他身上永遠能夠攜帶一百美元的零用錢他就能滿足，這是她婚姻唯一的條件。陳永男是高雄人，一位腳踏實地的專業者。他打算畢業之後立刻回返臺灣就業。據說後來他學成回到高雄執業開了一家建築師事務所，在當地闖出一片天，成為很傑出的建築師。第三位的大塊頭兒沉默寡言，據說他母親是一位中華民國的國大代表，想必是含著銀湯匙出生的孩子，從小由父母呵護成長的小孩。他有一位長得清秀的女朋友。兩人起先形影不離經常同進同出，十分恩愛。過了一陣子之後卻很難得看見他們兩人在同一個場合出現，大塊頭兒也顯得非常鬱悶，而且變本加厲的不苟言笑。我們好奇的詢問女友的近況，他也支支吾吾避而不答。過了一陣子之後聽說他的女朋友隻身離開曼哈頓到東部去了。女友離開之後大塊頭兒更加落落寡歡，整天躲在地下室房間裡，也

很少到學校上課。雖然不甚瞭解他看似錯綜複雜的感情糾紛，我們也盡其所能來幫助他恢復信心，儘量邀請他參與群體聚會聊天，舒散心中的鬱悶。可是他的情況卻變本加厲，見到他的機會微乎其微。連他的兩位室友都不太清楚大塊頭兄的動靜和去向。1971年初春，距離他的女友別離曼哈頓幾個月之後，有一天清早王允中打電話給我，請我立刻趕到他的住處，因為大塊頭兄關在自己房間內已經超過一天一夜，用力敲他的房門也沒有回應。當我和耗子趕到之後，救護車已經停在房子門口。大塊頭兄大概前一天服用一大瓶安眠藥企圖自殺，因為被王允中發現時已經過了很長一段時間，毒性早已遍佈身體各個器官，生命已經回天乏術。這麼一條青春活力，前途無量的生命就草草地在異鄉斷送掉了。這個事件讓我深深地感受到一個異鄉遊子隻身在外遭遇到的最極端厄運的悲情。異死他鄉對家人的打擊是外人很難理解的，他的父母和妹妹從臺灣趕到曼哈頓之後很渴望的想瞭解他生前的一舉一動，我們也據實相報，只是無人知道他跟女友之間感情交葛的內容和女友的去向。在教堂舉行的追思會中，他的父母和妹妹擁抱在一起痛哭得不成人形。天下父母心，辛苦地培養兒子長大成人遠渡太平洋到美國期盼能更上一層樓，最後卻落得人去樓空的下場。追思會上參加的朋友同學不少，唯獨沒有看見他的女朋友在場。

　　剛抵達曼哈頓不久的1970年九月十六日堪薩斯州立

大學就發生大事。從1966年堪薩斯州立大學開始創辦年度的藍登講座系列（Landon Lecture Series）之後，每年都會邀請美國和國際知名人士到校園內演講。幾年之後它成為美國最負盛名的講座系列之一。歷年來參加過講座的貴賓上幾百人，包含美國總統雷根、福特、卡特、克林頓和布希。1970年九月十六日的演講貴賓是尼克森總統。時值美國參與越戰的高峰，全國上下反戰和反尼克森總統的情緒高漲。尤其在全國各地大學校園內，反戰行動更是張狂。比起美國的東西岸，堪薩斯是一個較為溫和保守的地方，總統決定前來發表演說，自然是因為考量在堪薩斯州立大學所接觸到的群眾比較醇厚，不會遇到大型而有組織的示威抗議行動。事實上，藍登講座是尼克森總統在六年多的總統任內唯一在大學校園發表的演說。演講當天，沒有意料到除了本地少數示威人士之外，各路人馬打從幾百英里以外的大學、城市前來曼哈頓，迎接總統的示威群眾竟然達到幾千人，包括學生、社會人士、退伍軍人和嬉皮士等。抗議人士被堪薩斯國民兵圍堵在一個固定區域，他們有組織性的高喊反戰口號，合唱反戰歌曲，情緒雖然高漲但是基本上的秩序還算平和。由於去年發生俄亥俄州肯特大學（Kent University）發生國民兵槍殺學生引起大暴動事件，堪薩斯州的國民兵也額外小心，以免重蹈覆轍。相比之下，這次的集會比我在華府白宮前面目睹的示威活動文明許多。總統的御用直升機緩緩地在校園草坪上降

落，引擎的噪音蓋過人潮抗議的怒吼，想必尼克森總統聽不見群眾的心聲。雖然我沒有機會進入現場聆聽總統演講，但是在外面示威的場景也非常生動有趣，尤其嬉皮士們邊彈邊唱著反戰歌曲非常具有娛樂價值，這種情景可能是美國民主精神最佳的表率。尼克森總統在他的演講詞裡面提到要結束越戰，可是並沒有提出時程表。演講結束之後，人群在總統座機上空之後才漸漸散開。這是我體驗到的曼哈頓這座寧靜大學城最活絡生動的一天。

　　離開曼哈頓北邊四、五英里處也有一個很大的人工湖，名爲塔特溪湖（Tuttle Creek Lake）。它有十六英里長，平均寬度在一點五英里左右，是一座防洪兼作娛樂用途的蓄水湖。湖畔兩側長滿密密麻麻的樹林，湖畔也建造許多沙灘、步道、釣魚臺和野餐烤肉園地，是民眾和學生休閒活動的首選。心情需要放鬆或解脫時開著車到湖邊緩緩兜風一圈是最佳的療傷方式。中國同學會和臺灣同鄉會也經常在湖邊野餐園地舉辦交誼活動。而在曼哈頓西邊十八英里處有另外一座小城，名字直接翻譯爲交界城（Junction City）。交界城旁邊有一座很大的陸軍軍營拉里堡（Fort Riley），它是美國陸軍第一師的永久駐紮地。陸軍第一師戰績輝煌，在二次世界大戰曾經成功地登陸法國諾曼第，也打過韓戰、越戰和最近的兩次波灣戰爭。軍營裡有一萬五千名軍人，五千六百名非軍職員工，另外加上二萬三千名退休的軍

人和一萬八千名眷屬也住在營區內外。這些眷屬有許多都是因為戰爭的原因，軍人在外國邂逅當地婦女之後結婚帶回國內的。1970年代拉里堡的軍眷以韓國婦女居多，原因是美軍在韓國長期駐軍，軍人有充足的機會邂逅當地婦女，當換防調回拉里堡時就一起把配偶帶回。也因為如此，軍營附近的交界城內有一個韓國婦女開的一家亞洲雜貨店，專賣乾貨罐頭和一些亞洲冷凍食品提供給思念家鄉烹飪的軍眷使用。對華人學生而言，這是沙漠中的綠洲，是附近唯一能夠買到東方食品的店舖。交界城是我們三五成群喜歡光顧的城市，我也經常開車載著老周和周媽前來購買食材。因為接近軍營，交界城裡也經營了一些比較辛辣的行業來吸引軍人，像是脫衣舞酒吧、成人電影院等設施。1970-1971年冬季有一個周末晚上幾位華人朋友豁在一起覺得無聊，有人提議開車到交界城的電影院去觀賞成人電影。大夥兒五個人么喝一聲令下就躍上我的老別克驅車前往十八英里外的交界城。出發的時候雖然氣溫凜冽，寒風入骨，天氣卻仍然乾燥，也沒有下雨或下雪的徵兆。我們看完電影大約十點鐘左右走出電影院時，在短短三個小時內大地已經舖滿一層幾乎有九英吋厚的白雪，整條道路全盤被籠罩在濃厚的雪霾下面，完全無法分辨出道路的輪廓，市區道路已經完全封閉。我們五個人沒有其他選擇，只能硬著頭皮開回十八英里外的曼哈頓。因為是剛剛下的雪，雪質鬆軟，輪胎仍然具備足夠的牽引力能夠緩緩往前行

走。過了二十分鐘左右我們已經走出交界城的市區，進入雙線道的一般公路上面。公路上沒有其他車輛，大家都躲在家中取暖。公路上的輪廓也幾乎完全消失，我純粹是憑著直覺抓著方向盤隱約的朝著公路的輪廓把車往前推進。過一陣子之後好不容易見到一線曙光，我們正在徐徐地經過拉里堡軍營的大門，就在此時當注意力稍微分散的剎那方向盤往右一滑，整部車子就順勢滑下公路右側大約有四尺深的排水溝。車身滑行停止之後，老別克的右前方已經完全被白雪掩埋住，整部車子的方位是靠著右方傾斜。我們五人被困在車內無法動彈，雖然嘗試幾次脫困的車輛前後調動，輪胎卻只在原地打滑，越陷越深。幸好老別克還算爭氣，引擎沒有熄火，仍然繼續供應暖氣讓我們保暖。這是有生以來我第一次意識到生命的危機，不知所措。集體討論之後我們決定以靜待動一陣子再決定下一步行動。如此守株待兔的守在車內大約二十幾分鐘之後，忽然有一個人重重地敲著我的車窗，乍看之下是一位穿著厚大衣的軍官。他知道我們身體無恙之後告訴我他會回去徵求援手就離開了現場。之後我們只能又靜靜地待在車內取暖，帶著一絲希望祈求救援能夠及時出現。二十幾分鐘又過去了，正當我們開始恢復討論其他解圍的選項時，忽然聽見車後出現隆隆的大聲噪音，原來是一步陸軍裝甲車往我們方向前進。這部裝甲車配帶四個粗大的輪胎，可以輕易的爬山涉水。裝甲車停在老別克前方，一位全副武裝的士兵跳

下車子之後在車後拉開一條大鐵鏈，走到老別克前頭很熟練的將鍊勾扣住車子下方的橫鐵條。回到裝甲車啟動之後，很輕易的就把老別克拉出了排水溝。突出重圍之後，裝甲車繼續拖曳著老別克緩緩往前，走了將近十分鐘之後到達一段已經有推雪機正在清除積雪的道路才結束它的使命，放下我們。在他轉頭回程之際，我跳下車在這位士兵面前深深地行了一個軍禮。心裡的感激之情是很難比擬的。這世界上不管是哪一個國家的軍人都很偉大。

我到達曼哈頓之後，暑假打工賺到的錢因為車禍的原因已經幾乎賠光，從臺灣帶來的錢也從學費和生活費慢慢的開始消耗。我寫信把整個情形報告給我父母，並且告知他們我可能去找一份工作，半工半讀。沒想到不久之後我父母又匯給我三千元美金，希望我能專心求學。我在受寵若驚之餘也覺得很慚愧，大丈夫在外沒有繼續依靠父母的資格和權利。對我父母這份愛心我由衷地從內心深處感激。我到美國之後我父親幾乎每個星期就寫一封信給我，定時讓我知道家裡的狀況。父親很想到美國旅遊，希望我能駕車帶他到處遊歷。他計畫1971年暑假能前來美國圓夢。雖然我學業繁忙，可是也儘量抽空每兩星期都能寫一封信回家來共享我在曼哈頓的生活點滴。學校裡圖書館是最佳的讀書環境，我幾乎每天會待在圖書館內勤讀三、四個小時。當時沒有手持電腦，唯一的電腦是面積足以塞滿整個房間的IBM360，

而且必須利用讀卡機才能輸入資訊的大怪物。所以圖書館仍然是攝取知識的最佳場所。堪薩斯州立大學圖書館的書報閱覽室訂閱了全美國和國際間比較受重視的日報供學生閱讀，包括臺灣的《中央日報》在內。雖然當天抵達的報紙都已經是三、四天前的舊聞，《中央日報》仍然是當時我唯一能夠吸取臺灣資訊的管道。花上十分鐘閱讀《中央日報》是我每天的例行作業。十一月的曼哈頓氣候已經開始轉涼，我和耗子決定在雪季開始之前搬離活動房屋，搬到大學校園附近居住，以圖行動方便。我找到一棟在17街上的老房子二樓的公寓，上面有四個小房間，一間衛生間和一個小廚房由租戶共同使用。除了我之外，上面還住了一位丹麥的女留學生薇拉（Vera），一位德國的女留學生漢娜（Hannah），和一位堪薩斯州立大學美式足球隊的四分衛。四個室友算是很有趣的組合。四分衛因為打球需要營養，冰箱裡塞滿了火腿牛排以及其它蛋白質類的食物，他也很樂意和其他室友共享。我是十二月初搬進17街的小國際村內，等到安頓之後，裝上電話已經是十二月五日。第二天我例行性的先到圖書館報到，在門口撞見顧肇瀛。他轉告我說土木系的祕書小姐在找我，希望我能儘快去看她。我決定先在圖書館待上兩個小時，等到要上課之前再轉往辦公室向她報到。習慣性的我先轉到閱覽室尋找我的《中央日報》，很奇怪的是當天並沒有《中央日報》，更神奇的是報架上竟然有一份十二月四日的《聯合

報》。這是從來沒有發生過的事。我順手拿起報紙翻閱過去，讀到社會版新聞時，在右下方突然看見一則小新聞，上面寫著：「一位宜蘭的林姓商人在臺北洽公之時因為心臟病突發，當場昏厥，在現場進行施救後回天乏術，當場驟逝。」我當場心中一涼，全身起雞皮疙瘩，同時也大約瞭解祕書小姐為什麼急著找我的原因。我猜是因為我剛搬家，也換了電話，家人聯絡不上我，只好打電話到系上要求傳話。一路上匆匆前往系上辦公室途中，我默默地向佛陀祈禱，希望我的預感不會實現。天下姓林的人比比皆是，不至於倒霉是我父親吧？更何況他一生中幫助過許多人，作過那麼多善事，而且他只有四十九歲，還不應該輪到他離開這個世界。他還有很多善事要做，很多人在等待他的援手和佈施。

祕書小姐交給我的筆錄上註明是我的三舅從臺灣打電話要求我立刻打電話回家。我當下知道事情不妙了。

臺灣的國際電話接通之後，母親悲痛的證實了父親因心臟病突發驟逝的消息。雖然傷心欲絕，我可以感受到她言談之中的堅強。一位幸福美滿家庭裡的主婦一瞬間變成一個必須獨自扛起家計的一家之主，而且四十六歲就失去結婚二十三年的丈夫，這是多麼殘忍的現實。在電話上我淡然無言，也不知道該說甚麼。電話背景有佛教師父們誦經的聲音，想必是替父親超渡，讓他的靈魂能夠返回西方極樂世界。家人決定在兩天內就將父親出殯埋葬。因為時間緊湊，而且學校的期末考馬上要開

始，母親希望我繼續留在曼哈頓念書，不必回去奔喪。我也只好勉強答應。

之後我一個人靜靜地坐在房間的椅子上，片段的回憶父親生前的點點滴滴，和在一月二十三日在臺北松山機場跟他最後見面的情景。他正在興奮計劃到美國旅遊的憧憬也已隨風而去。我真正地感受到「樹欲靜而風不止，子欲孝而親不在」的心理境界。在房內待了很久，太陽下山之後，電話響起。顧肇瀛助教從祕書小姐口中聽到厄聞，打電話來證實。不久他立刻趕到我的住處來陪伴我。我不想待在房內，我們開車到塔特溪湖，把車子停在湖岸邊，望著平靜的湖水開始嚎啕大哭。顧助教坐在車內一旁，不發一語，靜靜地陪著，直到深夜雙眸淚水乾枯為止。

父親驟逝之後，我久久不能自已。朋友們聞訊之後也紛紛問候，希望幫助我得到一點內心的慰藉，對大家表達的同理心我十分感激。隨著時間的療癒，悲情之後，我開始掙扎的思考我的前途。我有兩個明顯的選擇，一則繼續留在美國完成我的學業，二則乾脆放棄學業回到臺灣接手父親的事業。當時的臺灣經濟發展正在開始萌芽，急需基礎建設的材料和技術，如果返臺繼續擴充父親的事業相信能有一番作為。但是要我頓然放棄人人渴望的美國留學夢，實在很不甘心。掙扎許久之後我決定先回去探望個究竟在作最後決定。1971年三月春節過後正逢美國大學的春假，我決定利用短暫假期返臺

探望家人。行前我也會見史密斯教授，告知我回臺灣的目的以及我對在美國求學前途可能的變數。

　　飛機抵達松山機場之際，我的心內忐忑不安，和一年多以前離開時喜悅、自信的心理狀況迥然不同。母親和弟妹們在接機大廳默默地等著，大家臉上沒有一絲笑容，沒有擁抱，只有賜與彼此關懷的眼神和平淡的問候。回臺之前我替每一位家人準備一樣小禮物。看著小弟十三歲就失去父親，內心十分不忍，我替他買了一條當時最夯的牛仔褲，希望能彌補一些他心中的惆悵。回到宜蘭之後我即刻趕到父親墳前，求他能原諒我沒有回來奔喪，也希望他在西方極樂世界能獲得永恆的安息。激動的情緒稍微平息之後，我和母親仔細地商討我的前途。因為一方面家裡的事業在員工合作之下應該能夠順利地持續下去，另一方面母親也希望我不要辜負父親生前的期望，在美國拿到碩士學位之後再來決定去向，所以她希望我能夠回去美國完成學業。母親是一位堅強的女性，拭乾眼淚之後也很果斷的扛起家計的重擔。因為工廠的領班們也承諾為我們的事業繼續奮鬥下去，在傷痛之餘我也答應了她的請求。事後我經常在回顧這項決定，如果五十年前我毅然決定放棄美國而留在臺灣，我的生命將會演出什麼樣的樂章？也許因為社會大環境會賺到很多錢，可是錢並不是衡量生命品質和價值唯一的指數。如果每個人都有機會能夠嘗試兩種不同生命的旅程之後再來選擇自己最佳的生命走向該多好！

在臺灣的短暫八天內大部分的時間都是待在宜蘭和家人聚在一起，雖然少了父親，我仍然希望能夠重溫一下家庭的溫暖。離開臺灣的前兩天我來到臺北和幾位臺北工專的同學見面吃飯，感謝他們在父親過世和安葬的過程中熱忱的協助。另外我在曼哈頓的朋友潘忠俊囑咐我一定要代替他去他父親家探望他的妻子和剛生下不久的小女嬰。老潘的父親是中央政府的一位高官，家裡住在北投一間獨立的洋房宿舍。我帶著紅包前往拜訪潘家時，家裡除了潘媽媽、老潘的妻子和他可愛的女兒瑋瑋之外，還有一位老潘的堂妹潘忠慧。潘小姐正在政大歷史系就讀四年級，是一位長得清秀美麗的女孩，舉止端莊，可以感受到她是在一個環境優厚，家教嚴峻而保守的家庭下成長的。他臉上的特徵是左上方長了一顆小小的虎牙，顯得額外的嫵媚。在短短兩個小時的聚會裡，因為大家的注意力都集中在老潘的小女兒身上，我和潘小姐單獨交談的機會並不多，但是她給了我很深刻的印象。我的家庭背景和老潘、潘小姐的家庭迥然不同，要進一步發展更深入的情感關係挑戰性很大。雖然如此，事後我還是偶而會回憶起潘小姐和我短暫的邂逅情景。老潘告訴我潘小姐的父親是臺灣裕隆汽車公司的總經理，來頭不小，難怪潘小姐的舉止十分高貴優雅。

　　八天假期過後，我揮別家人再度踏上征途回到曼哈頓求學。每天的生活除了教室，研究室和圖書館的例行活動之外，偶而和老周、老潘等人相聚爭論發洩情緒

也是日常生活的一大樂趣。自從我搬到學校附近和兩位歐洲姑娘、一個足球隊員同住在一間公寓裡面，起居之間也變得多采多姿。丹麥小姐薇拉有一個美國男朋友，兩人難捨難分。可是不久之後薇拉卻被男友拋棄了，害得她情緒低落，每天唉聲嘆氣。我們為她打氣，我還下廚做了幾道中國菜請大家共享，排除一些陰霾的氣氛。我們的足球四分衛室友是一個鄉下小孩，非常憨直。堪薩斯州立大學的美式足球隊當年的戰績是中部八校聯盟排名最後的球隊，我們的四分衛卻也不是特別在乎，日子過得非常寫意。反正他有足夠的運動獎學金提供舒適的生活所需，對待我們也十分慷慨。有一天外國學生顧問找我，因為在兩百四十英里外的密蘇里州瑪莎琳小鎮（Marceline）有一所高中希望找一位中國學生到學校內講述中國的文化民情。瑪莎琳是著名的華德狄斯耐的故鄉，他在此地出生成長。成功之後他慷慨解囊捐助故鄉加強青少年教育，而這所高中就是他捐助建造的，外國學生顧問希望我能擔當這個親善大使的工作。我同意接下這個任務，但是有個附帶條件，就是我要求讓丹麥姑娘和德國姑娘同行，一起分享他們國家的風土民情。對方同意我的建議之後，兩位小姐也很樂意參與，我們就共同決定一個良辰吉日前往瑪莎琳。

前往瑪莎琳之前，我向中國學生和教授們諮詢了一些中國文化的專業知識，順便也商借一些代表性的服飾、用品，諸如女生的旗袍、男生的馬褂、字畫等在此

地不容易見到的中國代表性衣物。薇拉和漢娜也準備了一些她們國家比較代表性的東西，準備炫耀一番。出發當天我們起個大早，五點半準時離開曼哈頓往東直行。我的老別克車身寬敞，馬力強大，四個鐘頭之後就順利抵達瑪莎琳。瑪莎琳是一個淳樸的農業小鎮，人口只有兩千人，高中四個年級（美國中學制度是初中兩年，高中四年）總共只有不到兩百個學生。學校的建築新穎，想必華德狄斯耐先生對故鄉的教育照顧有加。校長是一位很開豁，見過世面的中年男性，我們被領引到一個小禮堂，裡面已經坐滿全校所有年級清一色白人的學生，帶著好奇的眼光直視著我們。薇拉和漢娜跟他們長相無異，大多數的目光都集中在我這位長相不同的中國人身上。校長引言之後就由我先發表演講。這些好奇的農家子弟除了偶而在書報、電影裡接觸到一點中國事物以外，對我的民情文化毫無概念。當年的一般美國人對中國的印象大約是從一些美國人寫作或拍攝的電影之中認知的，諸如賽珍珠（Pearl Buck）寫作後來拍成電影的《大地》（*The Good Earth*），電影《花鼓歌》（*Flower Drum Song*），和描繪刻板中國人物的《傅滿州》（*Dr. Fu Manchu*）。我花了一個多小時徐徐道訴我對中國風俗文化的認知，同時把帶來的中國衣物讓全場傳繞觀看。這些天真的小孩聽看得津津有味。之後，薇拉和漢娜也分別比較摘要敘述丹麥和德國的風俗民情和帶來的物品。演講結束之後學生們紛紛踴躍的發問，問題的內容主要

還是圍繞在他們對中國的無知和好奇。事後檢討，這不但是一次非常成功的國民外交，對我而言也是一次很讓我懷念的互動經驗。五十年來我曾經應邀到各種大小型以及許多重要的場合發表演講，唯獨在瑪莎琳高中的演講至今仍然讓我回味無窮，因爲我能夠實質地讓這些小朋友們對中國文化開竅，產生興趣。演講結束之後已經過了中午，我們揮別所有學生、校長和老師之後，歸途中停在鎮上一家小漢堡餐廳進午餐。進餐途中餐廳老闆看見我們三個陌生人坐在店裡，自動走過來跟我們寒暄。聽到三位操著外國口音的年輕人在他餐廳用餐，他十分好奇的詢問我們的來意。解釋之後，老闆竟然對著我說：「感謝你們來到我們小鎮教導我們的小孩。我這一輩子從來沒有見過中國人，我很高興。今天這頓飯我請客。」淳樸美國人的好客民情表現無遺，讓我十分感動，也讓這一天點上美滿的句點。歸途中我提醒兩位歐洲姑娘她們欠我一頓晚飯。

我這輩子擁有過許多車子，通常大約每三年就換一部新車，以省掉修車的煩惱。除了老別克之外，五十年來我所購買過的都是新車，有時候甚至於花上大錢購買高檔的跑車瑪莎拉蒂來自娛一番。可是這輩子能讓我永懷的車子還是我的老別克，因爲它不但是我所擁有的第一部車子，它更是陪過我身經百戰，大難不死的伴侶，甚至於它更從來沒有帶給我過機械或電機上的故障。當然它唯一的缺陷是左前方凹進去的車禍歷史教訓，可是

這個缺陷帶給我無時無刻對安全的警惕。有時候朋友要借它去辦事，我也很樂意相借，只是要求商借的朋友必須好好照顧它。有一次傍晚我的前室友耗子希望商借老別克，打算帶一位女生到塔特溪湖邊去散心聊天。因為前一天晚上下了一場大雨，湖邊額外清新涼爽，是打動女生心扉的好機會。耗子把車子開走之後我散步到老周家裡去抬槓，順便享受周媽準備的一頓可口晚餐。事後回到寢室倒頭就睡著了。深夜兩點家裡電話忽然響起，是耗子在塔特溪湖附近一個農莊借用電話打來的。原來是他和女友把老別克停在湖岸上談心，由於昨天下了一場大雨，上游的雨水逐漸地往湖裡集中，造成水位急促地升高。因為天黑，視線不清，等到他察覺到異樣之後湖水已經漲到停車的岸上，水位已經淹蓋住輪胎的下方。由於地上已經完全浸入水中，輪胎失去牽引力，車子動彈不得只在原地打轉，所以他只好棄車落荒而逃。好不容易走了幾個小時找到一個農舍，就借電話打來求援。我第一瞬間的反應就是立刻找到另一位有車的同學直奔現場把他們帶回家。大家安頓之後我整夜無法入眠，心想這一下我心愛的老別克是名副其實的泡湯了。第二天清晨七點鐘連絡上拖車公司之後我和耗子立刻直奔停車現場，讓我不忍的目睹老別克車身已經讓湖水淹蓋到半個輪胎上，相信引擎已經進水。拖車隨後抵達，費了九牛二虎之力把它拖上岸。老別克不但外觀狼狽，沾滿泥巴，車內的底盤和座椅已經浸濕，看起來可能已

經報廢了。把四個車窗搖下之後我吩咐拖車把它拖回修車廠之後再決定如何處置。事後隔了三、四天，我回到修車廠，車子引擎和車身內部已經乾燥許多。我嘗試發動引擎看有沒有起死回生的運氣，沒想到老別克非常爭氣竟然輕易地發動了。耗子特別高興，否則他可能要另外替我買部舊車賠償。大難不死必有後福，我的老別克繼續陪我行動了三年，帶著我南征北討共同度過我研究院畢業、結婚，甚至陪我找到工作，它的確是我的幸運符。這就是為什麼我對它念念不忘的原因。

　　1971年一月分我的一位臺北工專同班同學陳福勝也抵達曼哈頓留學，我開車到堪薩斯市國際機場去接機，也幫他在校園附近一個住處安頓下來。福勝兄是我們班上第二位出國留學的同學，見面之後顯得格外親切。同時因為顧肇瀛助教也在同一個系裡求學，我們三人很自然地發展得比較親近。1971年九月暑假過後我們三人決定共同承租一棟有三間臥房的舊公寓，以期彼此照應。我們的室友關係一直維持到1972年五月顧助教畢業。

　　1971年五月期末考結束之後暑假正式來臨。除了極小部分獲得豐富獎學金的研究生之外，華人學生們都開始準備外出打工以賺取下一年度的學費跟生活費。耗子是內華達州小賭城雷諾市的打工老手，據他形容有時候碰到手氣甚佳的賭客小費一撒就是美金一百元大鈔，足夠支付一個月房租。也因為他的吹噓，加上五彩繽紛的賭城誘惑，有一大群中國學生就很興奮的追隨耗子前

進雷諾淘金去了，包括老潘在內。反正老潘的妻女仍在臺灣，他也希望到賭城去賺筆錢，好把她們趕快接過來。我則已經通知紐約長島麗都灘大飯店我的行程和上崗的日期，讓人事部門能夠開始作業。聽到我要開車前往紐約，有許多人希望能夠搭便車一齊東行到大蘋果打工。經過最後蹉商結果有其他五人決定和我同行前往紐約；老周和周媽要回到紐約上州的卡茲基兒山（Catskill Mountains）一座很大的避暑勝地格羅辛格酒店（Grossinger Resort）去賺錢，因為去年他們也在當地打工，所以比較駕輕就熟。格羅辛格酒店位置在自由城（Liberty）附近，占地兩平方英里（五個平方公里），主要客戶也是猶太人，當年是美國東岸赫赫有名的酒店。另外同行的還有機械工程系的老邱（邱正海）和應用工程系的老烏（烏華奎）也想和老周到卡茲基兒山去碰碰運氣。最後一位乘客是我的工專同學陳福勝，他想跟著我去長島試一下身手。我的老別克體積很大，一切準備就緒，動身當天車內前後各塞進三個人還不會覺得過分的擁擠。加上後車箱裝滿的六人行李，老別克要負荷一千多磅的重量。同時為了要節省時間和金錢，我們一路馬不停蹄往前飛奔，除了上廁所、伸展手腳身軀和買食物之外，絕大多數的時間都是在高速公路上奔馳。從小蘋果到大蘋果的開車距離是一千三百英里左右，在分工合作輪流掌舵的開車情形下，我們整整花了二十四小時之後終於抵達紐約市。

到達紐約市之後，我們直接往北前進，在經過兩個小時之後終於抵達風光明媚、春色怡人的山城。豪華氣派的格羅辛格酒店顯現在眼前，讓人產生一股忿忿不平的情緒，爲什麼只有猶太人才能享受這種奢華？

　　和老周等四人揮別之後，陳福勝和我繼續南下往一百三十英里外的長島出發。因爲必須穿過紐約市擁擠的公路，加上整晚在車上沒有好好闔眼睡眠，抵達長島麗都灘大飯店之後我幾乎已經精疲力竭完全癱瘓了。

第六章

長島的故事

　　長島麗都灘的麗都灘大飯店是我永遠無法忘懷的地方，因為她在1971年夏天發生了一件讓我一輩子都無法從記憶中抹掉的事件。五十年後的今天，在寧靜的夜裡回想起整個事件，過程仍然歷歷在目，我還是會激動得熱淚盈眶。

　　五月中旬回到麗都灘大飯店之後，因為暑期打工的人潮洶湧，我無法替陳福勝在飯店裡謀得一個職位，但是卻在隔壁的麗都灘俱樂部幫他找到一份不錯的工作，俱樂部還提供海灘邊一排小木屋的房間讓暑期員工居住，面對大西洋壯麗的景色實在美不勝收。一切就緒之後，我仍然回到我原來在麗都灘大飯店的三個工作崗位：早上六點到八點幫忙遞送客房的早點，八點到下午四點在工程部上班，然後下午四點開始直到深夜繼續加入警衛的行列。第二次回到工作崗位一切已經駕輕就熟，沒有任何執行上的障礙和困難。鮑勃警衛長仍然對我十分器重，其他的專職員工也仍然在崗位上，沒有大幅度的人事變動，

大家繼續相處得十分愉快。短小精幹的總經理猶太裔賽登女士（Mrs. Seiden）仍然菸不離手地在飯店內四處遊走，到處發飆咆哮，只是大家仍然不太理會她。大飯店裡的房客大多數也是回歸的猶太富人，返回麗都灘來躲避炎熱的夏季。餐廳裡面大約有百分之六、七十左右的領班、侍者們是回鍋的老面孔，仍然以華人學生居多。大家為了求學，卑躬屈膝來此賺取學費，雖然對當年的留學生生涯來說是一種常態，但是冷靜地想想這也是一個民族的悲哀。能夠來到美國求學的中國人在自己國家時都是養尊處優的小少爺、小小姐，但是卻要在這兒端盤子任人使喚，這種酸甜苦辣是很難讓局外人瞭解和共鳴的。

今年餐廳內部五十多位工作人員裡面有幾位給了我比較深刻的印象。羅伯徐（Robert）是從密蘇里大學哥倫比亞校區來此打工的年輕人，他的家庭早期從臺灣移民到巴西，中學畢業之後他獨自前來密大求學，今年暑假之後就要晉入第四年級。羅伯徐是一位彬彬有禮的年輕人，嘴巴永遠掛著笑容，非常討人喜歡。這是他在麗都灘大飯店餐廳內打工的第三年，因為表現良好，他被餐廳經理喬（Joe）提昇為五位領班之一，每天穿著黑色晚禮服，打著蝴蝶結穿梭在賓客和其他穿著紅色禮服的男女侍者之間，好不威風。第二位也是領班，名叫安迪（Andy），是從香港來的留學生，好像也是在中西部的一所大學的研究院深造。安迪不苟言笑，是一位

正經八百的準學者，做事很講道理。第三位是一個猶太籍的康奈爾（Cornell）大學三年級的學生，名叫約瑟夫（Joseph），個子高瘦，非常幽默。他是第一年來到麗都灘大飯店打工，在餐廳內當侍者。約瑟夫家就住在紐約布魯克林，不過他仍然住在員工宿舍內。這三位仁兄每次進出員工大門時總會停滯一下和我寒暄幾句，交流一番。羅伯徐有時候離開飯店時手中會帶著一些當晚廚房剩餘的佳餚，他也很慷慨地要和我分享。另外有一位新來的香港女孩，看起來只有二十出頭，長得眉清目秀，嬌小玲瓏，看得人見人愛。我們姑且就叫她安妮吧！安妮嘴上永遠掛著笑容，天真無邪，想必在香港家中也是父母的掌上明珠。每次和我打過照面，我總是會吸收到她青春喜悅的能量。按照往例，所有餐廳的暑期員工都被集中住在大約半英里外靠近海洋沙灘邊的木板漫步橋附近的一棟三層樓紅磚大樓宿舍，相信每天下工之後宿舍裡一定燈火輝煌，熱鬧無比，彼此交換當天打工的心得。曾經有一次侍者們在宿舍裡開派對，也邀請我去參加。這一群血氣方剛青春煥發的年輕人在此地萍水相逢，在彼此互動之間可以意識到大家都非常珍惜這一段雖然短暫但是卻很寶貴的友情。

六月初在大飯店還沒有完全正式開幕暑期營業之前，派拉蒙電影公司和麗都灘大飯店簽約，租借一部分飯店的裡外場所來拍攝電影《教父》（*Godfather*）部分的場景，為期三天。鮑勃警衛長派我負責維安的任務。

因為如此我只好把工程部的工作暫停三天。攝影組在大飯店裡面拍攝的場景是故事快到尾聲時新的教父麥克柯里翁（Michael Corleone）從他過世的父親維托柯里翁（Vito Corleone）接過掌門人的職位之後開始大肆屠殺家族叛徒和仇人的片段。過程是從一群黑道弟兄開著兩部1950年的轎車抵達飯店，然後分批搭電梯往樓上客房前進，並且一一踢開客房正門用機關槍往裡面掃射直到敵人應聲倒下為止。《教父》這本小說的背景就在長島和紐約市，因為麗都灘大飯店的裡外建築古色古香，很適合這部小說敘述的1950年代背景，大概這就是為什麼劇組人員選中到此地拍戲的原因吧。參觀美國電影拍片對我倒不是什麼新鮮事，因為我在臺灣的時候有過屢次見證拍攝《聖保羅砲艇》的記錄。唯一不同的是這一次我是正式地參與拍片，負責維安工作。而且這一部電影是根據我所讀過的第一本英文小說改編的，所以這段經驗意義重大。拍攝期間，我有機會和導演法蘭西斯柯波拉（Francis Coppola）短暫交談一番，柯波拉先生是一位很有才華的電影導演，加上他本人也是義大利後裔，所以他能夠從比較溫柔的視角去表現西西里黑手黨人物的人性，並不是刻板印象中常見的那種殺氣騰騰的惡霸歹徒，而是非常重視家庭倫理，講究道義的家族。我覺得這種理念倒是和傳統的美國精神十分吻合，難怪這部電影發佈之後至今已經五十年仍然被公認為美國史上最偉大的電影。我有幸能夠參與拍片中的小小片段，

與有榮焉。

　　70年代紐約市的治安並不理想，除了到處都是討錢的乞丐遊民之外，偷竊搶錢的事件也非常頻繁。長島位於郊區，社區間寧靜安全，沒有什麼保安上的顧慮。只是身為華人，總想偶而能在假日約個三朋四友到紐約中國城去享用一頓道地的中餐，好滿足對自己故鄉美食的渴望。而且既然我已經有車，行動自如，可以不受大眾運輸時程表的約束，方便許多。1971年的暑假我光顧紐約中國城四次，每次都是一群麗都灘的男女打工同伴搭著我的車進出中國城，而每次也是在當地大吃大喝一頓之後才罷休愜意回航。有一次我聯絡到遠在紐約上州的老周和周媽，希望他們也能下山到中國城相聚。見面當天新朋舊友十來人歡聚一堂，吃了中飯到曼哈頓各處溜達之後又再返回中國城享用一頓豐盛的晚餐，當時那段時光是多麼無憂無慮，多麼容易滿足的日子！我每一次開車到中國城，為了省錢總是把車子停在周遭道路邊的免費停車位。因為治安不好，加上我的車子掛的是堪薩斯州的車牌，很容易被認出車子是從外州進來的，所以我額外小心地保護我的老別克。通常我一到中國城停好車子之後就立刻把引擎火花塞的分配氣蓋（distributor cap）拆掉，並且把它擺進車後的車箱。如此一來任何人想偷車開走就無法發動引擎。我的老別克雖不是多麼值錢的物品，只是萬一被偷走會造成許多行動上的不便。有一次我帶了另外四位打工的朋友和陳福勝同學開

車進入中國城，照例找到周遭一個比較偏僻的路邊停下。我習慣性地把火花塞分配氣蓋拔掉擺進後車箱之後大伙兒就離開現場。當天晚上大家盡歡之後回到現場，老別克仍然佇立在原地，可是卻發現駕駛座這一邊的車門是開著的。大家合力檢查車子四周之後，發現四個輪胎全部被漏氣到底，老別克已經無法行動。我們的分析是這位偷車賊打開車門試圖要啟動引擎時發現沒有火花塞的聲音，無法啟動，一氣之下就把所有輪胎放氣。幸好這位仁兄不知道是因為沒有工具在身還是慈悲為懷，只是把輪胎漏氣，沒有用尖銳的扎針直接戳破輪胎，否則問題可大了。雖然如此，我們還是必須在現場等待將近兩個小時，好不容易等到一部車輛保養卡車抵達救援。灌滿空氣之後的老別克仍然還是好漢一條，通行無阻。這個事件給了我很大的啟示，人往往想占點便宜而因小失大。為了想省幾塊錢的停車費最後卻必須花上幾十元才能解決困難。而這次經驗也讓我對紐約產生長期的負面印象，一直到90年代中期治安受到全面改善為止。

1971年的夏天我生平第一次去參觀跑馬場，是一件很有趣的經驗。大飯店的總管金羅馬諾（Gene Romano）有一天興致勃勃的問我有沒有興趣跟他去水道跑馬場（Aqueduct Race Track）賭馬。據他的可靠內線傳來的消息，有一匹馬會在賽中贏得勝利，可以賺一筆錢。水道跑馬場位於紐約皇后區甘迺迪機場附近，

建立於1894年，是紐約市內唯一的一處大規模跑馬場。羅馬諾兄是西西里人，據說有一點黑手黨背景，所以我覺得他的內線消息應該有些可靠性。基於好奇心，也是因為想賺點外快，我同意跟他去見識見識。第一次目睹跑馬場的大場面，內心非常震撼。賭馬的規矩很複雜，短時間之內很難全盤瞭解和掌握賭盤的狀況。看見許多人拿著書報雜誌專注地在研究馬經，我也無法摸得著頭緒。水道跑馬場一天大約舉行十幾場賽事，每一場比賽有八到十二匹駿馬同時參加，槍響之後大約需要花費兩分鐘左右跑完整個1-1/8英里的橢圓形黃土跑道一決勝負。這短短的兩分鐘是跑馬場最為沸騰的時段，人們對著他們賭注的馬匹大聲吼叫，希望借助自己的丹田之氣能夠幫助快馬加鞭，第一個抵達終點。有趣的是經過兩分鐘的咆哮怒吼，當所有賽馬抵達終點之後所有高分貝的叫聲幾乎立刻停住，緊接的是一連串混雜的歡樂大笑聲和哀嘆聲，真是「幾家歡樂幾家愁」最好的寫照。羅馬諾老兄挑中其間一場賽事，買下六百元的賭注，我則花了十元跟著他下注。據他對賭注的分析，如果他的內線消息正確，賽事結果在預料之中的話，他可以贏回六倍三千六百元。我的十元投資也有六十元的報酬。我們的賽事開始之前，兩人屏息凝視著我們的賽馬，牠看起來十分強壯魁梧，全身好像沒有一塊肥肉，一副冠軍相，而且我們的騎馬師也很短小精幹，看起來十分專業。槍聲一響，比賽開始之後，我們的寶馬立刻往前衝

刺，一路領先。我們聲嘶力竭的叫喊聲和所有群眾的吼叫合成一體，響徹雲霄。賽程快要結束之前緊隨在後第二順位的馬匹突然加鞭往前衝刺，兩匹馬並肩地往前奔馳大約十幾秒鐘之後，很不幸我們的寶馬被第二匹馬追上，到達終點時以幾英尺的短距落敗。

羅馬諾老兄默默地望著跑道，久久不發一語。六百元在當時是一筆大錢，充滿信心的希望在兩分鐘之內瞬間就化為烏有。我可以想像到當時這位黑手黨老兄心裡的憤慨。回程路上他很憤慨的揚言要把傳給他內線消息的那個傢伙幹掉。希望他只是說著玩兒的。

時間過得很快，尤其是當你整天都被緊湊的工作占據得無法喘息的時候。一轉眼六月分就要結束了。麗都灘大飯店仍然每天歌舞昇平，賓客極盡奢華地享樂，打工學生的荷包也逐漸豐富起來。賓客員工都很高興。六月的最後一天晚上我照例穿著警衛制服站在正對百老匯大街的員工進出大門的警衛室門口，望著來往穿梭的人群，以及跟陸續離去的員工們道聲晚安。餐廳的侍者領班們通常在下午四點以前就陸續來到大飯店報到，九點前後當餐廳的服務結束之後大部分的侍者們就陸續離開大飯店，經過員工大門回去宿舍休息。只有少部分的同學們留下來繼續到夜總會兼差服侍雞尾酒，多賺點外快。六月三十日晚上餐廳收工打烊之後，如同往常，同學們紛紛的成群結隊有說有笑地從遠處往大門走來，跟我揮手道聲晚安之後就離開大門緩緩地消失在黑暗的目

光之中。因為這種現象已經成為每天的日常慣例，我幾乎已能預測到每個人每天離開大飯店的時間。一般到了九點半左右餐廳的侍者們就全部回家了，只有廚房的幫手仍然在從事最後的清潔工作。當天晚上十點多，很不尋常的，我忽然看見飯店裡面遠處有一個嬌小的身影快速地往大門走過來。等到在昏暗的燈光下終於能夠看清這個身影的輪廓之後，原來是那一位眉清目秀，嬌小玲瓏的安妮小姐。我很好奇為什麼她今天這麼晚才離開飯店，正想靠過去跟她寒暄幾句，順便欣賞一下她那天真無邪的笑容，卻沒想到她竟然是滿臉淚水，一面哭泣，一面大步快走的衝出大門，一反尋常地似乎完全忽略到我的存在。事情發生得過於突然，我一時也無法反應過來。「怎麼回事？」我大聲地詢問。她沒有回答我的問話，仍然繼續哭泣著快步離開大門，很迅速地消失在 憂鬱的黑夜。

安妮小姐匆匆地跨進半哩外的員工宿舍寢室大門之後就開始嚎啕大哭起來。同寢室的其他五位女孩都被她的哭聲驚愕住，原來宿舍內非常平靜歡樂的氣氛頓時變得壓抑沉重。大家圍著她，試圖安慰她之外也想探個究竟。只是安妮小姐坐在床緣，雙手摀住臉一語不發繼續大聲哭泣著。同伴們陪在她身旁，束手無策。此時寢室門口已經圍著一群關心和好奇的男女同學。過了一陣子，她的情緒稍微穩定一些之後，經過同伴們關愛的持續追問，終於透露出原因。原來今天晚上餐廳打烊之

前，餐廳經理喬（Joe）稱讚她表現良好，要她下班之後到他位於五樓的寢室去，因為有要事和她商量。安妮小姐不疑有他，認為喬經理可能要給她升遷或者加薪鼓勵，下班之後就直接赴約。萬萬沒有想到一跨入喬經理的臥房之後就出不來了。當喬經理開始用甜言蜜語的誘惑，她發現情形不妙想立刻離開時，嬌小玲瓏的安妮小姐根本不是喬經理的義大利強壯魁武身軀的對手，她很容易就被喬經理制伏，之後也被強暴了。事件結束後喬經理很滑頭地答應給她加薪以堵住她的嘴巴。

聽完事件的前因後果之後，整個寢室和站在門口的男女同學們嘩然一片，震驚和難以置信的情緒衝擊讓所有在場的男女義憤填膺。很快的，這件令人憤慨的事件立刻傳到宿舍裡所有的人，幾位比較具有領導慾的同學也開始聚集討論對策。有人提議去報警，可是因為沒有人證物證，只有當事人雙方彼此的證詞，在70年代的美國是一件很棘手的指控。大家慷慨激昂地討論了兩個多鐘頭，過了深夜之後終於想出一個有效的對策。經過安妮小姐勉強同意和所有五十幾個人的認同之後，最後的對策終於定案。大家集體選出三位領導人來貫徹這一項任務，他們是巴西來的羅伯徐領班，香港來的安迪，和紐約本地的猶太裔約瑟夫。當天晚上的員工宿舍內熱血沸騰，雖然終於找到一項可以制裁喬經理的策略，但是沒有幾個人能夠安寧的入眠。

七月的第一天，麗都灘大飯店顯得和以往一樣的平靜。唯一比較忙碌的是運送餐廳食材和各式飲料的卡車進出比較頻繁，因為四天之後的美國國慶日是大飯店一年一度最忙碌的日子。到時會賓客雲集，權貴政客佳賓擠滿大飯店來一齊慶祝這個美利堅合衆國最偉大的日子。大飯店上下全力以赴，充分準備要讓所有的賓客能盡興而歸。當天下午四點鐘左右餐廳的男女侍者們陸續抵達大飯店，我站在員工大門照例和大家親切地打招呼。雖然同學們也照例對我回以淡淡的微笑，可是我總覺得每個人的表情都帶著些許尷尬，不像以往的開朗爽快。一陣子之後我見到安妮小姐遠遠地朝大門走來，唯一和以往不同的是她的身旁陪伴著三個彪形大漢，羅伯徐、安迪和約瑟夫，感覺上像是在替她護航的使者。他們四個人不發一語的緩緩走近，經過大門時不約而同地對著我微微地點頭，很勉強的向上牽動了各人的嘴角似笑非笑的就往前進入大飯店。直覺告訴我情況很不尋常，可是我卻是一頭霧水，不瞭解究竟出了什麼事。入夜之後我還特地向鮑勃警衛長試探餐廳內部有沒有發生不尋常的事，鮑勃的答覆是一切如常，沒有特殊狀況。

　　當天九點鐘餐廳結束營業之後，侍者們例行的三三兩兩作伴離開時，大家在大門口跟我照面之際表情仍然十分緊繃。安妮小姐仍然由三位大漢護航一起離開現場。我雖然有一股衝動想探個究竟，畢竟我是個局外人，沒有理由多管閒事，只跟他們揮揮手道個晚安，目

送四個人緩緩地消失在夏季的黑夜中。

　　七月二日和三日整個大飯店仍然非常平靜，只是
那五十幾位男女侍者們經過員工大門進出時仍然表情緊
繃，見到我時大多是強顏歡笑，每個人都像是心事重
重，擔心要發生什麼事似的。我雖然意識到情況的異
樣，但是大飯店的操作一切都很正常，所以也容不得由
我來操心。三位大漢繼續圍繞著安妮小姐一齊進出大
門，乍看之下好像在保護一位很重要的人物。

　　七月四日的大日子終於來臨。一大早廚房就開始忙
碌，以波多黎各人為主的廚房班底在大廚拉爾夫的帶領
之下從清早就開始準備今天晚宴的佳餚。廚房中間的不
鏽鋼平臺上面堆滿了從冷凍庫取出的上等牛排、龍蝦、
干貝、深海魚等高級食材，和一桶一桶的魚子醬、蝸牛
之類的開胃品罐頭，讓人垂涎不已。到了下午三點多廚
房的準備工作已經大致就緒，只差開火烹飪。甜點的奶
油香味撲鼻，四處能夠聞到。餐廳的男女侍者們也陸陸
續續成雙結隊的從半英里外的宿舍抵達大飯店開始準備
布置餐桌上精緻的桌巾餐具，以迎接貴賓的光臨。在游
泳池畔和沙灘上享受炎夏日光浴的賓客們也開始準備打
道回房梳洗，換上華麗的禮服迎接這個盛宴。四點鐘之
後，我換好警衛制服，配上警棍照例前往員工大門旁的
警衛室開始我的夜間工作。當天值班的還有兩位警衛，
其中一位是我的好友比爾庫恩。比爾是現役的警察，下
班之後到大飯店來兼差賺外快，所以他身上荷槍實彈，

讓人畏懼三分。我和比爾在警衛室內閒聊了一陣子在大約四點十五分左右，警衛室的電話響了起來，是鮑勃警衛長從大飯店內部打來的。他要我們立刻趕到餐廳外面的大草坪去，因為餐廳出事了。

　　大飯店的餐廳可以同時容納五、六百人用餐，它的進出口除了和大飯店大廳直接通道的大門之外，另外還有幾扇側門直通廚房和連接戶外的大草坪。其中一個最大的雙扇玻璃門位於靠近大門的右側，玻璃門之外是一個寬敞的混凝土陽臺，從陽臺上走下三個階梯就是綠油油的大草坪。比爾和我趕到現場時，鮑勃警衛長已經站在陽臺上，下面的大草坪站滿了穿著紅色制服的男女侍者和五位身穿黑色禮服的領班。除了餐廳經理喬之外，所有餐廳的五十幾位工作人員全部集中在大草坪上。他們很有規律地站成五排，不出聲的站在草地上，面對著餐廳。整個隊伍的最前面站著三個人，分別是羅伯徐領班、安迪領班和猶太裔的約瑟夫三位魁梧大漢。比爾和我踏著階梯走上陽臺站在警衛長兩旁，輕微的交頭接耳地想從鮑勃身上瞭解到底發生甚麼事。鮑勃說他也不清楚，只知道這群人已經在炎熱的太陽下沉默地站立許久。

　　過了一陣子之後，陽臺上的玻璃門猝然間被用力地推開，餐廳經理喬跨出門外，對著群眾大聲咆哮：

　　「你們在幹什麼？賓客還有兩個多鐘頭就來臨了，趕快進去準備！」

「我們不願意和你談話，請你找大飯店的總經理來！」羅伯徐也近乎咆哮的回答。

喬經理頓時驚愕了一下，心想你們這些人造反了。也許是心虛吧，他並沒有回話，卻一轉頭把玻璃門帶上就進去了。

過了幾分鐘之後，玻璃門又被打開，從餐廳內跨出短小精幹的總經理賽登女士，她身後站著喬經理。一反平常的威武霸道，今天她的聲音顯得特別和藹可親，大概喬經理已經會報過她情況的蹊蹺，讓她說話也比較小心翼翼。

「你們有什麼事非跟我商量不可？」

「幾天以前喬經理在他房間裡無恥地非禮了我們其中的一位女孩，我們鄭重的要求現在妳立刻把喬經理開除，否則今天我們全體罷工！」羅伯徐義正嚴詞的提出要求。

賽登女士錯愕了一下，沒有立刻回話，反而回頭望了喬經理一眼。喬經理不慌不忙，輕微的皺起眉頭，但是非常鎮定，彷彿這一切指控都是空穴來風。

「各位同學，請大家立刻回去崗位作事，我向大家保證明天我一定會把這件事查個水落石出，我用人格保證。」一下之後，賽登女士的談吐帶著些懇求的語氣。

「抱歉，賽登女士，這是我們的要求，我們沒有商榷的餘地！」約瑟夫接著回答。

「希望妳能作出一個明智的決定，不要讓我們失

望。」接著補充了一句。

「諸位同學，大家不要傻了，快回去工作，我明天一定著手處理這個問題。」賽登女士近乎懇求的重申她的立場之後又回頭瞪了喬經理一眼。

整個群衆鴉雀無聲，每個人都擺出很僵硬的表情，一副無法妥協的態度。雙方沉默地僵持幾分鐘之後，賽登女士終於瞭解事態非常嚴重，她已經無法扭轉乾坤，索性掉頭走進餐廳好好研究下個策略。喬經理也默默地隨她離開。大草坪上恢復平靜，沒有任何聲音。乍看之下，五十幾位餐廳的工作人員像是一群受過嚴格訓練的軍人，正在等候校閱。警衛長、比爾和我三人站在陽臺上也不發一語，只是默默地和群衆對望著。看來這些同學是有備而來，而且是非達到他們的目的絕對不罷休。瞭解狀況之後，我終於醒悟爲何這幾天他們的舉止表現怪異的原因。我十分同情整個事件的導因，內心也百分之百的認同他們。只是礙於工作性質，我不能表達任何立場，只能站在旁邊預防劇烈衝突的發生。

過了冗長的二十分鐘之後，玻璃門又被打開，走出來一位西裝筆挺，長得彪悍的中年人，年紀大約有五十來歲，看起來像是在商場上打過滾的成功企業家。他後面尾隨著賽登女士。

「各位，我的名字叫作拜倫（Baron），我是麗都灘大飯店的董事長，今天我特地來到麗都灘參加一年一度的國慶宴會。我有幸今天在此和大家見面，雖然時空

有些彆扭，場面有點尷尬，不過沒有關係。大家都是來這裡賺取學費的。各位對於喬經理的指控我很瞭解，正如賽登總經理對諸位的承諾，請大家今天把這個任務好好完成，我向各位保證明天一早我就親自來把這個指控調查得水落石出。」畢竟是個大商人，講出來的話頭頭是道。

「拜倫先生，感謝你的關懷和承諾，可是我們所有的人已經無法和喬經理共事，他今天非捲鋪蓋走路不可！」約瑟夫立刻接腔說出。

拜倫先生顯然有點被這一段斬釘截鐵地回答愣住。身為董事長，被下屬拒絕的場合大概少之又少，他心想我董事長親自前來和各位妥協，竟然連這個面子都不能通融。可是他仍然繼續保持他的冷靜。「在這個國家任何非法行為的指控都必須經過審慎的檢視才能定論。我已經向大家保證會經過這個程序，希望大家合作。大家冷靜一下，我過五分鐘再回來。希望到時我能夠得到你們滿意的協議。」說完之後拜倫先生就微笑的調頭進入餐廳。

既然連董事長都出面了，資方和經營部門很顯然的已經開始軟化對這件事的態度。同學們彼此互望，輕聲地交頭接耳，好像非常肯定情況的發展和繼續堅持他們的立場。

五分鐘過去，拜倫先生又出現在陽臺上。

「各位，五分鐘已經過了，相信大家也冷靜一些。

諸位同意我原先的建議和承諾，進去把今天的任務完成吧，我明天就開始調查對喬經理的指控。」拜倫臉上帶著微笑。

「很抱歉，我們沒有辦法接受你的條件，拜倫先生。你今天一定要開除喬經理，否則我們就罷工到底！」羅伯徐冷靜地回應。我很佩服他的膽識和領導能力。

「諸位女士先生，我已經苦口婆心試圖替諸位尋找出一個合理的解決方案，可是你們堅持己見，不願意妥協。你們逼著我沒有退路，只好去選擇一個極端的解決辦法。現在是四點五十五分，我已經跟紐約市的餐廳侍者工會取得聯繫和共識。如果今天你們堅持罷工，工會會立刻安排四十位職業侍者前來支援。雖然費用較貴，但是你們沒有給我退路。如果這是最後的方案，諸位明天起就不用來上班了。我給你們最後五分鐘考慮，因為工會需要我在五點鐘以前給他們答覆。」拜倫先生臉上沒有一絲笑容，掉頭走進餐廳時還重重的把玻璃門關上，發出一聲巨響。

他的工會安排是真是假無法查證，但是他能夠一絲不苟地講得頭頭是道，這種對談判心理狀態的擺布行為很是讓我欽佩。也許董事長也是孤注一擲希望立刻扭轉乾坤吧。

頓時，整個人群開始產生騷動，排成五排的同學們開始彼此交頭接耳，研討剛剛拜倫董事長強硬的一段

話和他的最後通牒。小撮人開始圍成小圈圈在研判這段話的含意和可能對自己產生的負面後果。幾天前的沙場推演之後大家都信心飽滿的認為大飯店管理階層一定會乖乖就範，沒有想到竟然會讓拜倫先生拋回這一遭轉彎球。萬一他們的職位真的被取代，進而明天就被開除的話，下一個學期的生活費就可能遭遇嚴重的挑戰。整個團隊的討論聲音愈趨活耀，大家都在試圖尋找正確的答案。

「諸位，請大家冷靜，不必讓拜倫先生的花言巧語和威脅利誘影響我們今天的任務。」羅伯徐大聲地對群眾喊話。

「我們要團結在一起才能得到勝利，如果我們不站起來，我們會永遠被凌辱欺負。」約瑟夫也跟著對群眾啟示。

群眾們情緒絲毫沒有受到兩位領導喊話的影響，彼此議論的聲音仍然持續著，情況開始顯得有點失控。意識到同學們的軍心動搖，群眾的意志接近崩潰的邊緣，三位領導即刻分別走進群眾，試圖冷卻大家的情緒，讓大家能夠回到議題的核心跟共識。安妮小姐則靜靜地站在一旁，帶著焦慮的表情，沒有和任何人交談。

快接近五點鐘時，突然間，有一位姓錢的男同學率先離開群眾，緩緩地走上陽臺，一語不發地打開玻璃門就進入餐廳。看見這突如其來的舉動，其他人一致目瞪口呆，不知如何反應是好。目送錢同學走進餐廳之後，

第二位同學也開始脫離群眾往陽臺和玻璃門前進。緊接著一位接著一位同學緩緩地脫隊走進餐廳。幾分鐘之後，大草坪上只剩下五個人孤單地站在草地上。他們分別是羅伯徐領班、安迪領班、約瑟夫、安妮小姐和另外一位很有義氣的羅同學。五個人面無表情地望著餐廳，眼角裡都充滿了淚水。我意識到安妮小姐隨時都有情緒崩潰的可能。羅伯徐眼見大勢已去，他輕輕地撫摸其他四位的肩膀之後對大家說：「我們離開這個地方吧！」之後就掉頭往員工大門方向緩慢地前進。比爾和我尾隨他們，慢慢地護送他們到了門口，揮別他們之後，默默地目送這五位勇士的背影遲緩地消失在黃昏的暮色之中。我知道以後再也見不到他們了。

　　國慶日過後的第二天大飯店一切恢復正常，好像沒有發生過任何事件。不清楚是因為辭職還是被開除，如我所料，那五位勇士隔天之後就不再來上班了。餐廳的喬經理仍然繼續待在他的職位上一直到夏季結束，他並沒有接受到經營部門的任何懲處。目睹整個事件的來龍去脈，我除了熱血沸騰的替這五位勇士打抱不平之外，對於那些屈服於強權和生活壓力的同學也湧出很矛盾的情緒。當然我也因為自己無法為他們獻上一臂之力而感到慚愧痛心。雖然事隔多年，它還是時常浮現在我的腦海中。有時候我也會好奇的揣測那位安妮小姐的情況，是否她的身心都很健康，有沒有畢業結婚生子生孫？希望她能把這個遭遇拋諸腦後，永遠保持那人見人愛的甜

蜜笑容。

　　1976年我曾經在臺灣的《中央日報‧副刊》撰寫一篇文章，標題為〈長島的故事〉，詳細的敍述這段殘忍的往事。文章登出之後在臺灣曾經引起一陣很熱烈的共鳴。我登出這篇文章主要的用意是希望能提供要前往美國留學的男女學生一點心理的警惕，預防身處異鄉任何可能發生的意外以及可能遭遇到社會奸詐黑暗的詭計。一般讀者的反應則都是從民族主義的角度來評斷這段往事，忿忿不平中國留學生受到外國人欺負和寄人籬下的悲哀。只是只有親身經歷到這個事件才能真正感受到它帶來的震撼和結局的涵義。

　　國慶日結束之後直到八月下旬暑期結束之前，麗都灘大飯店的作業十分平靜，管理部門小心翼翼，處處提防不讓再有任何意外發生。打工的學子們也因為管理部門的寬容心情顯得比較鬆弛。八月底大家紛紛陸續離開。鮑勃警衛長希望我明年能夠重新回來效力，但是我沒有給他正確的表態，因為今年暑期發生的事件使我對此地心灰意冷，如果再回到此地總覺得會對不起那五位勇士的壯舉。離開大飯店時，和大家互相擁抱道別之後我前往隔壁的俱樂部接到陳福勝同學，另外在紐約市接到另外一位姓邱的同學就上路了。

　　1971年八月二十九日，中華少棒巨人隊在賓夕法尼亞州威廉波特城最後以三戰三勝，最後一役以十二比三擊敗美國北區隊獲得世界少棒冠軍。我們從紐約回程堪

薩斯時正巧碰上正在舉行最後一場決賽，所以臨時決定繞道前往威廉波特去共襄盛舉，親自目睹從臺灣遠道而來的小朋友們為國爭光。在球場上看到幾千位華人同胞們在中華民國國旗的揮舞下高聲吶喊為球隊的小朋友加油打氣，心中非常激動。觀眾中除了從臺灣來美的同胞之外，從中國城前來的老華僑，一些土生土長的ABC和香港來的同胞們比比皆是。在民族主義的號召下大家不分政治立場共同為中華少棒歡呼加油，那股氣氛實在難能可貴，也是無可比擬的。當比賽結束，中華少棒贏得冠軍之後，許多人都激動得哭了。我們也因為正巧能夠趕上這場盛會感到無比的榮幸。

回到堪薩斯的曼哈頓城之後就立刻被沉重的課業壓得喘不過氣，直到1972年五月分面臨暑假的來臨，我對學業的動向面臨兩個選擇。我可以繼續待在學校利用暑期班一面把學分修完，另外一面開始動手撰寫碩士論文，並期望能在年底畢業取得學位。我也可以等到暑期過後再利用秋季修完學分和完成論文，如此不但時間比較充裕，取得學位的時程也是1972年年底。深思之後我決定等到秋季再回去上課。對於如何度過暑假，我的內心一直很矛盾，反覆掙扎斟酌著到底要不要回到長島那一塊讓人痛心的地方，還是到附近大城的工程公司求個實習生的工作以充實自己專業的實力。能夠在自己專業領域任職當然很好，可是實習生一點微薄的薪資卻根本無法支付大城市的房租和生活費用，更不用談論能夠

賺取下學期的學費了，除非能夠在晚間繼續打第二份工作。從經濟角度上來分析，麗都灘大飯店還是比較能夠提供暑期賺錢和存錢的工作場所，所以最終我還是答應鮑勃警衛長回到長島來執行第三個，也是最後一個暑假的打工生涯。

1972年五月下旬，我一個人優哉游哉地開著我的老別克，花了兩天的時間又從堪薩斯州的小蘋果曼哈頓抵達紐約的大蘋果曼哈頓。在一位朋友家稍作休息之後我就直奔長島的麗都灘大飯店。大飯店仍然聳立在海灘邊，裡面的專職員工流動也沒有太大的變化。餐廳裡面來打工的五十幾位男女侍者幾乎都是生面孔，只有幾位少數回鍋前來賺錢的學生，大概去年發生的悲劇並沒有讓他們畏懼，不怕回到此地上工。餐廳的喬經理今年並沒有回來上任，不知道是被管理階層革職還是自己有先見之明辭職在先。新的餐廳經理由我的義大利朋友金羅馬諾老兄兼任。在老金瀟灑活潑的管理形態之下，侍者們也好像顯得比較輕鬆快樂。總之，1972年暑期的麗都灘大飯店對打工的學生來講是一個很寧靜祥和的地點。沒有人重提去年的不幸事件，也絲毫沒有因為那個事件遺留下的陰影。

七月分時我向工程部和鮑勃警衛長請了兩天假，獨自開車北上前往兩百四十英里以外的佛蒙特州一個小城西敏斯特市去拜會我在臺灣合歡山上結識的美國朋友凱倫諾以斯。凱倫隨著美國駐軍在世界繞了一圈，從日本

到臺灣，之後又被調往德國之後在當地認識了一位美國大兵，彼此墜入愛河，結婚之後就回到丈夫的故鄉安家定居下來。西敏斯特市是一個很小的城市，人口只有幾千人，是個典型的新英格蘭小鎮，高低起伏的山丘舖滿寒帶的樹林，十分俏麗壯觀。在入秋之後當樹葉轉黃和轉黃之後，景色更是驚人的綺麗。西敏斯特市建立在綠油油的山腰上，每棟房屋都配有大面積的土地，所以鄰居之間距離非常遙遠，顯得孤獨。凱倫的先生是當地的一名警察，有一份固定的收入。她自己則洗淨鉛華，將過去縱橫世界的絢麗生活歸於平淡在家相夫教子。她生了一個很可愛的女娃，一家三口住在一棟木造平房裡，非常知足快樂。見面之後，除了興奮地互相交換彼此這幾年來的經歷之外，也一起回憶在臺灣的種種快樂枝節。目睹她現在的生活，我忽然有個感觸，人的一生不論有成就多麼不朽的豐功偉業，或是經歷過多麼旖旎嫵媚的生活，最後的生命終究還是歸於平靜，只是時間的早晚而已。

在凱倫家中和他們三口人共處了一天一夜之後，我們依依不捨的道別，互道珍重。那是我們兩人最後一次見面，已經是五十年前的事了。

八月底暑期終於告一段落，我很清楚這是我在麗都灘大飯店最後的一個暑假，這一群三年來一齊工作的伙伴、上司們以後相見的機會可能微乎其微。我逐一的向工程部的約翰、客房部的艾爾西、廚房的大廚拉爾夫，

以及其他跟我朝夕相處的夥伴們擁抱告辭。我甚至於找到脾氣暴躁的總經理賽登女士，擁抱著她感謝賜給我三年打工賺錢的機會。賽登女士也出乎意料地報以微笑，給我一個擁抱，並祝我一切順利。鮑勃愛德華茲警衛長是我的貴人，也是因為他我才會在大飯店待了三個暑假。除了衷心的感謝他之外，也不知能夠如何報答他對我的關懷。再會了，麗都灘大飯店。後會有期，長島！

　　麗都灘大飯店因為長期的經營不善，終於在1981年被迫關門停止營業。所有員工都遭到解雇。大飯店在產業經手之後，開發商決定把這一棟1929年建造，有三百間客房的大飯店改造成共業公寓（condominium），建成許多單獨的公寓一一賣給不同的業主。風雲半世紀，充滿魅力和回憶的歡樂場合正式告一段落。

第七章　小蘋果的愛情

1971年八月底回到堪薩斯州立大學之後，我決定和顧肇瀛助教、陳福勝同學合租一個公寓。我們自稱為臺北工專三劍客。公寓離學校很近，走路就能通勤，所以我的老別克沒有什麼用武之地，平常就停在路邊，頂多有時候開車去超市買菜或到老周跟周媽家打牙祭抬槓。雖然我們三人都是土木系的研究生，可是三人所學的專科都不同，分別為結構學、土壤力學和我的交通運輸工程。加上因為我的副修科目是都市計畫，所以平常白天我們三個人也很難得有碰面的機會，只有晚上吃飯時間回到公寓一起吃頓飯之後又各自回到研究室、圖書館繼續進修。我們協定三人輪流作晚飯，可是因為大家對作飯的精神都不是非常投入，所以作出來的菜餚都不是很有水平，僅夠充飢而已。有時候懶得動手作飯，在路上買一桶肯德基炸雞塊，或是訂一份披薩回來共享也是經常發生的事。那時候有一位香港女學生名字叫作瑪麗（Mary），經過中國同學會的交誼之後對顧助教產生愛慕

之心，經常藉故跑到公寓來請顧助教替她指點一些數學問題，而顧兄也不厭其煩地花時間指導她。瑪麗有一項絕頂的烹飪技能，她很會烘烤各式各樣的蛋糕。每次前來公寓討教顧兄數學問題的同時，她一定會帶一整盒剛剛從烤箱取出的美味蛋糕來分享。因為如此，加上瑪麗有股討人喜歡的瀟灑個性，所以她在我們的公寓是一位很受歡迎的人物。瑪麗和顧助教糾纏了好幾年，顧助教非常照顧她，可是卻一直很執拗的不肯對她表態。雖然陳福勝和我很積極的在旁邊幫忙替他們的感情搧火，可是卻沒能產生任何效果。顧助教和瑪麗兩人長期保持著曖昧的男女關係。直到顧兄畢業之後前往紐約就業，過了一陣子瑪莉畢業之後也跟隨去了紐約，最後有情人終成眷屬在紐約成婚。我很高興他們兩人經過多年的愛情長跑終於結出果實，很遺憾我無法去參加他們的婚禮。

自從1970年四月中國成功發射第一顆人造衛星之後，華人圈內也多多少少對身為中國人引以為傲。雖然當時的美國大學校園裡幾乎沒有大陸來的華人，可是不管是從那裡來的華人，都會以身為中國人為榮。也因為反越戰的情緒高漲，美國國內產生一小撮歌頌共產主義的運動。1971年九月在堪薩斯州立大學的學生活動中心禮堂內有一場關於共產主義的演講，演講者是一位四十出頭的白人女性，名叫湯普遜（Thompson）。不知道是何種原因，50年代中國最艱困的時期她隻身去了中國，並且在中國住了十幾年，參加過革命、文革等階級

鬥爭運動。她剛回到美國不久，開始很積極地到各大學校園宣揚推動共產主義的教義和信念。有趣的是她給自己取了一個中文名字叫作「湯反帝」，聽起來就是一位十足的文化大革命運動下培養出來的反動分子。演講當天，我不願錯過第一次跟共產主義接觸的機會，所以很早就進入會場坐好等候。在臺灣時所接受到關於共產主義的信息都是千遍一律樣板式的如何禍國殃民，我倒希望能利用這個機會從另外一個角度來瞭解共產主義的真義。

　　演講開始之前禮堂的五、六百個座位幾乎座無虛席，全部客滿。我猜想觀眾們也都是為了好奇而來，不會真的對共產主義產生共鳴。而且觀眾席上大概也坐著幾位聯邦調查局的幹員吧。湯反帝是一位金髮碧眼的中年女性，她談到在50年代中國最動盪的時候隻身前往中國，經過十幾年的共產主義洗禮之後，她深深地覺悟到共產主義是人類的未來和解決社會貧富不均的最佳制度。傾聽她滔滔不絕的演講，想必是在中國受過精密的洗腦訓練。演講之後對於臺下觀眾的詢問和辯論，她也能振振有詞的捍衛她的說詞。我倒是十分欽佩她的毅力，因為在美國這個極端資本主義制度的社會下想要說服群眾去接受共產主義的概念是一項幾乎不可能的任務。演講結束之後她站在場外的長桌後繼續和少數群眾交談，同時也希望能推銷帶來的一些書籍和文物。基於好奇，也因為在臺灣無法接觸到這方面的訊息，我一口

氣向她買了幾本書，包括《毛澤東語錄》（就是所謂的小紅書）、《毛澤東選集》、《馬克思傳》、《馬克思恩格斯全集》，和一張大尺寸毛澤東和林彪在天安門上向群衆揮手合照的印刷照片。她以流利的中文和我交談，從眼神中能夠看出來她對共產主義的信仰是真摯和虔誠的，沒有任何掩飾和虛假。我想除非湯反帝小姐重新回去中國，如果想在美國生存下來可能對她會是一項很艱難的挑戰。

回家之後我花了好一些工夫仔細研讀了所有買來的書籍內容。我的結論是，毛澤東是一位很有思想、才華的人物，他所提出的實踐論和矛盾論對當今中國社會的現象針針見血。我的感受是共產主義在貧窮和貧富不均的社會裡也許能夠短暫性的成功實踐，這也是爲什麼共產黨能夠在1949年推翻國民政府的主因。可是在一個像美國這樣富裕的社會裡，共產制度並沒有絲毫生存的空間。美國人最喜歡歌頌的口號是「美國夢」（American dream），意味著只要努力每個人都有出人頭地的機會，這和提倡達標式平等的共產思想完全不同。2000年之後中國漸趨強大富裕，資本社會開始抬頭，現在已經沒有人再高調的大喊共產了。湯反帝小姐要是現在還活在世上，不知道會作何感想？

雖然如此，我還是把那張毛澤東和林彪的合照懸掛在臺北工專三劍客公寓的飯廳牆上，算是對他們能夠爲中國人在世界上出一口氣表示一點由衷的致敬。殊不知

竟然在同一時間內，1971年九月十三日林彪因為和毛澤東不合，企圖叛變搭機前往俄羅斯途中在蒙古國墜機身亡。這個事件對我這一張毛林的大合照簡直是一大諷刺。

我的主修交通運輸工程是一門比較新穎的學科，它是一門跟隨汽車的普遍增長而同步發展成長的學問。因為第二次世界大戰之後各種機動車的快速成長，除了公路設計的基本概念之外，道路運輸交通的營運管理和交通安全的管控成為一項很急迫的工程課題。以至於美國在1956年正式在大學土木工程系開始研討這個課題，有些大學也正式把交通運輸工程納入土木工程研究所的專業學科。我的指導教授史密斯博士是首批接受交通工程知識傳授研討的學者之一。我能夠在他親自指導之下來研究這門學問是我的慶幸和榮耀。交通工程涉及車流的分配，所以和土地利用、發展趨勢息息相關。也因為如此我才決定同時選擇學習都市計畫為我的副科。雖然我必須在研究院多待上一個學期，這一項投資是絕對值得的。因為涉足都市計畫，我有機會很深刻地去瞭解美國城市的土地規劃政策、土地分區概念的步驟以及公眾輿論在這個民主社會裡可以主宰政策動向的現象。對一位出身在臺灣極權政治環境裡的學生，這是一件很新鮮的概念。我的雙重工程和規劃背景成為我日後在專業應用上的優勢，甚至於對我多年之後從政時也發揮很大的助力。

曼哈頓是一個大學城，除了堪薩斯州立大學的學生之外，整個城市的人口在70年代也只有將近三萬人左右。寧靜的小城雖然是一個讀書的好地方，卻也找不出在大城市才能提供的娛樂場所。在大學附近的東南角有一個小商業區，大約有三條街的寬度乘上兩條街的長度。這個小區有一個很動聽的名字，叫作阿基維爾（Aggieville）。小區裡面有一家50年代興建的傳統電影院、酒吧、餐廳、禮品店、理髮廳、雜貨店和其他各種名堂的商店。往往在大學有籃球或美式足球比賽的當天，阿基維爾就會湧入大量的人潮將小區擠得水洩不通，非常熱鬧。尤其是在僅有的幾家酒吧內外都充斥著各式各樣尋歡的群眾，除了學生之外，也有從外地前來觀看球賽的家長和校友。這種現象也偶而能帶給這個寧靜的大學城一絲歡樂和興奮。阿基維爾離老周的地下室公寓只有幾條街之遙，往往遇到球賽盛事時在老周家裡就能夠分享到不遠處傳來的誼譁笑鬧聲。偶而我們也會直接步行到阿基維爾去沾點歡樂的氣息，讓我們平靜單純的學生生涯能夠掀起一些漣漪。阿基維爾小區內有一家曼哈頓唯一的中餐館，名叫馬氏餐廳（Ma's Café）。這家餐館的老闆兼大廚是一位中年的華人，從餐廳的名字可以瞭解老闆姓馬。他的妻子兒女都在餐廳內幫忙。馬氏餐廳所提供的中餐無非是典型改良過的美式中國菜，任何炒出來的菜餚只分黑汁和白汁兩種醬料，還有像芙蓉蛋、雜碎（chop suey）之類改良過的

中國菜，實在不敢領教。我們大伙兒包括老周夫婦、耗子等人偶而也會前往馬氏餐廳捧場，但通常都是因為厭倦美國食物之後不得已才作的選擇。光顧幾次之後，我們和馬老闆結識，關係也變得親暱。馬老闆全家都不會說中文，我十分好奇他們全家怎麼會跑到這個地方來經營中餐館。有一次他終於坐下來和我們分享他的家庭故事。原來他的祖先是1864年期間從中國廣東臺山遠渡重洋來到美國西岸參與東西橫貫鐵路興建的中國勞工之一。在工程最巔峰的時期據說中國籍勞工有超過兩萬人之眾，整段從猶他州到加州超過七百英里最艱鉅的路段是由中國勞工一手打造出來的。這段歷史一直被美國蓄意掩蓋，一直到2000年之後才被平反。鐵路興建完成之後美國政府企圖把這些中國勞工遣送回國。許多不願意回國的華人在抗拒之餘紛紛逃亡到全國各地和毗鄰加州南部墨西哥的邊界城市墨西加里城（Mexicali）。馬老闆的祖先們則和一群同伴逃往中西部，最後就安頓在堪薩斯州，屈指一算也已經一百多年了。經過幾代的折騰生存在白人的社會裡，難怪馬家人中文和自己的家鄉話都流失了。雖然如此他們還是自力更生依靠祖先的烹飪技巧來謀生。只是經過一百年的過渡和為了迎合洋人的口味，他們作出來的中國菜已經不像中國菜。馬老闆還提起在堪薩斯州分散於其他八、九個小城內都有一家馬氏餐廳，而且每家餐廳的主人都和他有些血緣親戚關係。聽完之後感觸很深，馬老闆家族是華人早期在美國

奮鬥立足最好的見證。幾年之後我因為業務關係經常到堪薩斯州各個小城出差，果然在西部許多小城裡都有馬式餐廳，而且每一家馬式餐廳所供應的菜餚都是千遍一律的難吃，大概每一家馬氏餐廳的菜單都是統一的。

　　1980年之後美國對中國逐漸開放，比較接近純正的中國餐廳也如雨後春筍般在各地開張營業。比較受饕客喜愛的是福州集團經營的隨顧客吃飽，菜色超過上百樣的道地中國自助餐。幾乎在全美國各地大小城市都開著類似的自助餐館。相對地像馬氏餐廳這種半調子中餐館根本沒有競爭的空間。就這樣到80年代之後馬氏餐廳們就在堪薩斯州消失了。我確信馬家可能是華人移民堪薩斯州的先驅，只是這段歷史過程卻沒有被正式記載下來，甚為可惜。更奇妙的是1985之後我開始從政，有一次在華盛頓特區參加全國城市聯盟會議時碰見兩位從密西西比州小城市來的市長和市議員。他們兩位都是華人，也都姓馬，而且祖先也都是一百年前就落戶在密西西比州，而且都是以開中餐廳謀生。因為當時的從政華人不多，我們很快就聊上。我請他們回去之後考證一下他們家族是否和堪薩斯州的馬氏有些血緣上的關聯。很可惜事後他們也找不出任何考據。如果有心人士願意花點心思倒是可以將馬氏家族在美國的奮鬥史寫出一本很動人的書。

　　我的朋友潘忠俊盼望許久之後，他的太太終於在1971年帶著出生剛滿一年的小女兒瑋瑋從臺灣到美國和

他會合。曼哈頓多出一個小女娃之後給我們這群中國學生帶來許多歡樂。大家在老周的地下室公寓相聚時因為有一個小寶寶在場，氣氛也顯得更加和睦，彼此之間的辯論雖然持續著，但是口氣似乎也緩和許多。也在這個同時期我學會了打麻將。麻將是一門四個人才能玩得出奇妙花樣牌理的組合遊戲，不賭錢也能玩，可是賭錢的話更加刺激。打麻將對年輕人來說最大的壞處是一上牌桌通常非玩到清晨七、八點不會罷休。我們的慣例通常是星期六晚上在老周家裡吃完晚餐之後開始輪流上桌，到了第二天清晨牌局正式告一段落之後，贏錢的人必須請大家到早餐餐廳吃頓豐盛的早餐，才算是結束我們的挑燈夜戰。可愛的小寶寶瑋瑋每個周末晚上都乖乖地和她的父母一齊赴約老周家的麻將戰局，開戰之後她也就乖乖地躺在老周和周媽的床上睡覺，甚是可愛。

我和顧助教、陳福勝作了兩個學期的室友，終於在1972年五月告一段落。1972年暑假我回到紐約打工，陳福勝希望在參與暑期班之後就能完成學業打道回臺灣，顧助教的計畫也不太確定。所以暑假過後我又和曼哈頓的第一位同住移動房屋的室友耗子搭上線，兩個人在學校附近第17街的一棟房子合租了二樓的一間小公寓。這棟老房子是一位從拉里堡軍營退休的老士官比爾摩頓先生（Mr. Bill Morton）所擁有。他和他在德國服役時結識的德國妻子、一個十五歲正在讀中學的兒子同住在一樓，二樓則隔成兩間小公寓分租給學生。摩頓先生全家

人都很短小精幹，身高不到五呎五吋的他嘴上永遠叼著一根菸斗。也許是因為在軍中待上一輩子，他對待他的房客們就像在軍營裡一般，如果二樓房客的動靜或音響超出他能容忍的程度，他老兄就開始嘮叨。殊不知一棟三十年的老木造房屋在二樓的任何動靜都能清晰地傳達到樓下。更何況我從紐約打工回來之後手邊比較寬裕，所以買了一套高級音響加上兩隻一百瓦特的音響喇叭，在他的嘮叨之下這套音響幾乎英雄無用武之地。摩頓先生和我、耗子之間有一層很微妙的關係。也許幹了一輩子士官長吧，他喜歡裝得一本正經，不苟言笑，把周邊的人都當成他的士兵。雖然如此，平常我們相處得還算融洽愉快，他甚至於還幫我到軍營裡面的福利社（PX）去買免稅香菸。當年在軍中一整條（十包）免稅香菸只要花上兩元。五十年後的今天在加州一包香菸的價錢就需要八元以上，是1972年我支付菸價的四十倍，幸好我現在已經戒菸了。摩頓先生雖然具有溫柔的一面，可是當他不耐煩地衝到樓上對著我敲門嘮叨時，也確實讓我不勝其煩，尤其是當我正打開音響大聲地欣賞古典音樂的時刻。如此來回拉鋸，久而久之我們彼此之間產生了默契，大家儘量不碰觸對方的底線。有了默契之後日子就好過多了。更巧的是我兩年前的室友，丹麥小姐薇拉和德國小姐漢娜恰好就是承租二樓另外一間公寓的房客。老朋友再次相逢感覺得特別熱絡，同時也讓這座公寓內充滿和諧歡樂。因為這是我們在堪薩斯州立大學學

習的最後一個學期，所以彼此特別珍惜這份有緣千里來相會的友情。薇拉兩年前被一位美國負心郎拋棄之後又結識了另外一位白人男友，兩人感情看起來還滿穩定，我很為她慶幸。漢娜仍舊是單身一個人沒有任何感情包袱，也許德國人的民族性比較獨立剛勁吧。

有一天摩頓先生的家裡忽然多了一個青少年，看起來只有十五、六歲左右，身材瘦小，乍看之下好像長期營養不良。這位少年每天無所事事，經常坐在房子前面有雨遮的門廊上抽菸。在美國未成年人抽菸是違法的，我本來有一股衝動想警告他不准抽菸，可是心想如果摩頓先生都不願意干涉，我也不必多管閒事。這個青少年在摩頓先生家中住了大約兩個月，每天遊手好閒，不跟任何人搭訕。一陣子之後我們也就習慣他的存在，只是都很困惑他的來歷和身世。有一天摩頓先生上來敲我房門，進門後直言要我幫他一個忙。原來住在他家裡那個十五歲的青少年是他以前軍中一位好友的兒子，從小叛逆缺乏教養。青少年的父親仍然還在軍中服役，全家住在南卡羅萊納州哥倫比亞城。兩個月前這個青少年在學校的教室內行為不整，不但不接受老師勸導還打了老師一個耳光，校區堅持要把他送進感化院受訓。他的父母不捨得小孩被送去管訓，就暫時把他送來堪薩斯避避風頭。經過兩個月的交涉，學校終於同意再給他最後一次改過自新的機會，並要求他三天之後必須回學校報到。因為如此，摩頓先生希望我能幫個大忙和他兩人連夜開

車把他送回南卡羅萊納州。從曼哈頓到哥倫比亞城的距離是一千一百五十英里左右，當年美國的高速公路網還在興建中，所以途中有一部分路程仍然是一般沒有分隔的公路。光是單向行程馬不停蹄的行駛一趟就要花費十八小時以上。百般思考之後感覺這是一趟很刺激的行程，我終於同意幫他這個大忙。只是因為學校馬上要舉行期中考試，我要求必須立刻動身，並且在抵達之後必須立刻要轉身回程。

第二天早上十點我們準時開著摩頓先生嶄新的卡迪拉克上路，車上除了摩頓先生和我坐在前座之外，就是坐在後座的不良少年。沿路上在摩頓先生的菸斗和不良少年的香菸相互熏灼之下，整部車子內幾乎無時無刻地煙霧瀰漫，讓人窒息。我估計在整個十九小時的行程裡那個青少年沒有說過幾句話，卻幾乎消費掉兩包香菸。從他的態度來研判，這個青少年未來會不會改邪歸正而成長為一個讓社會普羅大眾能夠接受的人物很是值得懷疑。我和摩頓先生一路上每四個小時就替換駕駛，除了加油、上廁所之外卡迪拉克沒有停止轉動過。卡迪拉克是一部高檔的座車，駕駛起來十分得心應手。因為這是我第一次橫跨美國東南部，對於周邊的景色也比較好奇，感覺新穎，也自然精神抖擻，沒有打瞌睡的危險。加上每四個小時就能夠休息，一路上行車非常順利。摩頓太太準備了充足的漢堡熱狗之類的高熱量食物和飲料，沿路上邊開車邊吃食物也讓我們節省了許多時間。

我們是在第二天清晨七點鐘抵達哥倫比亞這個美麗的南方城市。不良少年的父親是當地一個很大的陸軍基地傑克遜堡（Fort Jackson）現職的士官長，全家住在營區內的宿舍裡。士官長夫婦看見兒子回來自然興奮，眼神裡卻流露著一股悲喜交加的情感。天下父母心在哪裡都一樣，再不肖也是自己的孩子。看到這一幕團圓的景象讓我感觸很深，依我看來這一對值得同情的父母要受罪的機會還來日方長。一切安頓之後我們在士官長家裡吃了一頓豐盛的早餐，並且洗了一個熱水澡之後就互相道別打道回府。

回程的十八個鐘頭我有充裕的機會和摩頓先生進行深度的交談，知道他出生於俄亥俄州一個窮困的藍領家庭，十九歲就自願從軍進入陸軍基層服役。經過二次世界大戰和韓戰的洗禮之後被培養出強悍的軍人性格。戰後被派遣駐紮在德國境內之後好不容易邂逅了一位心儀的德國女人，而且兩人身高一致，非常搭配。結婚之後就一齊回到堪薩斯拉里堡，並且選擇在拉里堡結束他的軍戎生涯。他對於能夠將自己的一生奉獻給國家感到自豪，如果人生能夠重來他還是願意選擇同一條道路。聽完他滔滔不絕的敘述自己的故事，我感慨很深，也讓我回想起我在金門服役時一起相處過的單身老士官們。同樣是職業軍人，可是處境和遭遇卻迥然不同。

我們回到曼哈頓是第三天清晨六點多。回到公寓時已經疲憊不堪，倒頭就睡著了。這是我畢生親身經歷過

唯一一次不休息的長途開車跋涉壯舉，到現在仍然歷歷在目。在孤獨的公路上長期來回奔波是一件艱難和十分挑戰性的差事，有了這次體驗讓我對於在高公路上持續流動的千千萬萬大卡車的司機們產生崇高的敬意。

　　1972年八月底我從紐約打工回到曼哈頓之後，在秋季班正要開學的前幾天，潘忠俊來到我和耗子的公寓看我，並且希望我能幫他一個忙。他的堂妹潘忠慧申請到堪薩斯州立大學歷史系研究所的入學許可，要前來研讀歐洲近代史。她的飛機航班第二天早晨將要抵達密蘇里州堪薩斯市的國際機場，希望我能夠開車一齊到機場接她。1971年三月我曾經和老潘的堂妹在他臺北的家中有一面之緣，並且很愉快地交談了兩個小時。我對她的印象甚好，而且記憶猶新。因為如此我也毫不猶豫地答應幫忙。第二天起了個大早，接到老潘之後就一起上路往東行駛。兩個小時之後抵達機場，三十分鐘之後潘小姐的班機就準時到達。潘小姐仍然旖旎嫵媚，第一眼乍看多年未見的堂哥時，她興奮的笑容微微地露出嘴裡左側很獨特的小虎牙，甚為迷人。我們雖然有過一面之緣，畢竟還很陌生，彼此的舉止仍然矜持。潘小姐的來臨讓我覺得滿欣慰，因為曼哈頓來了一位素質高雅，天生麗質的中國女孩。

　　老潘把他的堂妹安頓和另外一位也是從臺灣來的女生洪小姐住在同一個公寓內。很巧的是她們公寓的位置也在17街上，離我和耗子的住處很近。送潘小姐到達她

的公寓之後，我留下了電話號碼和住址，自告奮勇地答應當她的司機載她到處購買必需品和辦理雜事之類的跑腿工作。我心想利用這個機會可以更深一層的瞭解潘小姐在美豔外表籠罩下的內在性格。

　　潘小姐隔了兩天就打電話來請求協助，要求我能載她到賣場去購買一些日常的必需品。我很興奮的開車前往她的住處，陪她光顧了好幾家零售店和超級市場買足她需要的東西。曼哈頓是一個大學城，沒有什麼高級的飯館，購物之後我主動邀請她到假日旅館（holiday inn）的餐廳吃了一頓晚餐，算是替她接風。從那一天開始我就成為潘小姐的專用司機。不到一個月之後我們便成為好朋友，曼哈頓北郊有一家清靜優雅的比薩屋（pizza hut）成為我們經常光顧約會的地點。人生是一個很難揣測的旅程，本來我是打算在1972年底拿到碩士學位就打道回臺灣繼承父親的事業，可是潘小姐徹底地改變了我的人生。在當年十一月底的感恩節左右我們兩人陷入愛河，並且決定在我畢業之後結婚。我們兩人的家庭背景迥然不同，加上只有經歷兩個月十分短暫的感情考驗，這項決定似乎有些快速，然而當時年輕氣盛，勇氣可嘉，兩人毅然決然地作出這項重大的人生決定。當我們把結婚的意向告知潘小姐的堂姊時，她是持著反對態度的。除了我們認識交往的時程太短之外，她認為潘小姐才剛到曼哈頓求學，不必急著結婚成家。堂姊也把她的立場轉告給潘小姐在臺北的父母。但是因為我對

這項決定的執著和堅持，當我打電話回臺灣正式向潘伯伯提親時，他也只好勉強地答應了。大概因為女兒遠在天邊，既然她對這件結婚的決定也很堅持，父母親也只好首肯。我也十分感謝母親同意我的決定，並且帶著弟妹和三位舅舅親自到臺北的潘家府上正式替我提親。讓我更感激和欣慰的是潘小姐決心要跟著我這個身無分文，前途未卜的窮學生廝守終生的勇氣，讓我一輩子無法忘懷。

我和忠慧是在1973年一月二十七日結婚的。結婚的地點在曼哈頓的第一公理教會（First Congregational Church）。忠慧是天主教徒，我是佛教徒。因為曼哈頓沒有佛寺，而天主教對非教徒在自己教會內舉行婚禮有很瑣碎嚴謹的限制，包括需要事先參與一系列的講道等等教規，很容易就讓我們打消在天主教堂結婚的念頭。為了折衷，我們選擇了基督教會，在牧師的見證下喜結連理，誓言彼此鍾愛相守一生，白首偕老。結婚當天曼哈頓下著大雪，氣溫酷寒，可是仍然有六、七十位賓客前來參加。除了耗子充當伴郎之外，我的主婚人是從堪薩斯市冒著大雪開車前來的徐陳光淵博士和她的夫人游蘭女士。游蘭女士是我母親的兒時玩伴，小時候在羅東一起長大的朋友。徐陳博士是上海的流亡學生，40年代輾轉到了臺灣之後被分發到羅東紙廠上班，和當時也在紙廠上班的游蘭小姐由相識而相戀。當時正值臺灣的228事件發生前後，他們兩人不顧家人和當時臺灣社

會對省籍觀念愚昧的對抗，鼓起勇氣結婚。之後，徐陳先生申請到德州大學奧斯丁校區的獎學金，舉家在50年代前往美國留學。徐陳博士取得化學博士學位之後就受聘於堪薩斯市聞名的「中西部研究所」（Midwest Research Institute）從事癌症藥物研究。母親知道他們住在堪薩斯市郊區，要我必須邀請他們伉儷代表她來主婚。徐陳博士夫婦是一對非常善良，樂於幫助別人的長輩。我除了尊敬他們之外，後來也和他們家庭成為三十年的親密朋友。

忠慧的家長代表是堂姊和堂姊夫。教堂的結婚儀式禮成之後，所有賓客站在教堂外面臺階的兩旁，雖然寒風刺骨，大雪繽紛，卻無法抵禦所有賓客對新婚夫婦的熱情祝福。婚禮之後，慶典轉往假日旅館地下室的宴會廳。賓客們在豐盛的菜餚、酒和飲料，以及DJ的音樂陪伴之下度過一個完美的夜晚。我的指導教授史密斯教授和夫人、我的房東摩頓先生帶著十六歲的兒子、我的丹麥朋友薇拉、德國朋友漢娜，還有許多華人洋人同學朋友幾乎全部到齊，把會場擠得水洩不通，熱情奔騰，和外面酷寒的環境儼然像兩個不同的世界。摩頓先生十六歲的兒子拿著啤酒暢飲，雖然違法，可是在歡樂的氣氛裡也沒有人想多管閒事。

婚宴結束之後，我們兩位新人當晚就下榻在假日旅館度過洞房花燭夜。雖然是一個簡單的婚禮和喜宴，可是以當時窮留學生的身分而言，已經算是一個隆重豪華

的婚禮了。

　　婚禮過後的第二個星期我即刻參加我的碩士論文口試，由指導教授史密斯博士加上另外兩位教授主考。我的碩士論文是關於夜間行人穿過斑馬線時對車燈照射的反應及安全系數。通過口試之後我的求學過程就算告一段落。雖然我已經收到兩間大學博士班的入學許可，但是我決定不繼續升學，因爲我很清楚自己不願意在學術界裡渡過教書研究的生涯。

　　口試完畢之後我決定帶著新婚的妻子到德州去度一個短暫的蜜月旅行。開著我的小別克帶著忠慧從曼哈頓順著35號州際公路往南開。因爲財務緊張，第一天晚上我們兩人把車子停在達拉斯市北邊的一處公路旁的休息站就地躺在車內睡著了。半夜裡一個公路警察還拿著手電筒來詢問我們是否需要幫助。70年代在休息站的車內睡覺並不是大不了的事，也沒有安全的顧慮，要是在今天，不但法律不許可，安全也是嚴重的顧慮。回想起來，當時年輕，初生之犢不畏虎，勇氣可嘉。我們的蜜月旅行終點站是德州最南端靠海離休斯頓有五十英里的加爾維斯頓（Galveston），我們在那裡吃到此生最大的炸蚵和薯條，一大盤有二、三英吋長的炸蚵，美味可口，到現在還念念不忘。德州佬宣稱德州任何東西都比別人大，一塊牛排就有七十二盎司重（超過兩公斤），當然海蚵的尺寸也不能遜色。人總是會懷念在刻苦時經歷過的事，我也不例外。

回到曼哈頓之後，我很想去訂購一個畢業戒指，可是因為財務拮据，本來想打消這個念頭。最後我的愛妻替我支付六十五元美金圓了我的心願。

　　1959年美國發行了一首轟動全國的布魯斯樂（Blues）型態的歌，曲名叫作〈堪薩斯城〉（*Kansas City*），歌曲內容大約是歌頌堪薩斯城特殊的女孩和充滿狂歡的愛情，不論是坐火車、搭飛機，甚至於長途跋涉都要趕到堪薩斯城來尋找那瘋狂的愛情。最後以「堪薩斯城，我來了」收場。這首歌的聲望一度高到連披頭士（The Beatles）在1961年的演唱會都演唱過。

　　我曾提過堪薩斯州是我的第二故鄉，從1970年九月到1973年三月在曼哈頓完成求學之後，1973年三月起遷往堪薩斯城的郊區，一直居住到2002年九月正式離開遷徙到加州洛杉磯為止，我整整在那裡居住超過三十二年。堪薩斯城在我的生命中占有一席重要的地位，她塑造了我的人格和生命價值觀，她讓我成長並鞏固了我的家庭，她也讓我徹底地瞭解和融入美國的文化和價值。在堪薩斯城將近三十年期間，我經歷了人性的溫馨、險惡，學習社會秩序，吸收和優化處

世待人的道理、規則，也經歷了不少充滿血淚的掙扎奮鬥（也許淚比血多一些），最後，我自覺是一個贏家。

不只是外國人，連大部分的美國人都搞不清楚堪薩斯城的地理環境，她的都會區總人口有兩百一十萬人，本身其實是一百六十七個大小城鎮湊在一起的。密蘇里河和一條人工畫出來的州界道路把堪薩斯城都會區切成兩半，東半部在密蘇里州，西半部在堪薩斯州。其中最大的城市名為「密蘇里州堪薩斯市」，人口四十五萬。第二大城是堪薩斯州的陸地公園市（Overland Park），人口約有二十萬人。總體說來，好玩好吃，商業行為比較興旺的都在東半部的密蘇里州，但是比較有錢的白領階級都住在西半部居住環境比較優厚高檔的堪薩斯州。我在堪薩斯城接近三十年內雖然一直住在西半部，但是絕大部分的時間我的住宅距離密蘇里州界不到半英里。而且我的辦公室一直位於密蘇里州堪薩斯市內。她雖然位於內陸的美國地埋中央，可是並不是一個極端閉塞、文化保守的都會。事實上，美國最豐富的古代中國文物就是收藏在密蘇里州堪薩斯市的內爾森阿金斯藝術博物館（Nelson-Atkins Museum of Art）內，除了西元前一千五百年商朝到六世紀隋朝的文物之外，其中還包含一座第十世紀五代十國時期的大木雕南海觀音。

我從德州和新婚太太度完短暫蜜月回到曼哈頓之後，史密斯教授替我安排到堪薩斯市三家工程顧問公司

面試工作。第一家公司叫作HNTB，是一個聞名全國的大型公司，雇用上千位工程師，專責公路橋梁、機場等運輸工程規劃設計。它的辦公室遍佈全國各地和國外。第二家公司名叫布克威里斯工程顧問公司（Bucher & Willis），是一家小型的公司，主要的市場在於密蘇里州和堪薩斯州，員工有五十人左右，三個辦公室分別位於堪薩斯市、堪薩斯州中部小城沙萊納（Salina）和西部小城黑斯（Hays），這個公司的業務比較多元，只要和土木工程有關的業務，他們就照單全收。最後一家公司名叫JBM，整個公司只有十五名員工，專責交通工程規劃設計，是從事和我專業比較相近的公司。我把三個面試的機會安排在三月十二日、十三日兩天。面試之後的直覺是：HNTB是個大衙門，一切都非常制度化，缺乏人性的溫馨，因為公司大，作業方式像工廠組裝線，所能獲得的經驗只侷限在自己參與的小部分。JBM是一個正在啟蒙發展的小公司，前途未卜，看起來經營得十分辛苦。倒是當我和布克威里斯的老闆吉米布克（Jim Bucher）深談之後，發現這位五十出頭，從二次世界大戰太平洋戰場退伍的德國後裔工程師是一位很有智慧的人物。言談之間他雙眼不眨的直瞪著我，說話很有自信，知識也非常豐富。不知不覺中我對他的處事態度由衷地欽佩和尊敬。

三月十六日我接到布克先生的電話，通知我公司決定錄取我擔任助理工程師，月薪八百元，每周工作

四十五小時，同時每周工時超過五十五小時之後公司就能夠以時薪方式發給加班費。換句話說，公司無形中鼓勵員工每周工作五十五小時。他並要求我隔兩天，就是十八日就能報到上班。掛完電話和太太商量之後我毅然決定接受他的聘用，並且立即回電表示接受聘用。雖然第一家大公司HNTB已經同意雇用我，而且開出八百五十元的月薪，但是我認為能夠在布克先生身上學到更多工程才藝。

三月十八日早上八點我準時抵達布克威里斯在密蘇里州堪薩斯市的公司大門。在大門按了門鈴，等了好一陣子，卻沒有人來開門。在大門口足足等了三十分鐘之後很失望的離開。十八日是星期天，也許不會有人前來上班吧！我不瞭解為何要我星期天前來報到。布克威里斯的辦公室位於黑人區的邊緣，治安並不理想，我只好匆匆地離開。

第二天的十九日星期一我又準時出現在公司大門口。這一次辦公室裡坐滿了一大群埋頭苦幹的工程師和技術員。祕書引導我去見布克先生，我提醒他昨天早上曾經來到公司報到，但是卻撲空。他覺得納悶，認為辦公室幾乎每天都有人在才對。接著他賜給我足足三十分鐘的精神提訓，告訴我想成為一位好工程師必須實踐的信念和態度。之後他問了一句我一輩子都不會忘記的問題：

「你知道如何能夠在五年之內獲得十年的經驗

嗎？」布克先生問我。

我想了一會兒之後，回答說我不知道。

「很簡單，」他說，「你一天工作十六個小時。」

這句名言成為我日後工作態度的座右銘，也經常以這句話勉勵新進的員工。在布克威里斯上班的前兩年內，感覺上好像每天都在工作十六個小時。

我在布克威里斯工程顧問公司從1973年待到2002年，前後足足工作了二十九年，從一位助理工程師開始，最終以公司的董事長結束專業生涯。這二十九年可以區分為三段不同的職業生涯時空階段：

◇ 第一階段是啟蒙時期，時間位於1973年三月到1983年五月。

◇ 第二階段是開拓時期，時間位於1983年六月到1991年三月。

◇ 第三階段是興盛時期，時間位於1991年四月到2002年三月從公司退休為止。

在第一階段時期的前六年，我是布克先生的首席跑腿工程師，也因為如此，我在他身上吸收到無窮境的專業知識、管理理念和做人處事的態度。我所有的成就絕大部分要歸功於他的教誨，他是我生命中最重要的貴人。布克先生不苟言笑，偶而發出的布氏幽默也會讓人啼笑皆非。我們公司的工程師上班的時程通常是每天十小時，星期六是五小時，等於每周工作五十五小時。事實上工程師每周上班時間很少低於六十小時的。我曾經

因為必須趕工，一星期內工作整整一百個小時，除了回家睡覺之外幾乎完全待在辦公室。還有一次因為設計錯誤，基於三天後必須交圖，我們一組四個人包括布克先生從當天早上八點一直工作到第二天下午四點才把設計完成，整整錯過睡覺的機會。技術員因為是以時薪計算，每天工作超過八小時就必須支付加班費，所以上班時數的彈性較大。

布克先生工作賣力，我們在加班的時候他也從來不缺席。他也是一個天才，1970年代沒有電腦，一切計算必須仰賴計算尺或是心算。有時候在計算土方的時候有四、五十個四位數的數字要上下排列整齊以便加成總和。一般正常的人都是一位數、一位數從個位數先加好再移到十位數、百位數等類推，布克先生則是拿著鉛筆輕巧的一個個點著數字組合，四位數一起加，而且很快就能夠把總和答案寫出。他的答案很少出錯，因為我是負責校對答案的工程師。另外，布克先生幾乎什麼專業都懂一些，最起碼在專業領域上要難倒他是很困難的任務。有一次我們的工程牽涉到景觀工程設計，第二天必須向業主針對景觀工程發表詳細的簡報。這項專業和土木工程是兩項不著邊際的學問，但是布克先生當天到圖書館借了三本景觀工程設計的書籍研讀整夜。第二天我跟隨他去發表設計簡報，他已經能夠琅琅上口以專家的姿態談論景觀設計。

總之，我的這位貴人是一個非常傑出、勤勞而特殊

的人物。美國在第二次世界大戰之後能夠快速建設成長乃至領導世界，都是因為有千千萬萬像布克先生這樣的人物，很遺憾的是這樣的人物在當今已經存在不多，社會上唯利是圖的人物比比皆是。布克先生的精采舉止太多，無法逐一敘述，有兩件事到現在仍然深深地銘刻在我心中：第一件事是有一次我們一起去參加一個公聽會向群眾報告需要增加自來水費來提供供水系統改善的費用。無庸置疑的，禮堂內幾百名群眾個個面目猙獰，摩拳擦掌準備對市政府和工程設計公司提出嚴重抗議。布克先生緩緩地，很有技巧地向群眾作出一份中肯的計畫報告，對這件工程所能產生的長遠公眾效益提出詳盡的分析。報告結束之後竟然全場鴉雀無聲，絕大多數的群眾都能認同小程度的水費漲價。在美國這個民主社會，任何增稅的提案能夠得到群眾的認同很不容易，負責人需要有高超智慧的說服力。

第二件事是有關布克先生超人的毅力。有一天他要我準備第二天早上和他一齊到一百八十英里以外的沙萊納分公司去幫忙設計一個機場，說定清晨六點在我的公寓門口載我。第二天早上五點五十分布克先生就出現在公寓門口。上路之後三個鐘頭抵達沙萊納的辦公室我們就埋頭苦幹，一直到下午六點他問我肚子餓不餓？整天沒有吃飯，我已經飢餓得發昏。我們兩人趕到附近一家餐館花了二十幾分鐘狼吞虎嚥的吃完晚餐之後又回到辦公室繼續工作。接近午夜時終於完成設計，他要我開

著他的賓士轎車打道回府，他則在車上打盹休息。我們回到我的公寓時已經是清晨三點多。下車時他說了一聲「明天見」。第二天早上我很勉強的爬起床，到達辦公室時大約是十點鐘，布克先生早已經在裡面作業了。

　　我進入布克威里斯工作時，辦公室裡頭還有四位年輕的工程師，Jerry Martin、Jim Fahrmier、Jerry Penland、George Girguess。其他四人後來不是因為撐不住壓力就是因為達不到布克先生的期望而被解雇。傑瑞馬丁（Jerry Martin）後來變成我的真摯好友，甚至於在我購買第一棟房子的時候答應作我銀行貸款的擔保人。他被解雇之後我覺得萬分難過。我是公司在1957年成立以來雇用的第一個亞洲人。美國中西部本來亞洲人就很稀少，加上亞洲人喜歡到東西岸發展，大學畢業很少人願意留在中西部。到了90年代之後我們才陸續約聘到幾位華人，包括我在堪薩斯市好朋友吳樹民醫生的兒子Glen。吳樹民是60年代臺灣名人吳三連先生的兒子，後來他決定舉家遷回臺灣居住。

　　在前五個年頭的職業生涯中，我幾乎參與或主導過所有不同領域的土木工程設計。我曾經設計過包括六百四十英畝新社區的道路、排水和管線、橋梁、自來水廠、汙水處理廠、自來水管線系統、汙水管線系統、兩座通用航空機場、垃圾掩埋場，和一個製造核子彈頭工廠內的蒸氣輸送系統。唯一沒有設計經驗的是我自己的專科交通工程。五年之後我終於向布克先生提出要求

讓我能開拓我專業方面的業務，也得到他的同意。除了積極參與交通工程訓練之外，我也開始參與投標工作。前兩年的成果慘淡，因為經驗不足，也沒有業績可以顯示來當後盾。過了兩年之後終於有點起色，而且得到非常快速的成長。布克先生對於業務競爭有一句名言，他說：「競爭業務結果排名第二就好像給妹妹在臉頰上親了一下，雖然感覺上舒服但是事實上很不舒服。」

　　1974年在服務滿一年之後，我帶著太太回到華盛頓渡假，碰巧遇到一位在馬利蘭州蒙哥馬利郡上班的朋友。他們正在尋找一位有交通背景的工程師，並當場給了我聘書，每月薪資比我當時在布克威里斯多出三百元。因為金錢的誘惑，我向布克先生提出辭呈，並抱怨當初的協定是每星期上班超過五十五小時就有加班費，可是一年多來公司從來沒有付給我一分錢加班費。第二天他遞給我一張兩千五百多元的支票，說這是我一年多來所累積的加班費用。很自然地收到支票之後我就打消離職的念頭。

　　在1977年到1980年期間美國國會通過法案，耗資幾十億美金要全力改善全國交通安全。我們也因此承標到幾項大工程，研究堪薩斯州各地的道路安全，計畫由我主導。堪州有一百零五個郡，因為這個計劃的關係，我親自開車巡訪過一半以上郡內的每一條道路，足跡遍佈全州的每一個角落，並且和各地政府百姓產生密切的互動。也因為如此，讓我深刻地瞭解到美國心臟地帶的

民情。不同於兩岸、美國中西部的百姓，尤其是鄉間的農民是淳樸眞摯的，對於一位他們難得一見的亞洲人種絲毫沒有保留和偏見。有些農民見到我在鄉間野外測量道路的結構還主動開著皮卡前來遞送檸檬汁讓我解渴。這種眞誠的互動讓我非常感動。因爲我在鄉間的長期跋涉，我常常告訴朋友我比土生土長的堪薩斯人還瞭解堪薩斯，稱她爲我的第二故鄉一點也不爲過。

　　1979年布克先生因爲長期操勞工作，加上每天睡眠不到五小時，身體健康亮起嚴重的紅燈。布克太太堅持要他退休。十分依依不捨的，布克先生遵從太太的指示，以只有五十七歲的中年便從公司退休，舉家搬到亞利桑那州去享受長年不休的陽光。我也因爲失去導師和貴人，心裡十分難過。那時候我已經考上專業工程師執照，布克先生的合夥人威里斯先生要我挑起大梁，負責堪薩斯市辦公室工程部的業務。我的個性很擅長與人交際，套一句美國人的諺語「Different strokes for different folks」，翻成粗俗的中文的意思就是「見人說人話，見鬼說鬼話」是我的專才，所以我能夠跟任何人打成一片。也因爲如此，公司的業務蒸蒸日上，到了1983年布克威里斯已經成長到一百五十個員工的公司。

　　我第二個職業生涯階段開始於1983年。當年二月分有一天我接到一個捐客的電話，告訴我有一家公司願意用高薪聘用我去工作，開出的條件是加薪30%，另外付給我一萬元的頭筆紅利。此外還會給我一部新車

使用，同時任何我包到的設計合同面值的5%是屬於我的。在當時這種優惠的雇用條件幾乎沒有人能比擬。為了要更增強我的興趣，這個公司還送了兩打紅玫瑰花給我太太，希望她能幫助我接受聘用。足足考慮了一個星期之後，在金錢利誘之下我正式向公司提出書面辭呈。第二天威里斯先生從沙萊納開車來看我，希望我能三思而行。他說公司已經討論過好幾次要邀請我成為合夥人（partner）的計畫，如果我同意繼續留下來，他會在五月分的合夥人會議中推薦我加入，但是他無法保證是否能成功，因為成為合夥人必須要所有十一位合夥人全數無異議通過。他的建議讓我陷入抉擇的困境。我愛這個公司，能成為其他十一位四、五十歲白人的生意合夥人對一個三十四歲的外來中國年輕人是一件莫大的榮幸。雖然成功與否仍然是未知數，但是和太太商量許久之後，我決定下個賭注繼續留在布克威里斯。回顧之下，這個選擇是絕對正確的。

1983年五月，我正式成為公司的合夥人。我沒有足夠的資金投資，還需要母親的補助才能湊足第一筆入股的資金。合夥人制度和公司最大的差別在於節稅，但是合夥人的財務必須互相擔保，所以選對合夥人十分重要。成為公司合夥人之後，在個人財務上自然地就產生正面的影響和改善。

1985年我開始涉足地方政界之後相對的對公司業務也產生一些幫助，倒不是因為我用政經關係去爭取工

程，而是成爲政治人物之後能讓我更廣闊的拓展人際關係。因爲我們的業務對象是各級政府的工務單位，人際關係絕對需要。到1990年左右公司已經拓展到三百五十人左右，並且在全國各地，分別在芝加哥、達拉斯、匹茲堡、西雅圖、舊金山、丹佛、聖路易、奧克拉荷馬市和其他城市設有十四個辦公室。公司的發展除了本身有機性的成長以外，也要感謝美國電話電纜公司（AT&T）對我們的信賴，這個全美國最大的電話公司把一大部分全國的新光纖纜線系統的建造計畫一手委託我們承辦。橫跨全國的光纖纜線需要向私人、農夫、牧場主、企業和政府等購買五到十英尺寬的地下土地使用權，這項工作需要大量人力支援，所以我們還必須另外約聘一百多名具有說服技巧能力的臨時約聘員工負責路權取得工作。AT&T的工程持續了六年左右，它給公司和合夥人、員工都帶來優厚的利潤和財富。

1988年我被選上爲堪薩斯州的顧問工程師協會會長，這不但是一個榮耀，也能夠提升個人知名度，進而對公司的業務有很大的助益。之後第二年我成爲代表堪薩斯州的全國顧問工程公司協會的全國理事，本來有意考慮競選全國的會長，後來因爲必須承諾奉獻整年的時間給協會而作罷。

1989年透過一位好友，堪薩斯大學土木系李珏教授的推薦，我和其他四位旅居美國的交通工程專家受邀到臺灣訪問，並且分別在六個主要都市和市長、交通工

程人員舉辦座談會，對臺灣的交通建設提出不同層面的建言。同行的專家們有一位杜二先生，雖然住在華盛頓，他卻和臺灣的國民黨有密切的黨政關係。從臺灣回來之後，我和當時各級政府也建立了一些溝通管道。有一天杜二打電話給我，提到臺灣正在研擬一個經費超過八兆新臺幣的六年國建計劃，需要充足的技術工程人員支援，問我有沒有興趣到臺灣拓展業務。在華盛頓有另外一家工程公司的老闆李貴有先生，他很有興趣和我討論合作細節。飛到華府和李貴有、杜二見面之後，覺得李先生是一位很誠懇的紳士，出身臺灣南部鄉下，他並不是學工程的，他的公司營運焦點也主要集中在運輸規劃項目。任何合作計畫可能還是需要我的工程人員帶頭。見面之後我們承諾成立一家美國公司，名稱是美聯科技公司（Chinese-American Technology Corporation），簡稱為CTC，兩家公司各出資六萬五千美元。杜二也決定辭掉美國的工作，回臺灣去利用他的政經關係為我們效力。就這樣，美商美聯科技公司臺灣分公司在1990年三月十五日正式在臺北開張營業。歷經三十幾年的經營，目前美商美聯科技公司臺灣分公司已經變成臺灣公路、橋梁、交通設計的骨幹，而且越作越猛，深得臺灣各級政府器重。

　　杜二抵達臺灣之後，在三個月內就爭取到一個臺灣省交通處全省各大縣市鐵路地下化可行性研究投標和面試的機會。當時我們的下包是一家剛剛由臺大教授斥資

成立的鼎漢工程公司和另外一家知名的亞聯工程公司，而我們的對手卻是臺灣運輸工程龍頭，由政府出資設立，超過一千名員工的中華工程顧問公司。面試當天我和另外一位合夥人雷弗萊蒙斯（Ray Flemons）飛到臺灣，帶著從美國製作的精緻電子媒介的簡報資料，率領十個人西裝筆挺地前往中興新村赴會，中華工程顧問則是由兩位工程師穿著短衫，拿著一本小冊一五十地照念預先準備的簡報內容，絲毫沒有表現針對業主和項目的熱忱。結果是CTC贏得了這個價值上億元的規劃設計案。這個案子的成果最後成為臺灣幾個大城市內鐵路地下化的藍圖。也因為這次的勝利，我們徹底改變了臺灣工程界投標簡報的文化，再也沒有公司會在面試時穿著短衫拿著本子照念了。

　　第一標工程簽約之後，除了僱用第一位留美返國的工程師高揚名來幫助杜二之外，我立刻動員八位在美國的工程師赴臺，有家眷的也攜眷一齊動身。這是我犯下的一個大商業錯誤。因為這八位都是洋人，除了必須為他們負責住處費用之外，小孩的教育費也是我的責任。此外，所有文件、溝通都需要雇用專人翻譯，也增加許多額外的開支。因為如此，第一年營運下來CTC損失了四十萬美金。我當機立斷，即刻撤回所有洋人，把整個營運徹底本土化。三十幾年來，在經過幾位很能幹超凡的總經理們的領導下，公司能夠繼續成長茁壯。我十分感激歷任的陳寶章、金至仁和現任的林振揚總經理，以

及劉信宏對公司的貢獻，讓我們在臺灣能夠成為一家主流的工程顧問公司。經我們設計建造完成的高速公路、橋梁、隧道等運輸工程成果遍布全臺灣。更值得驕傲的是，我們引進第一座單點式鑽石公路交流道的概念，並且在新竹竹科和中山高交流道成功的建造全臺灣第一座單點式鑽石交流道，徹底改善周遭的交通瓶頸。CTC的股權因為李貴有先生的退休，最後由我接收成為公司的控股人。如果在臺灣企業成功拓展的過程中有任何遺憾，必須是杜二先生的早逝。我很痛心，因為杜二對公司初期的貢獻讓CTC能夠在臺灣站立起來，可惜他在1992年因病在臺北英年早世，享年只有四十四歲，無法共享我們最後的成果。

我在布克威里斯職業生涯的第三階段從1991年到退休離開的2002年三月是我所提到的興盛期。我們從各地引進一群年輕而傑出的工程師協助公司的發展，注入新血和嶄新的觀念。那段時期公司的營運已經穩定，在西岸的業務，尤其在西雅圖和美國西北部的經營開始突飛猛進。我從堪薩斯市遷調一位我的夥伴，也是我的摯友史帝夫路易斯（Steve Lewis）到西雅圖負責整個西北部的業務擴展，結果成就不凡。在美國這幾十年，我真正的結識了一個知心的同事和朋友史帝夫。我們對人生的認知雷同，關心彼此的安危和幸福。我很榮幸能在他的婚禮上擔任他的伴郎，也很高興能夠親自帶他到宜蘭去親身感受我成長的地方。雖然我們分別居住在相離一千

多英里的兩個城市，幾十年的友情仍然強烈的環扣著。

　　1991年之後我試圖嘗試往中國拓展業務，當時中國的經濟開始起飛，透過世界銀行借貸大量資金用以從事全盤性的高速公路建設。因為世銀貸款的規定，任何建設項目必須透過國際招標，這對我的美國公司而言，是個難得的優勢。耕耘幾年之後，我們在中國獲得一些成果。只是當時中國地方政府的官場陋習仍然嚴重，我也不願意參與不正當的商業關係，自然也就放棄掉不少機會。透過世銀的關係，我們公司替中國各省的公路局和交通廳在美國各辦公室短期培訓了許多工程師，也因為這個原因，我結交到許多中國各地公路界的明日之星。一般的培訓期限從兩星期到三個月不等，以經費多寡決定。人員數量也從四到十二人不等。曾經接受布克威里斯科技洗禮過的中國工程師不下百人，包括來自上海、北京、遼寧、黑龍江、安徽、河南、江蘇、廣東、和新疆各地。

　　布克威里斯在1995年改制，從合夥人制成為正式的公司（S Corporation），我也被選為公司的董事長。改成公司之後使得公司變得更有結構性和系統性。這段期間因為美國國內業務擴展迅速，加上臺灣的CTC營運和中國業務的探索，我必須長期在外旅行，平均一年之內幾乎有六個月在外奔波，弄得身心疲憊不堪，跟家人相處的機會也相對地減少。有一次我連續二十一天內在外地睡過二十張不同的床，精神混淆到半夜醒來都不知

身處何處。更荒唐的是還有一次我在一個星期之內曾經從美國去過中國兩次。長期下來讓我分身乏力。我對外出勤時儘量搭乘聯合航空的班機，聯合航空有超過兩萬名空服員分別服務在不同航線。當有些空服員在飛機上認得出你的時候，你就知道你花太多時間在飛機上了。

2002年初我開始產生萌退布克威里斯的念頭。我將此生最充沛豐厚的近三十年生命貢獻給這個公司，把她扶植成一個成功的企業，也算對得起布克先生早年對我的栽培。漫長的三十年過去了，也許是把接力棒傳遞給下一代年輕人的時候。我一向對土地開發行業具有濃厚興趣，因為如果經營妥善利潤非常可觀。趁著還年輕有活力，我很想轉行嘗試開發土地，更何況土地開發和土木工程是兩項息息相關的行業。2002年一月分我正式宣布從公司退休，把所有股票賣回給公司，並且答應以最多不超過六個月的時間繼續留在公司完成經營交接的過渡。我決定舉家遷往洛杉磯，一方面我有點厭倦堪薩斯州冬天的酷寒，另一方面因為我的母親和小弟住在洛杉磯都會區，而且南加州人口眾多，住宅需求量較大，洛杉磯地區對土地開發的機會比較有優勢。

1973年我和忠慧搬到堪薩斯城都會區之後，在陸地公園市租了一間小公寓安身，月租只有一百七十五元。幾個月之後終於讓老別克功成身退，把它賣給了廢車場，另外買了一部嶄新1974年雪佛蘭蒙地卡羅紅色大轎車，我擁有的第一部新車。一年之後我們搬到附近一棟

稍微高檔的公寓。忠慧因為跟我搬離曼哈頓，只好放棄在堪薩斯州立大學歷史系研究所的學習。後來她決定改學電腦，並且在附近的貝克大學（Baker University）取得商業管理碩士學位，然後進入美國三大電話公司之一的Sprint公司總部擔任軟體工程師，直到我們離開堪薩斯，前往洛杉磯之前才退休。

　　1975年初我們決定購買一棟屬於自己的房子。我們看上位於陸地公園市南邊107街一個新的排屋（towhouse，意指房子之間無空隙，相連在一起）社區，房子有三層，第一層是車庫，住宅空間不大，要價兩萬七千元。我雖然具備足夠頭筆款，但是收入仍然不符銀行貸款標準。我很感謝我的同事傑瑞馬丁夫婦挺身替我擔保，讓銀行同意放款，使我能夠購買生平第一棟房子。傑瑞夫婦對我的信任和恩情，我此生難忘。

　　我們急著買房有一個重大原因，因為忠慧已經懷孕了，希望有一個自己的家迎接新生兒的來臨。1975年七月三十一日我們的兒子出生，母親替牠取名為「林子翔」，而他的正式合法名字叫作Loman Bob Lin。我的兒子有一個獨特的名字，他的中間名字Bob是我為了懷念長島的警衛長Bob Edwards而取的。子翔出生之後，我們非常興奮，只是一個月之後布克先生派我到外地負責大型自來水管線建造工地監理，有六個月的時間住在外地的汽車旅館內，只有周末才能回家。幸好這段期間忠慧的伯母（潘忠俊的媽媽）前來幫忙照顧，讓忠慧產

後的恢復和新生兒的照料都很順利。

　　子翔是一個很聰明的嬰兒，也是我們唯一的孩子。他滿周歲以後，因為忠慧急著回去上班，但是又無法也不忍心把在襁褓中的嬰兒讓陌生人照顧，趁著岳父岳母第一次來訪的機會，我們決定委託岳父岳母把子翔帶回臺灣讓我母親照顧一陣子。我的兒子是1976年跟他的外祖父母回臺灣的，回臺之後由我母親負責照顧。經過六個月的折騰和思念，我們無法忍受兒子不在身邊的煎熬，1977年三月兩人就趕回臺灣把子翔接回來了。兒子回來之後因為兩人白天都在上班，小孩的照顧成了一個嚴重的問題。幸好當時忠慧的妹妹忠芸正好以護士資格移民來美，並且在附近的堪薩斯大學附設醫院上大夜班，因為她住在我家，所以白天就暫時由她照顧兒子。

　　1978年我們又搬了一次家，花了七萬二千元在黎霧市（Leawood）南邊一個安靜的社區買了一棟獨門獨戶有大後院的房子。黎霧市是一個中上層社會的城市，人口以白領階級的白人為主。以堪薩斯市都會區各城市居民財富來比較，黎霧是名列前茅的城市。我們在黎霧市定居之後，換過三棟房子，六年之後我又搬到一個更大的房子，在裡面住了十一年。1995年我們和一位房屋建造商簽約，依照建築師為我們量身設計的藍圖在當時最富盛名的高檔社區Hallbrook Farm花了八個月替我們蓋了一棟豪宅，住宅面積大約六千五百平方呎（一百八十坪上下），房子裡面有一間用櫻桃木建造的

小圖書館和一個半圓形的櫻桃木酒吧間。我們在豪宅內居住到2002年九月分，正式遷往洛杉磯之前才依依不捨地賣掉它。

70和80年代的堪薩斯市沒有多少華人，據非正式的統計，整個都會區的近兩百萬人口中華人數目不到兩千人，包含新僑、老僑和在餐館打工的移民。在社區內比較活躍的大約有五百人左右，絕大部分是知識分子和白領階級。我們搬到堪薩斯市之後自然而然就被吸收到這個以「堪城華人協會」為錨碇的組織中。這個組織有幾位長老級的靈魂人物，但是最主要的是一位名為鄭家駿的化學博士。他是中西部研究所醫療研究小組負責人，專責癌症藥物研究。我們的證婚人，母親的朋友游蘭女士的丈夫徐陳博士就是鄭博士的幕僚。在堪城華人協會裡面比較活躍的會員大約有一百多戶人家，兩百五十位會員。鄭博士每個星期天下午五點會提供中西部研究所的體育館讓會員們和眷屬打籃球，之後每家準備一道菜餚集體聚餐。喜歡打籃球的我很少放掉這每周一次的機會，而且眷屬們也很樂意帶著小孩聚在一起用家鄉話互相聯誼，互吐心聲，以及品嘗別人家準備的菜餚。幾年下來，日復一日，這個聚會變成堪城華人固定的社交場合。當時因為華人新僑的來源只有臺灣和香港，政治立場比較一致，所以沒有糾紛。而且因為中華民國在堪薩斯市設有一個總領事館，僑民大體上是支持臺灣政府的。記得在1978年十二月十五日卡特總統正式宣布要在

1979年一月一日和中國建交，鄭博士立刻召集各方人馬緊急開會，計畫在建交當日舉辦大型抗議遊行。我被徵召負責大型手持看板的製作，爲此我還拜託公司的景觀工程師設計製作數十份美麗吸睛的海報，分別貼在硬板和垂直木條上。一月一日當天堪城下著大雪，遊行隊伍包括附近各大學留學生近乎三百人從最熱鬧的鄉村俱樂部廣場（country plaza）往西繞街，幾個人拿著麥克風高喊口號，譴責卡特無恥。雖然熱血沸騰，精神抖擻，大家心裡明白大勢已去，遊行咆哮只是發洩心中的不平。另外，遊行之後彼此之間的感情似乎更增長了一些。

　　也許是因爲大家同處異鄉，互相依賴信任，堪城華人協會的朋友們彼此相處得非常愉快，沒有勾心鬥角，只有互助。一年一度的戶外野餐和春節聚會是協會的盛事，大家攜家帶眷參加，其樂融融。1978年我被選爲協會的副會長，和會長萬肯萍女士商榷要籌備演出一齣中文的舞臺劇。在異地籌備演出中文舞臺劇是一椿極大的挑戰。因爲我的表演細胞沉寂已久，躍躍欲試，我志願負責籌劃和導演的工作。我選擇了張永祥編劇的《風雨故人來》爲劇本，說服五位會員參加演出，包括鄭家駿博士、三位女士小姐、一位男士和我自己等六位演員。我們花了三個月在我家的地下室每周兩次勤奮排演之後，終於在十月分正式推出公演，地點在一個私立高中Barstow School的大禮堂。這是個五幕一景的話劇，我

們委託密蘇里大學堪薩斯市分校的戲劇系搭起布景，在坐無虛席的觀眾面前正式演出。因為事前的大力宣傳，附近大學城的華人也紛紛踴躍開車前來共襄盛舉。甚至於觀眾席上也坐著洋人，他們透過華人同伴翻譯臺詞和劇情，也看得津津有味。感謝所有幕前幕後的夥伴，使這次表演出乎意料的成功。事後有外地的華人集團希望我們能前往表演幾場，可是由於成本和布景搬運的困難我們只好謝絕了。因為這次的演出，堪薩斯市華人相處之間更加融洽，向心力也更為堅強。我很感謝堪薩斯市的華人們，他們讓我和家人度過歡樂的三十年。

兒子子翔是在黎霧市長大的，他的小學、初中和高中都是在當地的學校完成。不同於其他望子成龍的父母，我們對他的教育方式十分開放。我太太對他的唯一要求是必須努力學習小提琴。子翔五歲時她找到一位曾經擔任過堪薩斯市交響樂團小提琴手的儂迪娜女士（Rondina）每周一次教導子翔拉小提琴。為了完美，我們花費三千元買到一支有七十五年歷史的手工製作小提琴讓他使用。升高中之後子翔成為堪薩斯市青少年交響樂團的小提琴手，還隨團前往西班牙塞維利亞（Seville）世界博覽會美國館表演一周。對於他的學業我們很少過問。他念的學校幾乎沒有華人，也沒機會學習中文。我們夫婦兩人工作忙碌，更沒機會用心教導他的中文，導致長大之後他絲毫不具有中文溝通的能力。這是我們最遺憾的事。1993年高中畢業之前，他

對電影導演產生濃厚的興趣，並且取得波士頓大學、紐約大學、西北大學和南加大的傳播系入學許可。我們幫他選擇前往波士頓大學就讀。讀完第一年之後他改變主意，決定念醫學，所以轉入生物系繼續就讀。畢業之後我們建議他回到堪薩斯大學醫學院深造，可以住在家裡重溫家庭的溫暖。2003年醫學院畢業之後我們夫婦一齊幫他搬家到密西根州安阿博市的密西根大學醫學院當實習醫生。之後在當地認識一位蘇格蘭後裔的潔妮泰勒小姐，兩人陷入愛河而結婚。結束實習之後他決定留在安阿博市行醫。我們很高興有了一個孫女，名叫林玫寶（Meibelle）。我兒子自己不會說中文，但他現在極力的逼著我的小孫女學中文。我很欣慰我們培養出一個很卓越而傑出的兒子，也很高興有了一位非常善解人意的洋媳婦，我更欣慰的是有一位可愛聰明的小孫女。當她在視訊電話上說一聲「爺爺奶奶，我想你們」時，我們的心都融化了。

第九章

環遊世界三十五天

　　我在堪薩斯州立大學念研究院時就加入美國交通工程師學會成為正式會員，五十年來仍舊持續支持這個學術團體，而且從來沒有缺席過年度會員大會。1983年五月我正式被引進成為布克威里斯的合夥人之後，那一年的交通工程師學會早已安排在英國倫敦召開，時間是八月十四日到十七日。原先就打算攜眷參加年會的我忽然產生一個奇想和念頭，為何不趁這個機會去環遊世界？因為如果現在趁年輕不作，等到年老走不動時就失去意志和機會。打定主意之後就開始研討各種細節和可行性，最後得到的結論是汎美航空公司（TWA，已經在2001年倒閉）和新加坡航空公司有一種連結機票，每張價格二千四百五十元美金。有了這張連結機票在六個月內可以搭上兩個公司任何航班，不限旅程和目的地到處飛翔。唯一的規定是搭上第一段旅程航班之後，只能往前飛，不能倒退。在當時，這是十分新鮮的旅遊概念，非常激勵人心。跟太太商量之後，我們根據兩個

航空公司的航線設計行程和城市地點，決定購買TWA/
Singapore連結機票環遊世界三十五天。我們規劃造訪
的國家包括英國、荷蘭、比利時、盧森堡、法國、義大
利、瑞士、德國、希臘、阿拉伯酋長國、錫蘭、新加
坡、泰國、香港、臺灣和日本。雖然我一直對東歐和埃
及情有獨鍾，礙於東歐仍然在共產政權籠罩之下，不便
前往。埃及則是因為兩個航空公司都不提供航線而作
罷。

　　當時我的兒子只有八歲，不太適合參與長途跋涉的
旅行，所以我們決定把他送到鳳凰城的小姨子忠芸家裡
去度暑假，等到我們環遊世界一圈之後回程時再順道帶
他回家。一切就緒之後，我們在八月十二日動身啟程搭
乘TWA航班從堪薩斯市機場出發，一路向東經過紐約轉
機之後直奔倫敦。

　　倫敦給我的第一個印象是個很沉悶的城市，英國人
不是一個開朗的民族，感覺上表裡不一，嘴上說的話並
沒有真正表達心裡的意願，對外來遊客也不友善。我記
得有一次和太太去搭地鐵（underground），身上只有
百元英鎊大鈔，打算購買幾便士的地鐵票。購票時售票
員竟然對我吼叫，說他不是銀行，不肯賣票找錢給我。
也許因為只有短暫的接觸，無法讓我深入瞭解英格魯撒
克遜民族的特性，這種批評也許對英國人不甚公平。在
倫敦交通工程師學會年會的論文發表會上讓我印象最深
刻的是，當論文主講人結束演講之後，幾位也坐在臺上

的來賓開始輪流嚴厲的批判演講者的論文內容，甚至於將內容批評得體無完膚，往往讓主講人下不了臺。這種現象在美國是不可能發生的，也許這是英國人研討學問的特性吧。倫敦是個古老城市，建築老舊，但是也有許多雄偉的建築，諸如倫敦橋、白金漢宮、威斯敏斯特修道院和郊外的溫莎城堡等。太太一直嚮往徐志摩筆下的康橋，所以我們搭上火車從倫敦前往五十英里之外的劍橋去朝聖，漫步在劍橋大學美麗的校園中，近距離望著康河（River Cam），感受當年徐志摩的「悄悄的我走了，正如我悄悄的來，我揮一揮衣袖，不帶走一片雲彩」的境界。康橋之旅是我在英國最深刻美好的回憶，古老雄偉的建築和環繞校園寧靜的康河是求學的最佳境界。從劍橋回程的火車上，有一位老太太竟然在我們面前咆哮痛罵當時的首相柴契爾夫人，指責她把英國帶入經濟恐慌，喋喋不休地把我們當成傳聲筒。除了掩飾自己的情緒假裝認同她的觀點之外，這個突如其來的動作也讓我啼笑皆非。

　　英國的三天很快的在開會和旅遊之間度過，期間造訪大英博物館讓我留下深刻的印象，規模之龐大讓我驚嘆不已。目睹英國人從中國搶劫來的文化寶藏活生生地攤在博物館內炫耀，心裡很不是滋味。記得我們正駐足在埃及木乃伊的展覽館聚精會神地凝視那些古物時，撞見一隊從臺灣來的旅遊團。一大夥人匆匆地跨入館內之後，帶頭的一位中年女士大聲地說：「這種死人有什麼

好看的？」就掉頭領隊離開了。我們結束參觀完畢之後悠閒的漫步走到附近唐人街品嘗一頓港式中國餐。

　　倫敦之旅因為是藉開會名義前往，我們得以住在高級觀光飯店，至於之後的歐洲大陸之行，我們兩人儼然變身成為兩個年輕背包客，穿著便鞋扛著小行李箱橫衝直撞歐洲大陸。我買了一本《歐洲旅遊一天二十元》的書，內容除了介紹各地觀光景點之外，還點出廉價住所和餐飲地點。當年的歐洲城市都具備不少所謂的「pensione」（廉價旅店）或是「youth-hostel」（年輕人旅店）讓經濟不甚充裕的旅遊客或是年輕的背包客過夜，而且通常在各地火車站內的櫃檯就能在目錄裡以價格和住宿房間水平來選擇自己所需的住所。有些便宜的youth-hostel旅館一個房間內擺上四張床，如果不介意，以一天四元美金就能入住和陌生人睡在同一房間內，而且男女共室不拘。高檔一些的pensione提供一人或兩人一間房，但是整層樓房也只有一到兩間公共浴室讓大家共用。當然最高檔的pensione和一般旅館無異，也供應早餐，只是內部設施和一般正常旅社相差甚遠。我們在歐洲大陸四處奔波蹦跳，因為經費有限，只能隨機臨時尋找廉價旅館。我們住過的居所要價從每晚九元到二十五元美金不等，房間的水平都還差強人意。現在這種廉價旅館遍布全世界，只是價錢已不只是每晚九元了。

　　結束倫敦之旅，當天晚上我們搭火車前往七十七英

里之外的多佛港（Dover）。多佛是英國距離歐洲大陸法國最近的地點。我們當晚十一點搭乘一艘郵輪前往荷蘭鹿特丹港（Rotterdam）。整個旅程有兩百英里，花了將近七小時。這是我和太太生平第一次搭上郵輪，雖然不是多高級的船隻，我們也分配到一個小船艙，裡面有兩張小床。只是因為受到船上賭場強烈的誘惑吸引力，我並沒有機會享受到那張床的滋味。

郵輪清早抵達鹿特丹之後，我們直接搭火車前往阿姆斯特丹。阿姆斯特丹是我最喜愛的歐洲城市。1983年第一次造訪之後繼續去過好幾次，她仍然是我的摯愛。荷蘭人並不像法國人一般的浪漫，但是他們豁達開朗，容易相處。阿姆斯特丹的交通便利，除了巴士、輕軌、腳踏車之外，還有小船代步橫貫市內小運河。除了很獨特的紅燈區讓人歎為觀止之外，對於珍藏兩百幅畫的梵高博物館我特別鍾愛，在裡頭徘徊許久。我們還搭乘火車往西邊前進，抵達終點到一個叫作詹德伍爾特（Zandvoort）的北海邊海灘，因為正值盛夏，沙灘上擠滿在海邊嬉水的男女，這也是我生平第一次目睹成年男女只穿著泳褲不穿任何上衣胸罩，在沙灘上行動自如，旁若無人的景象。更刺激的是處處有裸露上身的年輕男女分站在球網兩邊激烈地比賽排球。對於凡人，真不知目視那一個球是好。荷蘭人的開放自由民族性從此可見端倪。

在一處很精緻的小服裝店，我花了很合理的價錢購

買到一件貂皮短大衣送給太太，作爲這趟旅行的禮物。店老闆知道我出生臺灣，還激烈半開玩笑的爭論是中國人從荷蘭人手上搶走福爾摩沙島的。將近四十年後的今天當我看見那件太太的短貂皮大衣時，自然而然就會回想到1983年的環球之旅。

　　結束荷蘭行程之後，我們搭上火車往五百公里外的巴黎前進。因爲我們預先購買兩張歐鐵通行證（eurail pass），在一個月內可以隨時搭乘西歐任何國家的火車，甚爲方便。在前往巴黎的火車上，我們被安排在一個軟臥的包廂內，裡面兩邊共有上下四個臥舖，另外一邊是一對十七、八歲的芬蘭姊妹。她們兩人從赫爾辛基一路坐火車往南要前往西班牙探望祖母，長途跋涉三千多公里爲的是和祖母團聚。我問她們爲什麼祖母會住在西班牙？她們說祖母已經退休，靠政府撫養。因爲芬蘭生活費太高，西班牙的費用相對便宜許多，所以芬蘭政府就直接把一大群人，包括祖母，一齊送到西班牙去養老。這倒是一個有趣的制度。

　　到達巴黎之後揮別兩位芬蘭姊妹，我們徑自找到靠近羅浮宮的pensione住下來。巴黎人給我的第一個印象是十分隨心所欲。我們住的旅館是個四方形的建築，中間有一個庭院。我們在三樓的房間有一扇大窗戶，正對庭院另一頭房間的窗戶。我們進入房間之後拉開窗簾，對面房間裡有一位姑娘全身裸露地站在窗前，還對著我們微笑。這就是巴黎。

太太很喜歡巴黎，相較之下我還是對阿姆斯特丹情有獨鍾。在巴黎三天幾乎書上建議該參觀的景點都有我們的足跡。1983年世界各地仍處於平靜祥和的社會型態，沒有暴動，也沒有變態暴民，更沒有恐怖分子。機場沒有安檢，博物館的文物擺設近在呎尺，沒有任何安全隔離，沒有任何人會有想去破壞摧毀這些寶貴文物的念頭。我記得和太太站在蒙娜麗莎的畫像正前方，兩雙注視的眼睛和畫像的間距不到兩英尺，可是警衛並沒有要我們退後，因為他知道沒有人會愚蠢得想去摸她，破壞她。有一英里長的香榭麗舍大道（Champs-Élysées）兩旁佈滿高級和著名的商店，雖然誘人，當年的我們也只有逛逛櫥窗的能力。

　　第一次巴黎之行給我最深刻的印象，除了巴黎人的浪漫個性之外，蒙馬特（Montmarte）是一個有趣的地方。它建立在一個四百英尺高的小山丘上，中間有一個大教堂。除了一些專為觀光客開的商店之外，廣場四周擠滿幾百位畫家，希望在來訪的遊客之間討點生活費。記得我們兩人走進蒙馬特區內，左逛右晃不到十分鐘就有幾位飢餓的畫家拿著為我們繪出的素描要賣給我們。顯然我們在進入廣場之後就被幾位畫家盯上，彼此競爭希望自己的作品能夠出類拔萃，讓主人翁賞識。我們在一群藝術家的銷售壓力下挑了兩張比較中意的素描，好像花掉四十法郎。那兩幅素描仍然掛在家裡的牆壁上。

　　凡爾賽宮位於巴黎西邊十四英里，我們是搭火車去

的。到達宮殿大門排隊準備買票進場時，我們第一次目睹到吉普賽扒手集體作案的高超手法。排在我們前方不遠處有一位中年女性，右肩背著皮包，正視前方。剎那間一個穿著襯衫的吉普賽女孩走到女士左邊，拉扯她的衣袖以分散女士的注意力。當女士轉頭往左側跟女孩打起照面談話時，另外一個女孩閃進女士右側打開皮包，以不到兩秒鐘攫取錢包後兩人就一起快速逃跑。親眼見到犯罪現場之後我們變得額外小心，太太也開始把皮包吊在胸前眼睛看得見的地方。凡爾賽宮以富麗堂皇和雄偉可觀的庭園設計舉世聞名，宮內有一個團隊的專業人員經年累月負責維修工作。當宮內的導遊帶我們參觀當年路易十四豪華的寢室時，提到皇宮的廚房和皇帝起居室有很長一段距離，所以路易十四從來沒有吃過熱騰騰的食物。也許古代的建築師的設計重心比較集中在硬體的輝煌，卻忽略軟體的重要性吧！

離開巴黎之後，我們又搭上火車北上前往兩百一十英里外的盧森堡。盧森堡是個小國，一個彈丸之地，面積只有新加坡的三倍大。除了一些古堡之外也沒有什麼吸引人的地方。我們當天就搭上火車轉往一百三十英里以外比利時的首都布魯塞爾，並且下榻在聞名的市政府廣場附近一家pensione過夜。布魯塞爾有一個小區，裡面都是餐館。記得當年整條街上每家飯店內最受歡迎的食物是一種黑色長得像蚌殼的mussel。花六元美金就能買到一整鐵桶的蒸mussel加麵包，非常可口。

布魯塞爾除了各式各樣的皇宮寶殿之外，最出名的當然就是Manneken Pis，一個光著身子的小孩對著噴泉小便的銅像。看完之後也覺得不怎麼樣，小小的銅像擺在一個不太顯眼的地方。為了日後證明曾經到此一遊，還是站在前面拍了一張照片。

　　因為太太喜歡巴黎，我們又從布魯塞爾搭火車回到巴黎再待了一天，並享用一頓美好的法國餐。隔天晚間我們從戴高樂機場搭TWA飛機直達羅馬，然後搭上機場巴士前往火車站。在歐洲想找廉價旅館歇腳，火車站是最理想的地方。我們在火車站邂逅上一個掮客，介紹我們一家從圖片上看起來還不錯的pensione。因為天色已晚，我們就接受他的建議，由他叫了一部計程車，開車前往。在火車站也碰見一對從臺灣來旅遊的年輕夫婦，我們決定同行。車子在市區繞了老半天，花費一筆錢之後終於到達目的地。第二天醒來之後才發現火車站就在轉角，走路就能抵達，被那位掮客騙了一筆計程車費。我們下榻旅館的經理要我們把護照交給他保管，並且給了我們他的名片，再三吩咐若是遇見困難就顯示名片給對方瞧瞧，儼然一付黑手黨老大的姿態。

　　到羅馬第二天是星期日。八月是義大利的假期月分，許多人都到外地旅遊，城裡十分空蕩，而且幾乎所有餐館每個星期日都不營業。我們在街上東晃西晃，饑餓無比，好不容易撞見一家小餐館的大門敞開，二話不說就進去了。女侍者送來的義大利文菜單我們看不懂，

她也不懂半句英文，無法溝通。最後我只好指著牆角唯一正在吃飯的四個老頭的桌子，意思是我就跟老頭們吃一樣的東西。幾分鐘之後女侍者端上一盒義大利麵包、橄欖油和一盤小鹹魚（anchovy），老頭們就是正在吃同樣的東西。那次經驗之後我愛上了鹹魚，吃披薩時上面一定要舖滿鹹魚。

　　義大利人的民族性跟中國人很接近，他們非常注重家庭、倫理道德、長幼有序。可是他們也不喜歡守規矩、缺乏紀律。從在街上開車到處橫衝直撞，不理會交通規矩就能夠洞見一般。有一天我們坐在凡蒂岡一家餐館的路邊座位吃晚飯，旁邊坐著一對優雅的年輕夫婦跟一個四、五歲的小孩。小孩忽然急著要上廁所，媽媽很從容地把小孩的褲子往下拉，就地讓他小解。這個景象使我想起50年代臺灣鄉下同樣的行為，可是在臺灣城市裡好像沒有見過這種舉止。雖然如此，我還是滿喜歡義大利人，他們不像英國人或德國人的固執，作事比較有彈性和富人情味。

　　在羅馬期間，去參觀凡蒂岡的當天正巧碰上每周一次教宗約翰保羅二世在大教堂陽臺替群眾祝福的日子，太太身為天主教徒，自然十分興奮。之後我們決定前往十八英里外的提波利（Tivoli）參觀。提波利位於一個小山丘上，是教宗的避暑地點。她最聞名的是在十六世紀建造，上千個各式各樣的噴泉，而且這些噴泉都是由山上流水天然水壓所控制，沒有任何人工機械操作。對

於土木工程師而言，這是一個工程壯舉。羅馬人好像很懂控制水流的技術，他們在西元前312年就發明了灌溉渠道。

我們從羅馬搭上火車往北前往佛羅倫斯（Florence），我非常喜歡這個文藝復興的古城。我們抵達佛羅倫斯時城內並沒有太多遊客，我們住在城中廣場邊的pensione，可以俯覽整個廣場。在佛羅倫斯和比薩兩天有機會非常仔細地瀏覽每一個值得參觀的博物館和畫廊，我記得在烏菲季畫廊（Le Gallerie Degli Uffizi）裡面，只有我和太太兩人站在偌大的十六世紀名畫〈維納斯的誕生〉面前細細端賞許久，感覺上我們是這幅畫的擁有者。佛羅倫斯街上有一些地攤在賣義大利的名牌皮包，價錢公道。在真產品的產地賣贗品大概不太可能，所以我就用廉價買了一個高檔皮包送給太太，只是天曉得是不是真貨？

著名的比薩（Pisa）斜塔位於地中海邊離佛羅倫斯西邊五十二英里的比薩市。1983年斜塔還能讓遊客在塔內穿梭自如，在八層樓塔內爬上爬下。只是因為傾斜的關係，爬起來有點暈旋的感覺。我爬上第三層之後，跨出圓塔外面只有兩、三尺寬沒有圍欄，間隔甚寬的垂直卻傾斜的支柱，擺好姿勢讓太太在塔下照相之後就立刻下塔，終於親身爬上以前只在書上讀過的比薩斜塔。

我們從佛羅倫斯繼續搭火車往北前進，抵達米蘭。米蘭是個工業城市，市內沒有多少吸引觀光客的東西，

可是她的大教堂（Duomo di Milan）是我此生所見，除了西班牙巴薩隆那聖母堂以外，最雄偉的教堂。這棟十四世紀的建築聽說在1965年才全部改建完成。參訪米蘭之後本來希望轉往威尼斯，但是因為在整個預定行程內不順路，只好忍痛放棄。直到三十幾年之後才有機會訪問這個美麗的水上城市。我們從米蘭乘火車繼續往北前進，抵達瑞士的蘇黎世（Zurich）。這是個美麗而乾淨的城市，環抱著平靜而綺麗的蘇黎世湖，仿如仙境。因為受到德國的影響，瑞士人是一個很有紀律的民族。雖然她也有豐富的文化資產，但是我們經過法國、義大利的薰陶之後對瑞士的藝術建築探討已經沒有強烈的欲望，只是搭乘電車和巴士把整個城市巡迴一遍，甚至還去拜訪當地的動物園，很輕鬆地度過兩天。我們居住的pensione面對著一個公園，第二天清晨公園內擺滿上百攤的小販，販賣早餐、飲料和其他日用品。公園內人山人海，水洩不通。我們也參與其中，買些當地的食物和著名的巧克力。十點鐘以後等我們再次回到公園時，所有攤販已經不知去向，公園內完全淨空，乾乾淨淨，絲毫沒有兩個小時前才被人潮洶湧的市集洗禮過的蹤跡。這種紀律和公德心實在讓我佩服得五體投地。

　　從蘇黎世我們繼續搭上火車北上，穿過阿爾卑斯山脈往德國前進。我們經過斯圖蓋特（Sttutgart）、海德堡（Heidelberg），到達二百四十英里外的終點法蘭克福。其實法蘭克福是一個工業城市，二次世界大戰期間

這個建立在中古世紀的城市完全被摧毀，眼前所見的幾乎都是新建築。本來我計畫前往柏林，但是距離太遠，加上法蘭克福是歐洲航空的樞紐，從此地容易飛到其他城市，只好將法蘭克福當成我們西歐旅遊的終點站。抵達法蘭克福之後我們在火車站附近找到一家pensione，長途跋涉之後兩人都有些疲憊。太太想在房間內休息一陣，我則想到街上逛逛，和德國接點地氣。美國在法蘭克福有一個很大的軍事基地，路上到處充斥著美國大兵。日本遊客也不少，都是團體行動。法蘭克福有許多摩登的現代玻璃式建築，一眼望去就是個新興城市，朝氣十足。在街上走著走著，不知不覺的轉進一條燈紅酒綠的小街，兩旁滿佈酒吧之類的場所，有些店門口還站著打扮妖豔的小姐。她們以為我是日本遊客，頻頻用日文和我打招呼。走了一段路之後，忽然有人從右邊緊緊的抓住我的手，在絲毫沒有心防之下用力地把我拖進一間酒吧裡，同時把我推進一個靠近門邊的火車廂座位的內座，然後自己坐在外座上，讓我無法脫逃。仔細端詳後，拉我一把的原來是一個眉目清秀但是塊頭碩壯的德國女人。她要我買酒，陪我聊天，賺點小費。也許是美軍駐地的原因，當地的德國人多少都能用英文溝通。我告訴她我既不是日本遊客，也不是買春客，只是一個好奇的窮學生，付不出酒錢和小費。儘管如此，這位小姐還是不放我走。雙方堅持一陣子之後，我看情況不甚樂觀，只好從口袋中掏出十元美鈔給她。付錢之後終於可

以脫身，我迅速的離開那家酒吧，並且快跑逃離那一條小街。這是生平第一遭領教到德國女人的兇悍。回到旅館之後我沒有告訴太太這段驚險的遭遇，以免引起不必要的誤會。

　　既然到了德國，總必須嘗試一下在地名菜──「香烤豬腳」。我們找到一家像樣的餐館，點了兩客豬腳，加上麵包、馬鈴薯。德國豬腳是以洋蔥和啤酒爲主要調味，先燉再烤，外脆內軟，十分可口。做法和中式烹飪儼然不同。不過如果要我選擇，我還是偏向臺灣的滷豬腳。

　　兩天之後我們從法蘭克福搭乘TWA的航班前往希臘的雅典。希臘是西方文明的發源地。在雅典的時候和當地一位知識分子聊起西方文明的話題，他說希臘發源的西方文明傳到歐洲之後都被糟蹋掉了。我的觀點卻是希臘古文明已經在當地消失。我感覺希臘和義大利一樣，現在好像只能依靠老祖宗遺留下來的珍貴古蹟謀生，沒有遊客支持可能就會經濟崩盤。我對希臘人的印象是個性懶散，對工作不熱衷，難怪多年來經濟一直無法翻身。許多年後我重返雅典旅遊，所見的懶散景象和1983年並無兩樣。從另外一個角度來看希臘，她對古蹟的保留卻不留餘力，愛護有加。我們漫步走上位於山丘上的雅典衛城（Acropolis）古蹟，望著它的殘骸和現代人工試圖修護的痕跡，想像著一千五百年前這座城堡的雄偉，甚爲感慨。當晚我們重回衛城觀賞燈光秀，以加深

我們對它的認識。

　　第二天我們參加一個旅行團前往四十五英里外，半島最南端的海神廟（Temple of Poseidon）一遊。海神廟是西元前440年建造，距今兩千五百年前，以兩百英尺的高度聳立在那兒守護著索尼安海角（Cape of Sounion）。望著它的殘骸，心中不禁一陣唏噓。當晚我們造訪了雅典最著名的商業區。每個城市都有一個吸引遊客的小區，臺北有西門町，雅典有普拉卡（Plaka），裡面從餐廳到紀念品，吃喝玩樂應有盡有。我們挑了一個像樣的餐廳，坐在一對年輕日本夫婦旁邊的桌子，看到他們點的一盤六隻大蝦，各個長得像小號龍蝦的尺寸。自然地，我們也叫了一盤同樣的烤蝦子。那一頓晚餐被敲掉整整一百元美金，是整個旅程中最昂貴的晚餐。不過，此後我再也沒見過那樣尺寸的蝦子。

　　第三天我們搭著小遊艇出海造訪三個小島，親身體驗希臘悠閒的生活方式。希臘小島上到處有雅致的旅館，在島上能夠住上一、二星期與世無爭的日子倒也是一種享受。希臘人對章魚情有獨鍾，島上到處都在販賣烤章魚，味道還行，如果能夠沾點臺灣的蒜蓉醬油會更美味些。

　　第四天早上我們十一點多抵達雅典機場準備搭乘中午十二點整的新加坡航班前往杜拜。到了機場櫃臺後卻不見人煙，櫃臺後沒有人，櫃臺前也沒有等著搭機的客

人。著急的等了十來分鐘之後櫃臺後面終於出現一位女性地勤人員。我說明來意，讓她檢驗機票之後，她說：「先生，你的班機是今天清晨午夜十二點起飛，你遲到十二個小時。」同時她說下一班飛機要等到三天之後。因為我的糊塗，沒有看清AM和PM的區別，必須在雅典多耗上三天，顛覆整個往後的行程。我正在自暴自棄，氣餒的準備離開櫃臺時，那位女士揮手喊我回去。她說因為昨晚深夜的飛機抵達杜拜之後機件發生問題，無法重新起飛，所以今晚有一班不定期航班將抵達雅典加油後再飛往杜拜支援，問我願不願意搭上那班飛機。無庸置疑地，我們心中放下一顆大石，當晚九點半準時回到機場。

諾大的747雙層客機上有十幾位機組人員，但是只有兩位客人，太太和我。我們想坐在任何位子都行，空中小姐也提供所有頭等艙的飲料食物。在六個小時的航程中，我們感覺站在世界之巔，跟美國總統一樣，有自己的包機。這是一件此生難忘的美好經驗。

1983年的杜拜和二十一世紀的杜拜迥然不同，是一個不毛之地，人口只有三十萬上下。因為她是阿拉伯世界唯一准許飲用各類酒精飲料的地方，擁擠的機場大廈內到處躺著酒醉的阿拉伯人，大概是從外地趕到杜拜等不及壓制酒癮，或是離開之前對酒精最後的巡禮所致。見過1983年的杜拜絕對無法想像她能變身成為今天的城市奇蹟。我們在杜拜待上兩天就離開了，因為實在沒有

什麼好玩的地方。

　　從杜拜我們繼續搭乘新加坡航空747的班機前往錫蘭首都哥倫布。航空公司邀請我們升等坐在頭等艙，經歷過上階段的747私人包機行程，我已經習慣頭等艙的待遇。錫蘭是個佛教國家，民性應該非常淳樸。我們抵達哥倫布之後，機場內軍警荷槍實彈戒備森嚴，感覺上好像正在面臨革命性的軍事衝突。我們臨時決定放棄哥倫布之旅，隨原機飛往新加坡。也許自己過於惶恐，但是進入一個陌生的第三世界國家，對著全副武裝的軍人，加上有太太在身旁，我想過度的警惕是正確的。那次之後我再也沒有回訪過錫蘭。

　　當年在亞洲旅行要比在歐洲昂貴許多。在歐洲隨處都有pensione和youth-hostel，一個晚上只要十幾元就能解決住宿的問題。亞洲的大城就沒有這種方便，有的話我也找不到資訊。所以我們的亞洲之旅必須預先訂好高檔的大飯店。抵達新加坡之後我們下榻在最熱鬧的果園街（Orchard Street）上一個四星級飯店。新加坡是個小城市國家，整個城市只有三十一英里寬，十七英里長，搭乘公車或計程車就能便利的到處遊覽。在1983年她已經是一個十分現代化的城市，到處都是高樓大廈。摩登大樓的背後相對突顯文化的欠缺。因為人多地少，大部分的住宅都是往上延升二、三十層的大樓，遠遠望去像一棟棟監牢，我想住在裡面的房客回到家之後也許就懶得再出門了。從旅遊的角度而言，新加坡能夠參觀

的幾乎都是近代人造的建築，沒有千年古蹟廢墟。她是一個極端有紀律的國家。我曾經在旅館外面不遠處的水果攤上買了一顆切開的水果之王榴槤，想帶回旅館內品嘗一番。水果攤的女老闆知道我的企圖之後堅持我必須在水果攤前吃完，否則拒絕賣給我，因為法律規定榴槤不准帶進飯店。我和太太只好站在路旁消耗掉整顆榴槤。

　　新加坡帶給我最印象深刻的是牛頓中心（Newton Food Centre），它是一個接近臺灣夜市的區域，因為人種複雜，裡面提供的食物包羅萬象，包括中國菜、馬來菜、印度菜、泰國菜、印尼菜、日本料理，一直到美國、英國食物等，讓人目不暇給，垂涎三尺。因為中國移民以福建人居多，中國食物攤也以閩南菜為主，很合我的胃口。我們足足在裡面待上一整晚，享受各式美食。

　　我們繼續搭乘新加坡航空班機從新加坡前往曼谷。當年的曼谷經濟雖然正在起飛，大體上仍然落後。道路上各類車輛繁多，交通卻雜亂無章，只有極少數的汽車和機車駕駛人會試圖去遵守交通規則。因為如此，加上缺乏大眾捷運，交通動線上寸步難行。我們搭乘的計程車從機場開到十五英里之外下榻的凱悅飯店足足花掉將近兩小時。

　　第二天我們花費二十五元美金雇了一部計程車帶我們四處參觀景點。計程車司機是中國潮州人移民的後

代，不會說中文，但是會講潮州話。因為潮州話和閩南語有共通之處，所以我們之間還能溝通。他帶領所到之處都是大大小小建築雄偉的泰國廟。我身為佛教徒，自然對寺廟十分崇敬。只是看多了寺廟之後感覺大同小異，興趣減低許多。當天中午我們抵達一個很優雅的公園，在裡面漫步欣賞花草，隨後看到一個小吃攤，打算就地解決午餐。我們站在擺滿食材的平臺之前瀏覽，正在打算請老闆炒幾盤小菜當時，忽然看見有一大盤黑色食材的表面在不停的蠕動，動手輕輕對盤子揮舞之後竟然有上百隻蒼蠅驚慌地從盤子上飛走，盤下躺著一大坨新鮮的生蠔。我們頓時胃口全失，立刻回到車上請司機找一家像樣的餐廳用餐。除了日本壽司之外，我一向對泰國菜情有獨鍾，特別喜好那種酸酸辣辣甜甜鹹鹹的味覺。1983年之後我曾重回泰國訪問多次，甚至於有一次是隨著堪薩斯副州長和州議長前來進行正式官方訪問，也受到泰國政府五星級的熱忱款待，有機會品嘗各類精緻泰國菜餚。1983年泰國初行只能算是蜻蜓點水的暖身之旅吧。

和其他導遊一樣，潮州司機把我們載到一家華人經營，門禁森嚴的珠寶店，期望我們能買些貴重珠寶，好讓他也能賺些佣金。既然到了泰國，也趁機買了一顆泰國藍寶石送給太太紀念這次旅遊壯舉。

第三天早上我們搭機從曼谷前往香港。因為塞車，差點沒趕上新航的班機。第一次訪問香港，一切都很新

鮮。當時的香港仍然是免稅購物天堂，尤其是同樣的照相機電子產品之類的價錢只需花費美國價錢的三分之二就能買到。另外一個遊客喜愛的商業服務是量身訂製西裝，價錢從美金一百元到五百元不等，從替顧客量身挑布料到試穿，完成只需二十四小時。1983年之後我曾經訪問香港不下三十次，也在當地買過兩部相機，訂製過五套西裝。我父親曾於二戰期間在香港待了四年，經常告訴我他在當地美好的回憶，和他最喜愛的太平山山頂（Victoria Peak），從上面眺望整個香港和九龍。為了紀念父親，我帶著太太徒步走上太平山頭，望著遠處，體會父親當年的心情。遊子總是傷感的。

新加坡航空繼續把我們送往臺灣。經過長途跋涉，至此我們兩人已經精疲力倦。回到臺灣三天最重要的任務是好好休息，恢復體力，好迎接這趟環球之旅的最後一站，日本。另外一個重要的任務是要把一個月來沒有洗過的外衣褲清洗乾淨。那時母親已經在臺北新生南路買下一棟寬敞的公寓，我們在屋內休息兩天之後即刻動身搭新航前往東京。母親有一位年紀跟我不相上下的日本朋友名叫黑川裕之，是一位非常友善而誠懇的男士。我們這一趟日本之行全部由他招待。我們被安排住宿在他擁有的一個靠近東京市區城市航站樓（City Terminal）邊的小套房裡，他則從早到晚敬陪我們兩天。我們在銀座一家專門販賣河豚的餐廳內第一次品嘗到各種昂貴的河豚料理，包含生魚片、涮鍋、小炒和醃

製河豚皮。吃完生魚片之後舌尖有點麻麻的，黑川說經驗充足的師傅會在生魚片上留下一絲河豚的毒，如此顧客吃起來比較刺激。天曉得他是不是在開我玩笑。

到日本第二天我們跟隨黑川搭上新幹線高速火車前往京都遊玩，並且親眼見證了鋪滿金片，已經有七百年歷史的金閣寺。親眼近距離觀之，還是有些悸動，雖然寺本身沒有想像中的大，但非常的精緻且耀眼，靜靜地座落在湖邊，與周遭的庭園和後頭的樹林莫名的融合，就像一位優雅的美女，自然散發著氣質，舉手投足都是注目的焦點。如果沒有旁邊的湖泊與園藝造景，或許金閣寺也不會如此迷人。

辭別黑川之後，第三天下午我們把行李在東京城市航站樓檢查收件之後，搭著機場巴士直接抵達新的成田機場內部，不用再度辦理登機手續。TWA航空公司的747班機早已在停機坪上等待我們來完美結束這一趟環球之旅。經過八個小時的航程到達舊金山，轉機到鳳凰城接到我們可愛的兒子之後，就一齊踏上這趟環球之旅的最後一站，堪薩斯市。

這趟環遊世界三十五天的壯舉，欣慰的是當年機場沒有嚴峻的安檢，在飛機起飛之前三十分鐘抵達機場就能輕鬆搭上飛機，省掉很多困擾。沿途中雖然奔波，所幸我們兩人都沒有經歷身體不適，甚至於生病。這一趟旅行讓我增長見聞，對各地民情有更深刻的見解，最重要的是它讓我拓展我的世界觀，我不再以井蛙觀天的心

態對待周遭的一切事物。多年後經濟較爲寬裕，有許多機會周遊世界各地，住宿在高級酒店，旅遊中有專人專車護送講解，但是我總是覺得這種旅遊方式缺乏感性，結束旅遊之後的回憶也很自然地被拋諸腦後，沒有保留住任何特殊的記憶。還是只有用背包式隨機的旅遊才能讓旅行者感受到周遭的人氣和地氣，和周圍環境融爲一體。三十九年過後，這趟環球之旅仍然深刻地儲存在我的腦海中，永生難忘。

第十章 中國崛起的見證和香港回歸

　　1991年我第一次應邀訪問中國，之後十五年間前後去過一百次以上。跟中國的引線是從堪薩斯大學的李玨教授開始的。李教授的交通研究中心從80年代後期就開始接受中國訪問學者短期和長期的進修。進修期間偶而他會帶領這些學者到我的公司參觀，瞭解美國私人工程設計企業的營運狀況。有一次北京市公安交通局副局長段里仁先生前往堪薩斯大學訪問，李教授帶他到公司參觀，並且接受我招待晚餐。席間段副局長提到他正在籌辦第一屆多國交通研討會，希望我們能夠組團參加，共襄盛舉。1991年五月北京第一屆多國交通研討會正式在北京展覽館揭幕，美國國際華人運輸協會共有八位團員組團參加，我和我太太是其中團員之二。這是我第一次踏入中國的土地，也是最令我難忘的一次。因為六四事件結束不久，外國遊客和商務人員相繼杯葛，北京街上十分冷清，除了官方政府的車輛之外，路上沒有幾部私家車，主要的交通工具是公交車和充斥滿城的腳踏

車。當時的中國經濟仍然拮据，除了少數個體戶之外，多數人都是吃大鍋飯的政府和國企職工，每月薪資只有幾百元人民幣。我們被安排住宿在西三環北邊紫竹院公園旁的奧林匹克飯店（這個飯店好像已經不存在），一個水平不錯的旅館。四天的會議大約有三百人參加，除了我們八人和兩位俄羅斯代表之外，其他與會來賓皆來自全國各地公安系統之下的交通局。在中國的體系，交通管理和工程是警察機構底下的單位，所以每一位交通人員都具有公安身分。因為參與這個會議，讓我結識許多來自全國各城市的交通界朋友，奠定往後縱橫中國各地的基礎。

雖然主辦單位經費有限，段局長仍然對我們八位美國訪客照顧有加，北海的御膳房、龍華藥膳房、全聚德烤鴨、東來順涮羊肉、老舍茶館、紫禁城、八達嶺、明十三陵、圓明園、天壇等所有北京好吃好玩的地方幾乎都有我們的蹤跡。我也第一次領教到公安機關在中國的特權地位，因為只要車牌上是GA開頭，車子就能夠為所欲為，橫衝直撞。載運我們的車子甚至於就直接停在天安門正前面的長安大街上，讓我們下車拍照。反正在現場維持治安的都是自己同袍，他們不會過問。我們在王府井全聚德烤鴨吃晚飯是由北京市副市長請客的，過程中有兩件事讓我非常感慨。飯局之間，副市長的助理請餐館另外準備一份烤鴨讓副市長帶回家。一位堂堂的北京市副市長都必須利用機會用公款補助家計，代表當

時社會經濟結構的嚴重缺失。另外,用餐期間快接近九點時,一位女店員走進包廂鄭重的告訴我們餐廳九點打烊關燈,要大家準時離開。這個現象代表吃大鍋飯的心態,連副市長也無法豁免。

開會期間與會會員都是在現場吃很簡單粗糙的大鍋飯,為了感謝段局長的邀請和熱忱招待,我要求最後一晚請他安排,由我作東邀請與會人員在外面餐館吃飯結緣留念。當晚大約有一百五十人出席,一齊吃了一頓還算豐盛的晚餐,加上一些白酒,總共耗費美金八百元。當年北京的物價便宜得不可思議。

開會結束之後,我和段里仁局長變成很好的朋友,彼此保持學術上密切的交流,我訪問北京多次也都會見面一起吃飯交談。有一次我在北京,晚上忽然感到喉嚨疼痛,無法說話,情況十分嚴重。段局長立刻安排第二天清晨親自載我到王府井附近的協和醫院就醫,經過一位年輕的女醫師打了一針消炎藥之後不久就痊癒。沒有他的協助真不知如何是好。雖然他已經退休,我們現在仍然繼續保持著聯絡。

北京開會結束之後,我和太太轉往西安,受邀到西安工業大學演講,也親眼見證舉世聞名的兵馬俑。我也特地前往華清池,憧憬貴妃出浴的景象,近眺捉蔣亭,想像當年馬安瀾侍衛長是如何試圖保護蔣委員長的。能夠親眼目睹在書上讀過的近代史史蹟,心中興奮不已。西安讓我印象最深刻的是她保存完好的城牆,夜間我們

在城牆上面漫步眺望遠處的燈火，想像當年長安城的盛世。太太是學歷史的，她更能體會到這座城牆的象徵性。我們也在西安第一次品嘗到著名的西安餃子宴，大大小小，不同種類和餡料，最小的餃子只有指尖大小，全部呈現在眼前，不但新奇也很可口。

我們從西安轉往上海，住宿在當年最豪華之一的希爾頓飯店。上海雖然繁華，可是仍能夠窺探到六四事件對她的經濟衝擊。我們特地到外灘上的和平飯店去欣賞爵士樂隊的表演，體會一下四十年代的夜上海。希爾頓飯店的位置距離上海展覽中心很近，我們抽空進去參觀正在展示的家具展，看上一個紅木雕塑成的仿古書桌和配套的椅子，桌子前方兩旁各雕龍鳳一隻，古色古香，乍看之下就像是皇帝的御用桌椅。我一眼看見就決定要將它買下。那張桌子本身重量超過三百磅，需要三個人才能搬動。講價之後以一千八百美元成交，外加運費和美國報關費，總共花費二千四百五十元。它花了三個月才抵達美國堪薩斯市我的辦公室。三十年後的今天我仍然在使用這張御用桌椅，繼續作皇帝夢。

第二次訪問中國是在同一年九月。我在北京認識的一位新疆烏魯木齊公安交通劉隊長在當地舉辦交通研討會，邀請我參加和發表演講。同一時間我也透過安徽省省長安排在北京和幾位高官商討在中國投資工程設計企業的可能性。九月初抵達北京，下榻在當時最頂尖，由貝律銘設計的王府飯店。由於六四事件的衝擊，整個飯

店只有三十幾個房客。第二天早上十點鐘一部加長型的奔馳禮車來到飯店接我，上面坐著省長和前冶金部長、石油工業部長唐克先生。唐克長得大個子，英俊瀟灑，十足當官的派頭，但是沒有官架子。他的司機載我們到他在什剎海的住所，一座龐大的四合院。客廳內掛滿他和世界政客名人的合照。談話到中午時分由他的三位廚師準備一桌美味的佳餚讓我們三人享用。儘管後來合作事宜沒有下文，但是唐克部長給我的印象非常深刻。同一天我也前往財政部和當時的項懷誠部長見面商討同一件合作事宜，但純粹是正式官方拜訪。

從美國總共有三位華人交通專家受邀到烏魯木齊訪問，紐約市交通規畫師鄭向元、丹佛市交通規畫師何家祺和我。初次訪問新疆覺得十分好奇，街上到處都是長得不像漢人的中國人。我們被安排住宿在友誼賓館，是一棟當年蘇聯替自己旅居在中國各地的專家興建的房舍，帶有濃郁的蘇聯建築風格。我住的是三樓一間大套房，它能提供起居間讓許多與會人員交流座談。第一天晚上因為氣候炎熱，也沒有冷氣，我只好打開起居間一扇窗戶讓空氣對流。睡到半夜我忽然被很奇怪的噪音吵醒，打開燈之後大吃一驚，因為我的房間內竟然有五、六十隻蝙蝠在房內逍遙飛翔，發出奇怪的聲音。我驚慌地跑到對面鄭向元房間吵醒他之後共同商討對策，最後抓了一把長掃把回房開始驅逐這些小動物。因為實在是太多了，一隻掃把起不了任何作用。最後只好放棄戰

鬥，轉移到鄭向元房間的沙發繼續我的睡眠。

　　第二天天亮之後，我小心翼翼地走回房間，仔細檢查房間每個角落，證實蝙蝠團已徹底離開之後，我狠狠地把窗戶關上。當晚許多新朋友和舊朋友仍舊聚集在我的房間聊天，和傾聽昨晚我和蝙蝠的邂逅，只是我把窗戶關得緊緊，不願再重踏覆轍。曲終人散之後，關上燈火就寢，到了半夜之後卻又被同樣的躁音吵醒。蝙蝠團再次來襲，只是這一次的隊伍沒有第一天多，大約十幾隻左右。被騷擾兩天之後我已經有點抓狂。第三天我堅持要賓館人員徹底檢查，保證蝙蝠隊不會繼續在我房間出現。當天晚上賓館人員通告我已經清理乾淨，同時解釋蝙蝠們住在屋簷下的空隙裡，第一天牠們是從敞開的窗戶進來的。第二天早上多數蝙蝠已從窗戶離開，只有少數仍躲在窗簾後面倒吊著休息準備夜間再度出沒。

　　這次的新疆之旅去過許多地方，吐魯番、交河故城、火焰山、天山、天池等名勝古蹟。但是最有意義的收穫是結識了阿曼哈吉先生。

　　前往新疆之前，透過我的一位朋友，堪薩斯州商業廳外貿組長，認識了一位堪薩斯州白人，名叫柯特（Kurt）。他到中國念書，輾轉到了新疆，和當地一位維吾爾族姑娘戀愛結婚之後就常住新疆。正巧在他攜帶妻兒回美省親時跟我見了一面，也答應幫我在新疆建立人脈。在烏魯木齊開會期間，他帶我去見阿曼哈吉，是當時的新疆自治區高速公路局局長。當時新疆沒有高

速公路，正在籌劃之中。阿曼是維吾爾族人，西安工業大學土木系畢業，身軀矮胖，長得像義大利人。後來他告訴我他母親有烏茲別克血統。不同於其他維吾爾人的怪異中文口音，阿曼操著一口標準北京腔，因為他父親生前是共產黨高級幹部，全家在北京居住許久。阿曼和我一拍即合，又因為我是美籍華人，從事高速公路設計監理工作，跟他負責的業務緊扣，希望我能夠協助他完成新疆的高速公路網建設。我們結識之後阿曼曾經帶團到美國考察多次，也參加過國際華人運輸協會在堪薩斯市、邁阿密和香港、北京的年會。我的公司在美國替他培訓好幾批工程師，也協助新疆規劃長期交通網和鄰接八個國家：蒙古、俄羅斯、哈薩克、吉爾吉斯、塔吉克、阿富汗、巴基斯坦和印度之間的交通規劃。我們也協助新疆興建第一條烏土高速公路，和烏魯木齊到伊犁六百九十公里的公路改建計畫。為此我還隨著高速公路局幾位工程師從烏魯木齊沿路開車探勘輾過破損的216國道，花費兩天才抵達伊犁。因為阿曼的吩咐，我們在海拔兩千公尺，有「天山的明珠」之稱的賽里木湖畔的蒙古包內享用從湖內剛捕獲的鮮魚。這個古代絲綢之路必經的湖泊，整片平靜的湖面，顏色像是天空的碧藍，秀麗得異乎尋常。

我很喜歡新疆，也幾乎到過新疆每一個角落，從北邊鄰接俄羅斯的黑森林到幾個重點口岸，以及南疆的重點城市。我曾經造訪南疆的喀什，被安置在俄羅斯沙

皇時代駐喀什的總領事館內過夜，它是一棟俄國式的建築，裡面還保存著俄羅斯家具和壁畫。我的房間奇大無比，門外二十四小時坐著一位維族女士管家，隨時聽從吩咐。後來我還透過阿曼替我的妹夫（臺灣聯華食品公司）在喀什地區承租一大片幾十平方公里的土地，從伊朗進口開心果種子，開始種植開心果。

阿曼後來官運一路平步青雲，晉升為新疆自治區的交通廳長，最後被提升為副主席。他的夫人從事表演事業，是新疆歌舞團的總監。他有兩個可愛的女兒，小女兒名叫哈吉娜（Hajina），我把她收為乾女兒，目前仍繼續保持聯絡。阿曼退休之後搬到溫暖的深圳養老。

多次深入新疆深度的和維吾爾人交流之後，我可以意識到他們和漢人之間潛在的民族衝突。因為我的特殊身分和來自臺灣的背景，維吾爾人比較願意對我傾吐肺腑之言。在他們認為，除了顯著的種性和宗教區別之外，漢人到新疆收刮石油、礦產和農業資源，可是並沒有把財富留在當地建設，因此心中忿忿不平。在教育上，雖然維族可以選擇接受自己的母語教育，但是在當地政府單位尋找工作則非得具有中文溝通能力不可，讓維族人騎虎難下。我長期意識到嚴重的種族衝突問題會一觸即發。幾十年之後果然印證。

十五年內經過上百次訪問中國，我經歷了無數值得回憶的往事，無法一一道來。其中比較讓我回味，也值得分享的有幾次經歷，因為它見證了中國從一個第三世

界國家成長到今天變成世界列強的過程。從月薪兩百元進步到可以花費五千元吃一頓飯的社會，這是近代的經濟奇蹟。遺憾的是因爲發展過於迅速，許多中國人來不及在整個過程中吸取到過程中所顯示的涵義和教訓，暴發戶心態比比皆是，不懂珍惜來之不易的財富。

　　1993年上海浦東陸家嘴正在全力開發，是國家一項重點建設項目。爲了配合硬體建設，整體交通規劃配套也是很重要的功課。透過世界銀行貸款項目，我有幸被浦東環境工程局應邀前往諮詢，並舉行三天的工程講習。當年的局長是一位女士，是在新疆長大的漢人，有一個有趣的名字叫作田賽男。我想她的父母從小就想培育她在男人主宰的世界能出人頭地，要她巾幗不讓鬚眉，所以賜給她這個名字。不負父母所望，田局長作風強悍，第一天早上講堂上她就率領三十幾位各級單位的大小領導主管開始聽我講課。兩個鐘頭之後休息時間結束，課堂上只剩下一半學員，大領導們都不知去向。田局長開始大發雷霆，要求我停止上課，並堅持要把所有學員一一找回。隔了半個小時之後，所有三十幾位學員很不情願地全部歸隊之後我才繼續授課。當時最原始的第一代手機已經在市面上流通，有所謂的大哥大和稍微小一型的手機。領導們人手一支，我在上面授課，學員們在課堂下紛紛和外界溝通，顯示他們職位的重要性。不久之後整個課堂的情緒完全失控。田局長一不作二不休到外頭找到一個大竹籃，要求所有學員把手機裝進籃

子裡，宣布在當天授課結束之後才能取回。動作雖然強悍，但是很有功效。三天下來，我認為每位學員都學到一些工程知識和應用。我也對陸家嘴的交通建設作出一些建言，事後覺得好像有被採納一些。田局長的作風讓我佩服得五體投地。中國需要更多田局長來協助改變民情和工作態度。

李珏教授趁著中國開始發展的時機，在安徽合肥投資房地產開發，因此我也和安徽結緣，並拜訪多次，替他打氣，同時也和當地交通界人士建立非常密切的關係。我太太的祖籍是安徽桐城，有一次我專程陪她前往桐城尋根，在公安人員陪同下尋找潘氏家祠。可惜大多數潘家族人在文化大革命期間已經紛紛遷往外地，所剩無幾。1995年春天中國交通部在安徽黃山山腳一個招待所舉行為期三天的全國交通廳長交通講習會，有二十幾位全國各省的交通廳長和副廳長級的領導參加。我和另外一位當年在洛杉磯營業的交通工程師李方屏博士應邀前往授課。能夠在一群全國各地的交通業務主要領導面前分享專業知識是非常大的榮幸。這些學員都是頂尖的專業和政治領導，素質高而虛心，絲毫沒有大領導的架子，和上海浦東的弟兄們迥然不同。結業之後全體學員一齊遊覽美如仙境的黃山，其樂融融。我前後去過黃山三次，每次都感受到不同的經驗，隨著中國的經濟發展，從第一次用雙腿爬山到最後一次搭乘電纜車上山就能夠印證中國進步的腳印。第一次訪問黃山在回程時因

為前方車禍，車隊曾經在雙線公路上被堵住超過五個小時，第三次訪問時，短短幾年之間黃山已經銜接上高速公路了。

我和河南也有十分密切的關係，原因是河南省和堪薩斯州都是農產豐富的地區，幾年前互相締結為姊妹州。90年代初期河南省馬忠臣省長率領各級領導來堪薩斯州訪問，期間曾經由我作東宴請過訪問團全體團員，並邀請堪薩斯官員作陪。之後彼此發展成互動良好的關係。90年代中國各省急於發展高速公路，爭先恐後向交通部和世界銀行申請支援貸款，馬省長希望我能夠協助河南在技術層面的諮詢，因此我也訪問河南多次，足跡踏遍全省，諸如開封、許昌、商丘、少林寺、洛陽、三門峽等地。我第一次訪問鄭州是從上海轉機。在虹橋機場準備上機時被通告因為當地氣候關係航班必須延遲一、兩個小時，兩個小時過了之後又繼續延遲，如此反覆從下午三點一直延遲到晚間八點，航空公司決定放棄飛行，把所有旅客用巴士送到一間二點五星級的旅館過夜。用餐之後梳洗完畢大約十一點鐘剛躺上床休息時，房間電話大響，因為航空公司決定起飛，要大家十分鐘內到樓下大廳集合，準備出發。我的班機到達鄭州時已經是清晨兩點，多虧省政府的人員仍然等候在機場接我。

我在鄭州經歷過幾件值得懷念的事。當時省政府把我安置在重新裝潢過的假日旅館（holiday inn），這

棟原來由俄羅斯人興建的友誼賓館被香港人改裝成美國連鎖旅館，品質還不錯。假日旅館旁邊不到一英里處有一個公園，因為我一直有慢跑的習慣，每天最少要跑完四英里路程。第一天早晨穿著運動衫短褲從旅館跑向公園，在公園門口被守門員擋住，要我繳兩毛錢入場費。身上沒帶分文的我只好苦口婆心請求他放我一馬，並答應等會兒一定把錢送到。守門員很懷疑地看了我這個操著奇怪口音的人老半天之後，很不情願地放行。我在美麗的公園和大媽大爺的韻律體操舞蹈陪伴之下完成慢跑，回到旅館梳洗完畢，準備就緒上了單位的車子後，要求先在公園門口停下，親自給守門員送上兩毛錢。那位仁兄看著我一臉疑惑，心想天下那有這麼愚蠢的人。第二天當我再度慢跑進入公園時，手上緊抓著兩毛錢小鈔。守門員看見我，揮揮手表示不收我的錢，不過我還是給了。

曾經有人告訴我酸辣湯的發源地是河南，一定要品嘗當地的酸辣湯。第一次到鄭州的前幾天接受各單位盛宴招待，著實對大魚大肉有些厭膩。第三天我告訴接待單位想一個人在飯店休息。晚間六點多我一個人在附近街道漫步，撞見一家門面很整齊的餐廳，決定進去吃飯。上了二樓的飯廳之後，看見整個餐廳擺滿大型十人份的圓桌，沒有一張小桌子。當年中國經濟仍然低迷，一般高檔餐館只有政府單位宴客消費得起，老百姓很少三朋兩友相約到高級餐館用餐。一位女老闆見到我，立

刻問我「那個單位的」？說明我是來吃飯之後，女老闆很木訥，心想一個人跑到這種高檔飯店吃飯非常莫名其妙。她很不情願地走進餐廳背後，抬出一張小方桌，擺在角落上要我坐下。我點了一大碗酸辣湯，說實話，那一碗酸辣湯是我這輩子吃過最好吃的酸辣湯。

第二天晚上我情不自禁地又去光顧那一家餐廳重溫酸辣湯的美味，這一次女老闆看見我二話不說主動的進去裡面又把小方桌給抬了出來。

1996年感恩節期間我在中國東北待了將近三個星期。在美國外交部的經費資助下，遼寧撫順市邀請我去諮詢和培訓當地工程人員。搭乘飛機抵達瀋陽之後，遼寧省的僑辦代表在現場迎接我，並一起驅車前往三十六英里外的撫順。跟美國的鐵鏽帶（rusty belt）城市一樣，中國東北的石油、鋼鐵城受到新經濟轉變的衝擊，本身經濟一蹶不振，年輕人都前往南方廣東、海南等地謀生，留下來的年輕人也都大部分無所事事。撫順的空氣帶著酸味，因為是工業城市，空氣汙染非常嚴重。接待我的單位是撫順鋁業公司的工廠，幾天下來之後我感受到學員們的求知慾並不強烈，他們對於企業的生存法則比較在意。跟廠長商量之後我決定改變教材，轉而談論美國的資本主義經濟制度和經濟轉型的策略。學員們對這類的題材有很濃厚的興趣，課堂上也增加不少活力。

廠長告訴我他們的鋁廠是早期蘇聯援助遺留下的設

備，已經和現代造鋁工廠無法競爭，因爲設備老舊，許多零件損壞之後也無法維修，導致生產落後，財務受到雙重打擊。員工的年輕兒女找不到工作，責任也必須歸屬在工廠身上，爲了員工子女，工廠只好經營副業諸如餐廳、karaoke之類的娛樂場所來解決員工子女就業問題。仔細地參觀鋁廠設備之後，我的結論是它已經到了壽終正寢的邊緣。後來據說中國政府決心改善東北的經濟，希望他們能夠轉型成功。

負責招待我的那位僑辦有一個有趣的名字，叫作「孟浮萍」，是一位典型的東北大妞。在撫順的兩個星期幾乎每晚都會和不同單位的領導吃飯，而孟僑辦也都會在場陪伴。東北人喜歡喝酒精成分較高的白酒。孟僑辦喝白酒是用吃飯的碗裝的。一碗接一碗填得滿滿的白酒，一聲濃厚東北口音的「林先生，乾了吧！」，孟小姐就能把整碗白酒像開水一樣地喝乾，而且事後面不改色，讓我佩服不已。還有一次在一個飯館用晚餐，席間有一位老先生提著小提琴進入包廂內問我們想不想聽音樂。身爲主客，大家當然先問我意見。我問老先生會不會薩拉沙特的〈流浪著之歌〉，他回答說可以試試，然後一鼓作氣，不看譜的從頭到尾把這首長達八分鐘的世界名曲表演完畢，讓我佩服得目瞪口呆，立刻賞給他一百元小費。據說老先生以前是大學音樂教授，不知爲何淪落至此無人知道。在中國像這一類的故事太多了。

離開撫順之前我特地去造訪當年末代皇帝溥儀被軟

禁的地點。孟僑辦護送我回到瀋陽機場之前，我請他們帶我去參觀後金第一位大汗努爾哈赤的墳墓。這個世界實在很小，十幾年後我在洛杉磯認識一位姓苗，祖籍撫順的工程師，他的太太竟然以前是孟浮萍小姐的同事。

從瀋陽我搭機前往哈爾濱去拜會黑龍江省交通廳吳廳長，一位在文革被嚴重清算過，個性瀟灑的東北大漢。他曾經到過堪薩斯訪問，我特地為他帶來一件堪薩斯市酋長足球隊的球衫。時值十一月底，哈爾濱已經非常酷寒，松花江已經完全結凍。在這個有濃厚俄羅斯影響的都市，走在用磚頭鋪蓋的老街上，感覺上像是在電影《齊瓦哥醫師》裡面的情景。吳廳長邀請我到他家裡和全家人一起享用火鍋，席間包括他的愛人、兒女、媳婦和幾位孫子，其樂融融。我們還一齊造訪城內一家由俄國人掌廚的俄羅斯餐廳，所以菜餚應該十分道地。我在餐廳裡面學到俄國人吃麵包不塗果醬，而是塗上鮭魚卵，最起碼在那家餐館要遵循這個規矩。

90年代俄羅斯的經濟惡化，為了討生活，許多俄國人，尤其是女人，越過邊界到中國賺錢。我曾經在新疆伊犁見過不少在當地工作的俄國男女，在哈爾濱也見到不少俄國人，從事各色各樣的工作。哈爾濱有許多俄國人百餘年前興建的大教堂，其中以位於中央大道上戴著洋蔥頭頂的聖蘇菲亞教堂最為雄偉壯觀。因為二十世紀早期俄羅斯及東歐、猶太人等移民湧入，給這個城市帶來各式各樣歐洲建築風貌，遍布整個市區，非常獨特出

衆。

　　我很喜歡哈爾濱，更喜歡東北人的豪爽憨直。

　　1997年七月一日香港回歸中國，趁著到中國出差的機會我決定和太太前往見證這個歷史時刻。當時旅館爆滿，很難訂到房間，我妹夫的姊姊夫婦住在九龍尖沙咀的一個公寓，同意讓我們暫住三天。我們在六月三十日抵達香港，街上人潮洶湧，人心惶惶，對未來前途沒有定數。傍晚時分開始傾盤大雨，雷雨交加，好像在為香港哭泣。我們兩人走到碼頭邊緣擠在人群之中望著對岸香港島，期望能一窺交接的程序。九點左右英國政府開始在大雨之中點燃煙火，瞬間整個香港天空被燦爛的火光照得通紅，非常壯觀。煙火持續了幾十分鐘之後終於趨於平靜，只剩下隆隆的雨聲，感覺非常淒涼。在午夜十二時整，天空突然傳來隆隆刺耳的聲響，從北方飛來一大群排列整齊的解放軍直升機機隊，很霸氣的低空掠過燈火輝煌的夜空往香港島前進。九十九年之後中國終於理直氣壯地奪回香港了。

　　第二天早上所有在街上巡邏的警察身上，徽章全部從象徵英國皇家的標誌換成香港特區的標誌，宣告殖民時代的終結。街上的人潮仍然洶湧，也有少數群眾拿著特區旗幟和中華人民共和國的國旗搖旗吶喊，慶祝新時代的來臨。大體上群眾的情緒還算平靜。當天晚上雨勢趨緩，中國政府決定鄭重地宣示主權，施放了更雄偉燦爛，長達好像四十五鐘左右的煙火秀，照亮整個香港島

和九龍之間的維多利亞港灣。

香港回歸中國是天經地義的道理，只是實質上，是福是禍卻仍無法論斷。近幾年來百姓的民主訴求對上中國政府強加的高壓政策對特區前景產生許多未知數，最終的結果只能讓歷史定論了。

多年來我訪問北京無數次，除了段里仁局長之外也結識了許多朋友。其中印象比較深刻的有一位周海濤先生，是從日本留學回國的土木工程師。90年代中期他曾經到美國考察，也到過我的公司參觀交流過。當時他的身分是華杰工程諮詢公司總經理，負責一家由中國交通部和美國路易斯伯爵工程顧問公司合資成立的公司。周海濤是一位正人君子，作事有條理，不會跟隨潮流浮華自大。我們成為知心的朋友，在學術和企業上也有相當程度的交流。我也邀請他積極參與國際華人運輸學會的活動。周海濤後來被調回交通部，在中交設計院擔任院長，最後以交通部總工程師的職銜退休。國際華人運輸學會1987年在堪薩斯成立，十年之後已經在運輸界享有顯著的學術聯誼地位，並且在美國各地和香港成立分會。我們的學員分別在臺灣和大陸各地提供學術講習和諮詢，贏得各方肯定。西元2000年在我擔任會長那年，國際華人運輸學會第一次在香港召開年會，中國各地工程人員，包括周海濤等人都踴躍前往共襄盛舉。開了先例之後，我們相繼在2002、2006、2008、2010、2012年分別在北京、香港、南京、重慶、北京召開過年會。

2010年第二度在北京召開的大會是由周海濤的中交設計院協辦。由於周先生大力支持，大會舉辦得非常成功，甚至於由我邀請參與的當時臺灣公路局局長陳世圯都被安排在大會上演講。2010年之後我繼續和周院長保持緊密的科技學術交流，並多次率團前往北京研討最先進的智能交通系統專業知識。

　　我最後一次對中國提供正式專業支援是在2008年四月。當時北京奧運的籌備工作已經到達緊鑼密鼓的最後關頭，北京當局希望引介國外專家的意見對奧運期間全盤交通營運控制作出最後統籌。因為洛杉磯在1984年曾經舉辦過奧運，而且因為洛杉磯的交通堵塞情況世界聞名，所以除了我之外另有兩位洛杉磯市交通局的工程師受邀前往。第四位受邀者是舊金山灣區運輸委員會負責智能交通的工程師。我們四人相繼抵達北京，被交通局安排下榻在北四環邊上的外國專家大廈。當時段局長已經退休，他的副局長職位由以前一位幕僚，我們稱呼為小梁的工程師擔任。抵達北京的第一天我們在接受簡報和實地勘察奧運競技場地中結束。北京為了對世界展現這次奧運著實花費不少經費，我們能夠預覽所有比賽設施感到非常幸運。第二天開始我們分別以個人專長針對北京奧運交通管理的大綱和細節提出詳細的分析和建言。因為我們四人在抵達北京之前已經緊密協調過討論綱要內容，所以彼此之間的討論表述無縫接軌，沒有絲毫空隙。主辦單位也安排我們去參觀剛完成不久的交通

控制中心。它好像設立在西四環邊上一個富麗堂皇的建築物裡面，除了一些必備的電腦、電腦主機和相接的纜線之外，偌大的牆壁上掛滿LED屏幕，能夠同時顯示各地區交通堵塞的情形。2008年的北京，交通已經嚴重得不可收拾。因為經濟快速起飛，百姓財富隨著增加，導致私人汽車擁有量達到飽和。據我的估算，如果把當時所有北京的車輛一齊擺上所有快速道路和市區幹道上，車輛所需要的空間遠遠超過道路面積。事實上，我們結束參觀交控中心回程時在環道上碰見大堵車，決定下到市區道路前進之後仍然被堵得動彈不得。最後我和另外一位洛杉磯市的工程師決定用腳行走最後一段約有一英里多的路途回到飯店。很諷刺地，我們走回飯店之後仍然還見不到車子的影蹤。

研習五天之後，我們四個人提出一份很明確的北京奧運交通管理建議書，詳細概述減低交通衝擊和提高道路服務水平的對策，其中包含在奧運期間撥出各個環道的內線作為奧運車輛專用，限制單雙號車牌只能在單雙日行車以減少一半流量。其中最重要的建議是針對奧運期間的道路標誌標線的設計以迎合國際交通管理方式的共識。我們很高興奧運主辦單位採納了一些我們提出的建議，協助北京奧運期間維持交通通暢無阻，讓我們這趟北京之行有意義，也不虛此行。十幾年來我透過聯合國、世界銀行和中國地方政府邀請多次訪問中國，也盡我所能把美國的運輸交通理論和應用傳授到不同角落，

希望在中國的近代經濟發展奇蹟史中也能貢獻出一點點
微不足道的力量。

第十一章

加州的陽光

　　美國南加州的洛杉磯都會區有三個特點，第一個特點是四季如春，幾乎不下雨，平均每年的下雨天數三十天。在冬季當附近高山上被大雪覆蓋時，可以穿著汗衫短褲坐在涼椅上欣賞雪景。南加州的居民常常自豪地宣稱只有在這裡才能夠在同一天內到山上滑雪之後再前往海邊游泳。因為如此，雖然南加州缺點甚多，人口仍然居高不下，許多人遷離此地，但同時也有許多人遷入。第二個特點是交通擁擠。洛杉磯都會區是由五個郡合在一起的，有超過一百個大大小小的城市，總人口超過一千八百萬。因為腹地太廣，也缺乏大眾運輸工具，大多數人只能依賴私人汽車代步，以致造成嚴重交通堵塞。第三個特點是人種非常複雜，尤其是近二十年來因為非法拉丁族裔大量的遷入和生育，拉丁族裔已經有成為多數族裔的趨勢。據非官方的估計，洛杉磯地區的非法居民已經超過一百萬人，多數靠打零工過活。這也是為什麼在此地找幫傭的費用很低的原因。

我於2002年三月先隻身搬到南加州，同一年九月在離洛杉磯城中心往東三十英里的鑽石吧市（Diamond Bar）蓋了一棟新房子之後，賣掉在堪薩斯州黎霧市的住宅，舉家遷到鑽石吧。在決定從布克威里斯退休之後，我本想嘗試不同領域的企業，諸如土地開發之類的專業。只是工程界的朋友獲知我想遷移到加州的計畫，紛紛打電話和我商議，希望我能夠加盟他們，協助擴展業務。經過和四家大型的同業工程顧問公司商談之後，我決定加盟大衛艾文斯（David Evans and Associates）協助拓展他們公司的業務。大衛艾文斯是我工程界的朋友，公司總部位於奧利岡州的波特蘭市，員工大約有八百人。它在南加州安大略市有一個小辦公室，雇有三十幾位員工。我和公司的協定是只負責業務擴展，不參與營運和人事方面的工作。經營公司二十幾年後，我的結論是人事是最挑戰和頭痛的業務，不願再捲入這個漩渦。加入大衛艾文斯之後兩年我也著實幫助公司開發不少新的工程業主和嶄新的工程設計項目。

　　搬到加州之後終於有機會常和母親相聚，她和小弟的家庭住在一起，平時有小弟夫婦和兩位姪兒照顧，我也能每個星期找機會和她見面一起吃飯，補足三十年來分居兩地無法經常見到母親的遺憾。母親在2020年二月二十七日平靜地離開人世，享年九十五歲。

　　2004年夏天大衛艾文斯先生宣布從公司退休。我加入這個公司完全是因為和他之間的交情，所以他的退

休也讓我萌生退職的意念。同時間內，有一次機會和大衛艾文斯的一家小下包公司的老闆閒聊，談到經營工程行業的苦楚。這家小公司名叫卡茲沖津（Katz, Okitsu and Associates），是由一位猶太人卡茲先生和一位日裔美籍沖津先生成立的少數民族企業。美國各級政府受制聯邦政府規定必須撥出15%到30%不等的工程項目讓少數民族企業承包，一般的方式都是要求大公司在整個大項目之中抽出百分比來分包。因此像卡茲沖津這類的小公司主要營業業主對象不是政府單位而是大公司，往往要看大公司的臉色才包得到工作，很是辛苦。當時卡茲已經退休，沖津一個人獨撐營業。他的個性內向，非常害羞，沒有魄力和經營事業的才華，幾乎必須完全依靠少數民族企業的名號向大公司分一杯羹來生存。我們聊到我的背景和經驗，他希望找到像我這種人來接管公司的經營，並問我有沒有興趣。當時我已經五十六歲，估計還有十五年的豐厚職業生涯能夠轟轟烈烈地再打出一個新天下。思考幾天之後我的結論是，我最瞭解這個行業，也最能夠在工程界發揮我的最佳效率，所以我同意加入卡茲沖津公司，也花費了一大筆現金購入沖津先生的公司股票，並且被當時五位大小股東選為公司的董事長兼執行長，連續在任上工作了十七年。

我成為卡茲沖津公司的執行長之後，立刻改變公司形象，除了放棄少數民族企業資格，直接硬碰硬地和大公司競爭之外，也把公司的名字從發音十分拗口的原名

改成簡單明瞭的三個字母KOA。當時公司的年度營業大約在四百萬美金上下，四十幾位員工。重新整頓調整人事之後，公司的開支顯著的減低，從2004年的四十位員工增長到2020年的一百二十人和超過兩千萬美金的年度營業額。

工程設計是一種服務業，主要對象是代表普羅大眾的各級政府。經營工程設計企業只要遵循幾個大原則就能達到很高的成功率。服務業成功的癥結在於人際關係，因為再超人的設計技術如果不能受到顧客的青睞仍舊是英雄無用武之地。當幾家公司在競爭項目時，如果一切條件都相等，業主一定會選擇他感覺比較舒適的合作對象。品質管制也是一件非常重要的經營元素。業主們不會記得設計成功的案例，但是他們永遠記得錯誤的設計。精確的財務管理和資金周轉當然也十分重要，有錢好辦事是天下統一的經營法則。我認為科技工程服務業最具挑戰的是人事。從事這種行業的人都是高端知識分子，是最難駕馭的一群人。我經常會耗費過多的時間精力為員工們的薪資、升遷、責任分配和工作性質差異不均的人事問題操心。我的公司最大的資產就是人，每天下班之後所有資產就通通不見了。有效的人事管理就是希望能夠保證每天早上同樣的一批資產都能快樂的回籠。有時候碰到必須處理棘手的人事糾葛時，會覺得當年秦始皇焚書坑儒好像有點道理。

十七年來KOA分展迅速，除了蒙特利公園市的總部

之外，在其他五個城市，安大略、棕櫚泉、橙市、聖地牙哥和卡爾佛市都有辦公室。生命至此，我經營過三家業務相同但是位於不同時空的土木運輸工程設計企業，所幸在我掌握之下都很成功。布克威里斯不幸地在我離開十年之後因爲經營不善轉售給一家芝加哥的公司。臺灣的美商美聯科技公司則愈戰愈猛，在臺灣的運輸工程界已經占有一席重要的地位。在洛杉磯都會區的KOA經過十七年的培育已經成爲南加州的主流工程公司。2020年我決定把經營的棒子傳給一位得意門生周敏女士，她是從中國清華大學畢業的一位高材生，在我門下訓練多年。相信以後由她接手領導，KOA一定能夠繼續發揚光大。

據官方統計，2020年洛杉磯地區的華人總人口超過五十萬人，但是非官方的估計可能不止這個數字，也許更接近七十五萬。近年來的移民以中國大陸華人居多，從臺灣來的華人則以老一輩的僑胞和他們膝下新一輩在美國出生的ABC爲主流。由於華人衆多，除了群居在幾個重點城市之外，各種不同的社團和交誼組織也如雨後春筍般地叢生在華人社交圈內，從各式各類的同鄉會、校友會、合唱團、話劇社、舞蹈班、棋友會到比較深入社會專業的社團，比如像科工會、作家學會、房地產協會、醫生工會，和各類學術團體等，洛杉磯的華人生活非常多采多姿，不會感到單調無聊。我和太太移居到洛杉磯地區之後，剛開始經過朋友介紹著實也很活躍

地參與了不少各種不同社團的活動。過一陣子當熱情冷卻之後便開始較有選擇性的參與。我太太也在南加州北一女校友會十分活躍，並且還曾經擔任過年刊編輯和被選為會長。我則對一個名為美西華人學會的學術團體情有獨鍾。這是一個由各種不同的專業人士聯合組織成的團體，有工程師、醫師、律師、會計師、社會工作者、政論家和財經專家等各個領域的專業人士。我們聚在一起，每年舉辦五到六次專業題材的座談會，把跟生活有密切關聯的專業知識和社會大眾分享。我們的專業題材涉足廣泛，從醫學保健到智慧型工程，從財經管理到心理健康，也從移民法律須知延伸到國際政治解套的專題演講。同時，因為會員們的慷慨解囊，我們每年也一定在年度大會上頒發獎學金給即將畢業的優秀高中生，希望藉此輔助他們在學業上能更上層樓。自從2012年加入美西華人學會成為理事會的一員之後，我持續的和其他理事們為回饋社會盡心盡力，也很榮幸地在2018年被推舉為學會會長。能夠參與這個很有意義的社會團體，也能和各行各業精英共同為服務社會努力是我搬到加州之後最為欣慰的一件事。

洛杉磯郡的哈崗（Hacienda Heights）半山上有一個占地十五英畝的佛教寺廟「西來寺」，大概是北美洲最大的佛教廟。它是由跟林家淵源很深的星雲大師一手籌劃，透過他的高徒慈莊師父經手奮鬥八年才建成的。在1982-1985年間，當星雲大師的佛光山初步規劃

決定在洛杉磯建立寺廟，並且已經購置在哈崗的十五英畝地之後，我曾經從堪薩斯飛到洛杉磯替他作過整體項目建設的諮詢。當時如此大規模的佛教寺廟提案要建立在屬於白人社區的心臟地帶簡直不可思議，也曾經承受到各方社區無比的壓力。不僅是白人鄰居的杯葛，甚至於頑固的華人基督教徒也應聲唱和跟著叫囂。經過上百次社區協調會議和六次正式公聽會後，提案終於在1985年通過環境影響評估和郡政府五位委員投票贊成，准許興建，而於1986年動土，並且在1988年十一月二十六日落成。西來寺的完成帶給了洛杉磯地區整個佛教徒的欣慰，和尋得心靈寄託。信徒中除了從世界各處移民來此的華人之外，也包含東南亞民眾和日益增加的白人信徒。每年的中國新年是信徒們為來年祈福最佳的日子，往往有超過兩萬位信徒在當天將西來寺擠得水洩不通，希望能夠祈求到吉祥幸福。身為虔誠佛教徒，我很感激在南加州有這麼一座清淨莊嚴的寺廟，能夠在我心情毛躁時賜給我平靜，能夠在我迷惘時帶給我指引，也能在我不知所措時提供給我智慧。

　　加州的陽光，凌駕群倫，舉世無匹。

小時候祖母一再叮嚀我千萬不要涉足政治，她經常以她堂弟郭雨新的經歷當例子，認爲政客的最終下場都很淒涼。我年輕時爲前途和家庭奮鬥，從來也不曾考慮去沾惹政治。但是後來不但轟轟烈烈的在美國參與政治，擔任過市議員，還破天荒地在兩個不同州的兩個不同城市都當過市議員。

1978年我從堪薩斯市郊區的陸上公園市搬到東鄰的黎霧市。黎霧市是一個富裕而保守的城市，地理上東西狹窄，南北向九英里狹長的城市，被435高速公路劃分爲二，北邊的居民大多是1948年建市之後就居住在黎霧的家族，生性保守，不願接受改變，是美國俗稱的「紅脖子」（redneck，意指種族意識強烈的保守白人）。當初1948年黎霧市成立爲一個獨立城市時就是從北邊開始，然後緩慢地往南延伸。先民們因爲不願意把猶太人的住宅納入黎霧市管轄內，還特意把城市邊界蜿蜒曲折地錯過所有猶太人住的房子。435

高速公路以南的黎霧市南邊大體上是新興社區，房子又大又新，居民也以新的年輕白人移民居多，思想比較先進開放。南黎霧最有代表性的住宅是皇冠牌卡片公司（HallMark Card）的老闆喬伊斯赫爾（Joyce Hall）擁有的一塊一平方英里大的地和他興建於其上的一棟豪宅。我在黎霧市的第一棟房子就是位於當時最南端的社區，是名副其實的稱爲「南黎霧社區」。

在北黎霧有一條橫跨東西的主要幹道95街，這條95街是堪薩斯市都會區連結東西的主要幹道，從東邊的密蘇里州堪薩斯市以四線道延伸到黎霧市。在黎霧市境內短短的一點五英里卻被縮小爲兩線道的小市區街道，當95街脫離黎霧市跨入西側的路上公園市之後又被拓寬成四線幹道。這條95街每天承載兩三萬部車輛，在黎霧市內的二線道成爲一個大瓶頸。汽車一進入黎霧市的95街就動彈不了，停滯不前。也因爲如此，堵塞住的汽車群釋放出大量二氧化碳，汙染兩旁的空氣，也毒害了不少兩旁林蔭大道上的植物。

身爲交通工程師，認爲自己身擔重任，有義務要爲駕駛人和社會大衆打抱不平，要求拓寬95街。終於有一天我沉不住氣，打了一通電話給當時黎霧市市長肯克里彭先生（Ken Crippen）。克里彭本身是一位土地規劃師，原本以爲他會十分贊同我的觀點，沒有想到他的答覆竟然是：「林先生，這條路在你我有生之年是不會被拓寬的，因爲我們不希望外地人到我們黎霧市來。」

聽到市長這一番「紅脖子」的言論之後，我憤慨激昂，並痛下決心要完成拓寬95街的光榮使命。美國的地方政治體系因為各州制度不同而異。在堪薩斯州的地方政府是由一位市長和六到八位議員組成的。黎霧市有八位市議員，分別在四個不同選區各選出兩位議員，任期兩年，以錯開年分的方式舉行選舉，所以每年四個選區都要舉行選舉。市長則是由全市選民每兩年選出。我和市長對話完大約七個月後正逢黎霧市的地方選舉日，在1985年五月的第一個星期二，我決定報名參加第四區的議員選舉。當時因為現任議員決定退休，不會遭受現任優勢的壓力，我評估之後認為以我的工程背景，勝算機會滿大。我只有一位對手，名叫瑪莎莫妮卡（Marsha Monica），她是一個小學家長會的會長，長期在社區耕耘，人脈熱絡。憑良心講，從地方人脈網絡的角度來評估，我絕對不是她的對手，但是我認為如果有理性的選民必須在一位經驗豐富的工程專業人員和一位家庭主婦之間作抉擇，我的機會還是滿樂觀的。第四選區在南邊，腹地最大，人口有六、七千人。從一月分開始，在酷寒的冬季我就開始挨家挨戶敲門拜訪選民的家庭，除了介紹自己以外，偶而也傾聽對方的心聲。通常有老太太的家庭比較願意和我交換意見，甚至於邀請我進入家裡喝咖啡聊天。天氣轉暖之後我開始騎著腳踏車巡街，節省不少時間。在五月選舉日之前我訪問過每一位選民的住宅，當然不見得每棟房子都有人在內。除了走街之

外，我也分別寄出四分宣傳文件，內容不乏我的經歷和
治理地方政府的理念。因為是第一次參選，沒有政治資
源，一切選舉費用都要自掏腰包，所以花費也額外謹
慎。雖然如此，第一次選舉也耗費我數千元。我的選區
裡面有不少天主教徒和猶太人。天主教徒喜歡問我對允
許墮胎的意見。我的標準答案是因為我是男人，沒有這
方面的經歷，所以我沒有意見。經過挨家挨戶踏勘之
後，我覺得我似乎得到大部分天主教徒和猶太族群的支
持。

　　選舉當天晚上結果就揭曉了，我的得票率是52%，
相對於瑪莎莫妮卡的48%，我很幸運地小勝當選。瑪
莎莫妮卡還親自打電話來恭喜我。1985年美國全國的
亞裔地方民選官員大約有六十位上下，絕大部分產生於
夏威夷州，我有幸成為其中一位。後來我們成立一個
APAMO（太平洋亞裔地方官員協會），我是該會的忠
實會員。

　　在美國的地方政府，議會的權力很大。以黎霧市
為例，八位議員裡面只要有五位同意就能夠決定任何政
策，從員工加薪、僱用或開除市政經理、警長，到控制
所有的預算和公共建設。市長是執行官，只有在議會表
決以四比四平手僵住之後才能投入打破僵局的一票。從
1985年開始，我成功地選上四屆市議員，甚至於在第三
屆的選舉以史無前例的92%選票當選。八年的從政生涯
因為我忙碌的事業和經常往亞洲出差而告一段落，1993

年我決定結束我的黎霧市政治生涯，不爭取連任。

　　八年的政治參與，我成就了許多事，也讓我領悟到政治的特徵。民主政治是一種妥協，最後的定局往往和自己的理想有些差異，聰明的政治家會利用妥協來達到目的。愚蠢的政客往往要用壓力和鬥爭來爭取利益，但是最後往往是失敗的。我選上市議員後的第一個使命就是要拓寬95街。除了代表95街兩旁居民的兩位議員之外，其他五位議員都能夠認同拓寬95街的理念。加上1985年我們有了一位比較趨向自由派的猶太裔女市長珍懷斯（Jean Wise），我們的理念一致，這件事很快就定案。記得市議會表決當天，95街兩旁居民兩百多人怒氣衝天的湧入議堂，紛紛發言準備抗衡到底。最後仍抵不住我的提案和六票贊成票。會議結束之後我堅持要警長護送我上車，以防不測。幸好大家都很理智。95街在1987年正式拓寬通車，贏得全都會區居民的讚賞。拓寬一年之後我收到二十幾封從95街兩旁當年強烈抗爭居民寄來的信，感謝我把道路拓寬，改善周遭環境。人類的特性是不願意接受改變，改變之後才覺悟到改變後的優點。雖然時過境遷已經三十五年，那些信我仍然留在身邊。

　　1948年黎霧市建市時有一條市政法規，很明確地規定除了白種人之外不准任何其他種族人士在黎霧市內停留超過二十四小時。當初立法的主因是雖然先輩們只願意讓白人居住在市內，但是他們仍然需要其他像黑人、

西班牙族裔的傭人來家裡幫忙打掃家務，整理庭院。可是他們又不願意讓幫傭者住在自己家裡，所以就產生這麼一個愚蠢、歧視人種的法律。當然這項市政法規在1964年詹森總統簽屬人權法案之後就宣告無效，可是它仍然遺留在黎霧市歷史文獻內。有一次湊巧我看到這件文獻，便拷貝了十幾份，在召開市議會途中分發給市長、各位市議員和各部門主管，並且很幽默地提醒大家黎霧市走過一段很漫長的道路，從1948年的排外法規跨進今天的社會，市長是一位猶太裔女性，有一位華裔市議員，同時整個城市最豪華昂貴的豪宅是一位經營燒烤店集團的黑人老闆所擁有。這對於1948年創市的先輩們倒是一大諷刺。

我上任四屆市議員，幾項比較有指標性的政績包括推動並完成一個簇新、現代化的市政府大樓和圖書館，一個新的市政府公共高爾夫球場，一個全新的區域性購物中心和一個嶄新的公園。在美國，由公私合營伙伴關係完成的建設是常見的籌資機制。一般的伙伴關係是由私人企業貢獻土地讓政府興建重要的公共設施，私人企業緊接著在周遭興建商業或住宅建築，彼此相輔相成，達到政治經濟雙贏，皆大歡喜。黎霧市的市政府和圖書館位於新的購物中心裡面，和這個高檔購物中心合為一體，變成名副其實的新市中心（new town center）。新購物中心停車場擺滿大型藝術雕刻，店鋪有當代有名的餐廳、商店，其中有一家高檔小型超市汀恩德魯卡

（DEAN & DELUCA），除了黎霧市之外，只有在幾座世界大城市像紐約、東京、首爾、杜拜、華盛頓、臺北等地才能找到蹤跡。我很高興把黎霧市從一個小居家城市提升成爲一個第一流的多元化城市。幾年前美國最大的，擁有一千多個電影院線的AMC也把它的總部遷移到這個新市中心裡面。

在黎霧市從政八年也認識並結交到許多州政府和聯邦政府的官員。1989年堪薩斯州和臺灣省締結成姊妹省，我很榮幸被邀請成爲堪薩斯州代表團一員前往臺灣，並見證州長和當時的邱創煥省長的簽約儀式。後來陸續被邀前往臺灣先後和連戰省長、宋楚瑜省長等見面，也和代表團一起參與多次雙十節閱兵和臺北賓館的外交酒會。此外，我也有機會和州長、州議長一齊訪問泰國，並且在號稱世界最高級的曼谷東方酒店參加外交酒會。在這同時，因爲我是整個堪薩斯州唯一的亞裔民選官員，在政治場合也顯得出衆。1985年到1987年間堪薩斯州的聯邦參議員杜爾是聯邦參議院的多數黨領袖，是美國政壇數一數二的大人物。因爲我的地方政治頭銜和萬白叢中一點黃的關係，而且都是共和黨黨員，我們成爲政治上的朋友。有一位高高在上的政治領袖朋友，伸手向聯邦政府要經費的成功率也相對地提高很多。杜爾是一位不忘本，很正直真誠的政治家。1996年他被共和黨提名和柯林頓競選總統時我也挺身替他助選，最後他敗在柯林頓手下。杜爾先生在2021年十二月五日過

世，享年九十八歲。

　　我擔任黎霧市市議員八年感到最欣慰的一件事是促成黎霧市和我的故鄉宜蘭市締結為姊妹市。1987年黎霧市一位女性新市長瑪莎萊恩哈特（Marsha Rinehart）上任，我們兩人的私交很好。同一年間一位時任宜蘭市市民代表的遠親透過一位宜蘭市的葉英傑國大代表聯絡到我，希望促成宜蘭市和黎霧市締結為姊妹市。這當然是一件非常有意義的建議，瑪莎市長也非常支持這項建議。經過市議會熱烈討論並全票表決通過之後，一切定案，同時成立一個宜蘭姊妹市委員會。

　　1988年十月六日黎霧市代表團一行十六人，包括市長、幾位市議員、堪薩斯州參議會領袖和其他社區領袖浩浩蕩蕩地抵達臺灣桃園國際機場之後，由遊覽車載著代表團直接奔向宜蘭。當晚下榻在礁溪的飯店。第二天早上宜蘭市公所動員軍方的吉普車，將每一位代表團成員各別安置在吉普車上，掛著花圈浩浩蕩蕩地往宜蘭市出發。我和太太、兒子被安排在同一部車上。到達宜蘭市的主要南北向道路中山路之後，街道兩旁站滿男女老少的群眾，熱情地揮手，兩旁的商店也都懸掛著長串爆竹，一路爆破開來，就好像過年的慶典一般，非常壯觀，一群老美更是驚喜得不知所措，大家猛烈地向群眾微笑揮手。宜蘭鄉親的熱情讓我頓時熱淚盈眶，久久不能自己。

　　繞街之後，在1988年十月七日早晨九點四十五分兩

個相隔一萬兩千公里的城市在宜蘭市公所正式締結為姊妹市，開始長達已經三十四年不間斷的都市情誼。締交時的宜蘭市市長名叫吳攀龍，是一位開朗瀟灑的政治人物，締交之後他也率團訪問過黎霧市。三十四年之間宜蘭歷經五位市長，其中三位，包括林建榮（後來成為立法委員）、呂國華和現任市長江聰淵都曾率團前往黎霧市訪問。我的母校中山國小也組團前來黎霧市的學校交流，學生們甚至於留校成為短期交換學生。黎霧市市長瑪莎賴因哈特在1997年退休之後，由佩姬旦恩（Peggy Dunn）接任至今，佩姬在二十四年間也先後率團訪問宜蘭三次，雖然我已經搬到加州定居，但是每一次訪問都堅持我必須同行，因為這個盟約是我促成的，我也遵命義不容辭地同意一齊前往訪問。佩姬旦恩是一位很有魄力的市長，從1997年當選黎霧市市長至今已經連任超過二十五個年頭，可見市民對她的信任和愛戴。因為姊妹市的關係，我們也成為摯友。兩個城市在雙方訪問期間彼此都使出渾身解數讓對方透徹地瞭解，享受到對方的文化和友誼。宜蘭有很多在地文化和突出的國際成就可以揣摩，黎霧則位於美國中西部開墾史的錨碇所在，雙方可以相互學習彼此的特性和優點。幾十年來許多點點滴滴值得回味的情節無法一一傾訴，其中讓我記憶猶新的有黎霧代表團的太平山之遊和在大風浪之中駕著小艇前往龜山島的驚險片刻，以及2018年宜蘭代表團前往堪薩斯市皇家隊觀賞美國職棒比賽，並且由我和佩姬市

長陪伴宜蘭市長江聰淵站在球場內的投手丘上在幾萬名觀眾的注視下投出第一球。江市長好像玩過棒球，投起球來有板有眼。

2003年十月二十六日，黎霧市政府特地在該市124街和諾爾（Nall）路上新闢一處占地面積約五公頃的公園，取名為「宜蘭公園」，以紀念姐妹市情誼。公園內設有東方式涼亭，另在入口以大理石立碑，用中英文刻上「宜蘭公園」字樣，非常亮眼。園內另外設置公告牌說明宜蘭公園的來龍去脈。宜蘭市也禮尚往來，將宜蘭市外環道路跨越宜蘭河新建單孔的尼爾遜式鋼拱大橋取名為「黎霧橋」，並立碑說明該橋緣由以紀念之。黎霧橋全長五百四十八公尺，其鋼拱橋中央拱高為二十六公尺，全寬三十九點六公尺，鋼拱外側各設有二公尺寬的人行道，將人車有效地分隔開來，行人可在人行道上駐足遠眺龜山島及觀賞宜蘭河優美的風景。黎霧橋是宜蘭重要的地標，在幾公里外就能清楚看見。

這個永恆的姊妹市情誼也許將會是我留給後人最為欣慰的贈禮吧！

2002年我移居加州洛杉磯的一個郊區城市「鑽石吧市」，人口大約六萬人。這個城市十分年輕，她原來只是洛杉磯郡東邊的一個聚落，居民們決定要自己自治，公投成功之後於1987年建市。城市名字的來源並不是因為這個地方遍地鑽石，而是因為此地位處小山丘，佈滿青青草原，以前有大片的畜牛場，每隻牛都用一個炙

熱透紅，形狀像鑽石加上中間有一個橫檻的鐵記烙印在尾端以闡明畜牛的出處，城市名字就是由此而來。我選擇居住在鑽石吧市有幾個原因：第一是她位於洛杉磯都會區的中心，往東西南北各方向皆爲等距，比較方便。第二是因爲鑽石吧是屬於一個中上層的社區，居民素質較高，社區比較安全。我在位於封閉式，有警衛的社區內蓋了一棟新居。住家位於洛杉磯都會區的中心有利有弊，因爲東西南北的交通都必須穿過此地，緊鄰鑽石吧的兩條57號和60號南北向和東西向高速公路幾乎永遠被車輛堵塞住。流量最大的高速公路路段每天有三十八萬車輛穿過十七個線道，被評級爲美國高速路十大夢魘之一。因爲如此，許多被堵塞在高速公路的車輛紛紛轉進鑽石吧市的地區道路以求脫身，在尖峰時刻往往也把地區道路堵得水洩不通。搬進鑽石吧之後，在一次偶然的機會遇見當時的市議員史帝夫泰先生，除了談起鑽石吧交通問題之外，也談及我對交通專業的認知。之後史帝夫泰先生經常打電話來請教一些鑽石吧交通問題和可能的解決之道。2006年十一月分的市議員選舉結束之後，需要提名推舉交通委員會的委員，經過史帝夫泰的推薦，我順利地成爲委員之一，負責鑽石吧市交通管理、工程和安全等項目。我任職交通委員整整五年之久，也擔任過主席兩次，直到2011年正巧在都市計畫委員會有一個空缺，我決定轉個跑道，經由史帝夫泰推薦成爲鑽石吧市都市計畫委員會的委員。在美國的政治體制內，

都市計畫委員會扮演一個十分重要的角色，因為任何土地利用、長程規劃和短程開發的計劃都需要經過委員會審核批准。都市計畫委員會是一個獨立的審核機構，市議會如果要推翻委員會的決議必須要有非常令群眾信服的理由，否則往往需要負起政治責任。從2011年到2015年我擔任五年的都市計畫委員，同時在這個五人委員會裡面擔任過兩次主席。

　　加州的地方政治結構和堪薩斯州截然不同。在加州，除了一些像洛杉磯、舊金山、聖地牙哥或是帕薩迪納等大型城市之外，大部分的城市都是由民選的五個市議員主政，然後由五位議員每年互選新市長。如果議員之間相處和睦，五個人通常會心照不宣輪流互選當上一年市長。當然，如果某位議員人緣不佳，和其他三、四位議員格格不入，從政之日沒有被同僚選上市長的也大有人在。我個人認為這並不是一個好的制度，覺得市長必須直接透過民選才有其合法合理性。只是在加州好像許多事都是標新立異，但卻逆道而馳。

　　2015年十一月有一次州議員選舉，鑽石吧一位市議員張玲齡（Ling Ling Chang，一位臺灣移民的女兒）參選並選上加州眾議員。因為如此，張玲齡小姐必須放棄她的市議員席位。其他四位市議員為了節省市政府經費，不願意重新舉辦補選，決定以公開甄試的方式選出替代議員。當時有三位議員，除了史帝夫泰之外，卡蘿赫雷拉（Carol Herrera）、南茜萊恩（Nancy Lyon）

都鼓勵我報名參加甄選。他們都認為以我的資歷和專業知識，成功的機會很大。

正式遞交甄選申請表的共有十七人，其中不乏社區內重量級人士，除了一些長期住在鑽石吧的老居民之外，也有幾位各個不同族裔的社區領導和不同政治立場的領袖。每個申請人都想盡辦法和四位市議員攀上關係，而已經有關係的申請人則更再接再厲地試圖鞏固彼此的情誼，盼能爭取到支持。由此可以嗅覺到這次遞補議員篩選競爭的激烈程度。報名截止之後，終於在十二月的第一個星期三晚間在議會大廳公開舉行面試和甄選會議。十七位候選人按照排名先後一一被點名前往講臺面對四位市議員，回答各種從政理念、私人操守等問題，以從政經驗的角度來評論其他十六個人對地方政治的認知，畢竟經驗豐富還是非常重要。沒有從政經驗，自然地對確切地方公眾政策問題的回答就顯得比較天真而不切實際。

兩個多鐘頭的公開面試結束之後，考官、候選人、家屬和在場觀禮的群眾都鬆了一口氣，大概待在家裡因為無聊而在市府電視臺觀看實況轉播的居民也很慶幸程序終於告一段落。大家的直覺都認為議員們可能會繼續閉門開會商討，最快也要等到兩周後的例行月會才會公佈結果。萬萬沒有想到面試結束之後不到幾分鐘，卡蘿赫雷拉議員立刻提名我成為新的市議員，並且受到史帝夫泰的附議。此提案表決結果以三比一通過。我想投反

對票的議員有他自己心目中的人選吧。就這樣，當晚表決通過之後，我立刻站在議堂上，在市府祕書長的引導下宣誓成為鑽石吧市最新的第五位市議員。我不甚清楚在美國有多少人曾經在兩個不同的城市裡擔任過市議員，我所蒐集的資訊好像是少之又少。或許在華人從政史上是一個先例吧！

我在鑽石吧的市議員生涯跨越四年，從2015年到2018年，同時在2017年被同僚們推舉為市長，當了一年轟轟烈烈的鑽石吧市最高領導人，代表鑽石吧和其他加州政治領導們平起平坐，共商國是。如果要我比較和區分堪薩斯州和加州的政治體制內涵，政治在堪薩斯州比較踏實，接地氣。加州的政治趨於虛華、作秀、不切實際。這可能和她類似委員會制度的政治體系有關，每一位任期只有一年的市長都希望能在他任內有所建樹，所以很自然的，在這些地方政客心目中，短期的政績比長期規劃重要許多。加州人種複雜，種族之間的矛盾雖然在表面上不易偵測得到，檯面下的勾心鬥角經常發生，加上因為華人眾多，彼此之間派系鬥爭也很活躍。所以在加州從政，人際關係往往比政績和抱負還重要。鑽石吧的近六萬人口裡面，官方的統計亞裔人口占36%左右，其中又以華人占大多數，所以如何和各個族裔選民溝通是南加州地方政治一門很重要的課題。

在我四年的市議員任期內，確實也協助鑽石吧市完成許多公共建設，戶外娛樂設施和嶄新的都更計

畫；我們美化社區幹道，完成了整個城市的紅綠燈號誌連貫系統，建造一座新的高速公路交流道（Lemon Avenue），以及啟動57號和60號高速公路耗資三億美金的龐大交通改善計畫。為此我還連續上訪華盛頓國會山莊四趟，試圖說服國會撥款來解決57/60的嚴重交通問題。在土地開發方面，我們增設許多爬山步道和公園設施，提供居民更多休閒的選擇，另外讓我最自傲的成就是我們和開發商合作，很成功地把位於北邊一處幾乎完全荒廢的購物中心經過翻修之後蛻變成一座現代化的商業中心，讓鑽石吧市北區活躍起來。

加州人口種族複雜，相對地社會安全也每況愈下。加上州政府和議會被一群自由派的民主黨人士緊緊控制住，對輕罪犯過於縱容，比如搶劫犯不超過九百元就不必坐牢等「德政」，使得輕罪犯在社區的活動也日益猖獗，犯罪率持續升高。鑽石吧亦不例外，只是我們每年的犯罪率相對地比其他城市好了許多而已。鑽石吧沒有自己的警察局，而是依賴和洛杉磯郡的合同，由郡警察局提供警力維持治安。我們會定期舉行「與警察茶敘」活動，讓居民和警察互動，吸收治安和家居安全知識。華人一向有各人自掃門前雪，多一事不如少一事的心態，我們利用這種座談會也將華人和社區、警察的互動拉近許多。我們還補助居民更換居家大門的門鈴，改成附加監控攝像頭的門鈴。從偷竊罪犯統計來看，這種門鈴確實可以減少社區家居偷竊罪犯。在社區內普遍裝設

監控攝像頭的門鈴之後，鑽石吧的犯罪率在六個月內減低22%。

2017年我被同僚選出擔任鑽石吧市長之後，任期期間在社區間知名度大增，經常在中英文平面和視訊媒體上曝光。人紅是非多，只能潔身自愛。擔任市長之後必須扛下許多大大小小的責任，從每星期審核財務報表、簽署行政命令、規章、支票，到對外的商業開張剪綵、主持各項活動諸如鑽石吧小姐選美、各種節慶等活動。鑽石吧每年例行的大活動很多，其中以夏季連續八周每個星期三晚間的公園樂隊演唱會最受歡迎，市長自然必須在場壓陣。另外一個大節慶是每年一度的七月四日國慶，市府按照往例在鑽石吧高中操場舉行慶典，會中除了擺攤販賣食物之外，還邀請不同的樂隊表演，以及入夜之後長達二十分鐘的煙火秀來娛樂現場幾千位居民和在家觀賞的百姓。身為一市之長在那種場合往往覺得特別興奮驕傲。

擔任整整一年市長最慶幸的是一切平平安安，鑽石吧市沒有經歷任何危機災難，也沒有遭遇任何對施政方面的指責。經常在超市、購物中心，甚至於在加油站聽到的只是一句：「林市長，你好！」

我是一個很幸運的人，飄洋過海來到美利堅合眾國，轉眼間已經超過五十年。我從一個身無分文的留學生在美國中西部遇見幾位貴人協助我開疆闢土，發展出造橋鋪路的工程事業。我也很幸運地在中西部認識同樣

來自臺灣，同學潘忠俊的堂妹潘忠慧小姐，結婚生子共組美滿的家庭。我更感謝能讓我留下蹤跡，永遠銘刻在我內心深處的三個可愛城市：我的故鄉宜蘭市、我的第二故鄉黎霧市，和我的第三故鄉鑽石吧市。

後記

　　最後我要對協助塑造我的生命、生涯，和在我生命旅途中產生過漣漪的人物表達深刻的敬意。感謝他們在我不同生命階段的旅程中賜給我勇氣、智慧和引導，讓我能夠享受到有意義的人生。非常感恩！

　　Finally, I would like to deeply express my gratitude towards those people who helped carve out my life, my life path, as well as stimulate and arouse ripples in my life. I want to thank them for giving me the courage, wisdom and guidance during different stages of my life path, allowing me to truly enjoy a meaningful life. Thank you all with all my heart!

　　<u>錦繡的蘭陽</u>：林松年先生（父親）、林月娥女士（母親）、郭環（內祖母）、郭愛（姨婆）、林勉魚（姑婆）、林阿絨（姑媽）、林美紀（妹）、林錫仁（弟）、林錫勇（弟）、劉祿鬆（外祖父）、潘婦黎（外祖母）、劉月嬌（姨媽）、劉明堂（大舅）、劉明廷（二舅）、劉明國（三舅）、李榮德（表哥）、李榮

華（表哥）、李榮進（表哥）、陳白雪（表姊）、陳宏義（表哥）、劉永昇（表弟）、劉益敏（表妹）、劉悅君（表妹）、劉永政（表弟）、王淑珍（表妹）、星雲法師、妙觀師父、妙專師父、楊治宋、廖錦雲、李錫樓、林振乾、楊松榮、陳榮松、黃榮宏、楊德明、廖文彬、廖文華、廖文炳、廖文雅、陳濟民、陳恩宗、李振茂、張敏生、阮登發、吳慶棟。

過渡的臺北：王慶賢、朱勝德、李漢生、林作洲、林宗人、林福來、邱炳良、邱奕志、周正賢、周持碩、徐文垂、翁禎祥、張文和、張文賢、陳太平、陳文亮、陳郁朝、陳福勝、陳賜文、張誠、許文和、郭庭松、黃永生、黃忠欽、黃坤衡、黃朝雄、黃景妹、黃錦清、黃達霖、童介榮、戴溪圳、楊傑興、楊裕榮、趙令捷、蔡振裕、賴英朗、賴松康、賴錦木、謝明欽、謝創旭、鍾添星、鍾萬福、簡永燦、蕭裕民、江聲、林登義、侯世宏、王晴美、魏少朋、廖軍毅、Malik Khogeer、周祺祖、蔡宗柏、胡美璜、吳阿民、金門戰鬥營的46位弟兄姊妹們、金祖齡、陳玉燕、Karen Noyce、Rita Jones、Bill Wright。

金門，金門：金防部砲指部吳營輔導長、所有一起並肩作戰的老士官們、盧勵心、周勤園、陳列、金防部康樂隊的所有男女團員，和金門山外村那家冰果室可愛的小姑娘。

123自由日—華府—密蘇里—紐約：富美子、張文

雄、鄭經文、錢理均、戴以寬、羅寧剛、施凱琳、陳南萍、徐承祖、簡新陽、謝柏壎、東北密蘇里州立大學的外國學生顧問。

堪薩斯，我的第二故鄉：Dr. Bob Smith、Mrs. Jean Smith、陳靜浩、周劍岐、郭自玉、潘忠俊、王允中、陳勇男、樓成美、葉龍次、顧肇瀛、陳福勝、彭先恐教授、潘忠儀、許振榮、烏華奎、樓章瑋、闕建華、洪青女、蘇尚志、李秋星、周憲章、朱昭義、周珀、翁俊德、王聰敏、蕭輝煌、王正雄、賴江椿、黎忠義、林功位、蔣平亞、王瑞華、許學加、張一調、胡述典、廖德鈁、許嘉猷、徐松南、楊其誠、段重祺、古嘉彰、蕭燕勤、鄭佑民、Monroe Funk、Greg Hardin、David Milgrem、Ron Holmes、Art Fendrick、Allen Brettle、Vera、Hannah、Bill Morton。

長島的故事：Bob Edwards、Bill Queen、Elliot Sachs、Dennis Hoffman、Mario、John、Mary、Gene Romano、Mrs. Seiden、Elsee Koetter、陳安琪、安妮和其他四位長島麗都灘大飯店的勇士——Robert, Andy, Joseph and Wang。

堪薩斯城我來了：Jim Bucher、Shelby Willis、Steve Lewis、Jerry Martin、Jon Muelengracht、Don Klapmeyer、Kay Bloom、Ray Flemons、Harold Lamfers、Ray Lamfers、Mark Boyer、Bill Ratliff、Ray Voskamp、Mike Norris、Jim

Fahrmeier、Norman Hanson,Jerry Penland、
Alberto Mandoza、Maggie Herrington、Bill
Strait、Paula Tomlin、Victor Clark、Jim Pinee、
Pat Hanson、Charlie Schwinger、Clyde Prem、
Dan Chapman、Ron Williamson、Steve Hilemen、
Steve Carr、David Sachse、Jennifer Barnes、Keith
Payne、Ana Brito、Keith Lassman、Ron Pearce、
Bob Swain、Charlie Koehler、Warren Hardin、
Jim Ghrist、Dick Davis、徐陳光淵博士、游蘭女士、
鄭家駿、萬肖萍、劉黔、程廣祿、Sidney Wang、弓傳
鈞、劉本傑、馮立人、吳樹民、卓正宗、李賜民、歐陽
瑞雄、沈呂巡、杜二、李貴有，陳寶章、金至仁、林振
揚、李謀和、王耀立、劉信宏、湯誠恭、蕭百成，鄭傳
耀、楊欽耀。熊正一、潘懋昂先生（岳父）、廖雲芬女
士（岳母）、潘忠明（小舅）、潘忠芸（小姨）、潘忠
齊（小姨）、潘忠恕（小舅）。

中國崛起的見證：李珏教授、段里仁、阿曼哈吉、
周海濤、唐克、馬忠臣、田賽男、許英俊、殷慶隆、劉
鐵軍、曾靜康、鄒芳芳、哈力克尼牙孜、黎澄天、孟浮
萍、Dennis Li、鄭向元、李方屏、黑龍江省吳交通廳
長，和所有曾經跟我接觸過的上千位中國交通運輸工程
界的專業人士和前輩們。

加州的陽光：Maria Marzoeki、Kim Rhodes、
Walter Okitsu、Juan Gutierrez、Joel Falter、Arnold

Torma、Doug Yeh、Mujib Ahmad、Veronica Martinez、周敏、關明、Tim Wassil、Tony Wong、Desiree Hamilton、Jonathan Hoy、David Evans、Rob Bathke、慈莊法師、依勤法師、滿登法師、楊筧春、許光渝、佟儀、何興華、汪康熙、徐永泰、官慧珍、王竹青、王永年、王程有智、Jim Taylor、Barbara Morrow、Bob Morrow、Ali Mahtabifard、Faysal Yafi。

<u>林市長，你好</u>：Peggy Dunn、Jean Wise、Marcia Rinehart、Robert Newlin、 Paul Burke、Ronald LaHue、John Campbell、Jr.、Charles Hammond、Douglas Moore、Graham G. Giblin、Sr. Monique C.M. Leahy、Louis Rasmussen、Dick Garofano、Stephen Cox、Jim Rawlings、James Azeltine、Scott Lambers、Marsha Dixon Monica、Larry McAulay、Janet Provines、Jane Kline、Rich Becker、David Watkins、吳攀龍、林建榮、呂國華、江聰淵、葉英傑、吳俊士、Steve Tye、Carol Herrera、Nancy Lyon、Ruth Low、Jim Stefano、Ling Ling Chang、Ed Royce、Young Kim、Dan Fox、Cynthia Sternquist、David Liu。

最後，我要感謝我的摯愛——愛妻潘忠慧、兒子林子翔（Loman Lin）醫師、媳婦林潔妮（Jenny Taylor

Lin），和我最親愛的孫女兒——林玫寶（Chloe Meibelle Lin）。

國家圖書館出版品預行編目資料

長島的故事The Story of Long Island／林錫智
著. --初版.--臺中市：白象文化事業有限公司，
2022.4
　　面；　公分
　ISBN 978-626-7105-36-8（平裝）
　1.CST: 林錫智 2.CST: 臺灣傳記
　783.3886　　　　　　　　　　　111001214

長島的故事The Story of Long Island

作　　者　林錫智
校　　對　潘忠慧、林金郎
發 行 人　張輝潭
出版發行　白象文化事業有限公司
　　　　　412台中市大里區科技路1號8樓之2（台中軟體園區）
　　　　　出版專線：（04）2496-5995　　傳眞：（04）2496-9901
　　　　　401台中市東區和平街228巷44號（經銷部）
　　　　　購書專線：（04）2220-8589　　傳眞：（04）2220-8505
專案主編　黃麗穎
出版編印　林榮威、陳逸儒、黃麗穎、水邊、陳婷婷、李婕
設計創意　張禮南、何佳諠
經紀企劃　張輝潭、徐錦淳、廖書湘
經銷推廣　李莉吟、莊博亞、劉育姍、李佩諭
行銷宣傳　黃姿虹、沈若瑜
營運管理　林金郎、曾千熏
印　　刷　基盛印刷工場
初版一刷　2022年4月
定　　價　400元

缺頁或破損請寄回更換
本書內容不代表出版單位立場，版權歸作者所有，內容權責由作者自負

白象文化　印書小舖 PRESSSTORE　出 版 · 經 銷 · 宣 傳 · 設 計
www·ElephantWhite·com·tw　自費出版的領導者　購書 白象文化生活館